中国社会科学院国情调研丛书
CASS Series of National Conditions Investigation & Research

中国社会科学院国情调研丛书
CASS Series of National Conditions Investigation & Research

老年护理理论与中国服务体系构建

Theories of Old-Age Care and Construction of
China's Service System for the Elderly

王 桥 著

中国社会科学出版社

图书在版编目（CIP）数据

老年护理理论与中国服务体系构建／王桥著. —北京：中国社会科学
出版社，2020.5
（中国社会科学院国情调研丛书）
ISBN 978 - 7 - 5203 - 6158 - 3

Ⅰ.①老…　Ⅱ.①王…　Ⅲ.①老年人—社会服务—研究—中国
Ⅳ.①D669.6

中国版本图书馆 CIP 数据核字（2020）第 047220 号

出 版 人　赵剑英
责任编辑　王　衡
责任校对　朱妍洁
责任印制　王　超

出　　　版　中国社会科学出版社
社　　　址　北京鼓楼西大街甲 158 号
邮　　　编　100720
网　　　址　http://www.csspw.cn
发 行 部　010 - 84083685
门 市 部　010 - 84029450
经　　　销　新华书店及其他书店

印　　　刷　北京明恒达印务有限公司
装　　　订　廊坊市广阳区广增装订厂
版　　　次　2020 年 5 月第 1 版
印　　　次　2020 年 5 月第 1 次印刷

开　　　本　710×1000　1/16
印　　　张　18.75
插　　　页　2
字　　　数　304 千字
定　　　价　108.00 元

前　言

　　中国人口老龄化程度的持续加剧，导致空巢老人、高龄老人、失能老人数量快速增加的同时，护理服务的需求也呈不断上升且多样化的态势。因此，妥善解决老年人的长期护理问题、提高老年人的生活质量具有极其重大的现实意义。本书根据对长春、青岛、成都、北京等城市的调查数据以及各地护理服务实践的案例，针对失能老人的现状，对老年人长期护理服务的需求进行研究和分析，从长期护理保险制度视角提出社会化养老服务的相关建议。

　　随着人口老龄化、高龄化的不断发展，到 2020 年，中国将出现人类历史上人口老龄化程度最高的一个峰值。中国的人口老龄化主要有四个特征：一是老龄化的程度很高。中国是世界上人口老龄化发展速度最快的国家之一，老年人口的规模庞大。2017 年年底老年人口已达到 2.4 亿人，老龄化水平为 17.3%。根据推测，到 2050 年中国的老年人口将达到 4.8 亿人。二是老年人口性别比例的差异较大。女性老年人口的数量多于男性，而多出的女性老年人口中的 50%—70% 是 80 岁及以上年龄段的高龄老人。三是由于经济发展的不同步，导致老龄化呈现城乡倒置的现象。发达国家的人口老龄化进程中，城市人口老龄化的水平高于农村，而中国的农村老龄化水平则高于城镇 1.24 个百分点，这种城乡倒置状况将一直持续到 2040 年。四是困难老年人口的比例偏高。人口老龄化的同时还伴随着高龄化、失能化、空巢化、少子化等问题。目前，大中城市的老年空巢家庭比例已达 70%，失能及半失能老年人口约为 4063 万人，占老年人口的 18.3%。① 因此，针对老年人日益增加的生活照料、康复护理、精神慰

---

　　① 全国老龄办：《第四次中国城乡老年人生活状况抽样调查成果》，2016 年 10 月 9 日。

藉、临终关怀等特殊需求，长期护理保险制度的探索性试点工作开始启动，老龄服务业迎来了发展的大好时机。

本书基于2016—2018年北京、长春、鄂尔多斯、呼和浩特、成都以及青岛"城市老年人长期照护服务需求个人调查"数据，"老年人养老意愿及服务需求现状调查""养老服务现状调查""城乡老年人养老服务需求个人问卷调查"数据（共计4850个样本），长期从事城乡老年人养老需求与供给跟踪研究。

本书第一章，讲述了老龄化峰值到来，全球显现高龄化趋势，中国老龄化"边富边老"面临新挑战。本部分内容包括：如何应对老年人口持续再增加的挑战，长期护理保险制度试点工作的启动意义。梳理国内外关于老年服务的研究述评，导入社会保障理论、马斯洛需要层次理论、生命周期理论、公共产品理论、福利多元主义理论。对老年服务业、长期护理、医疗护理、老年服务，失能老人、失智老人的概念进行界定。

第二章，主要是对老年服务相关政策及老年服务政策回顾。中国老年服务社会化发展进程分为三个时期，即福利服务时期（1949—1981年）、社区服务时期（1982—2012年）、老年服务社会化发展时期（2013年至今）。

第三章，回顾了中国老年服务政策70年，描述了中国长期护理保险制度的实施现状，如中国长期护理保险政策的发展进程，代表性地区实施试点的特点等。分析列举不同年龄段老年人护理服务和保障供给的缺失，不同年龄段老人的护理服务需求，并对15个先期试点城市长期护理保险试点工作的实施情况进行概述。

第四章，主要阐述从"9073"到"9703"养老格局的转变，推动了社区居家养老，实现了老年服务社会化，并对现阶段存在的主要问题进行了分析。

第五章，对中国老年人长期护理意愿与需求进行了分析。基于北京市、长春市、鄂尔多斯市、呼和浩特市、成都市以及青岛市的调研数据，着重对老年人对不同长期护理的需求，不同城市老年人长期护理意愿与需求、不同年龄段老年人长期护理意愿与需求进行比较分析，得出老年人长期护理需求与意愿的相关结论与建议。

第六章，是关于中国老年人健康状况与生活质量的分析。基于北京市、长春市、鄂尔多斯市、呼和浩特市、成都市以及青岛市的调研数据，着重对不同城市老年人健康状况与生活质量进行分析，并对不同特征的老年人的健康状况与生活质量进行分析，得出结论并提出建议。

第七章，概述中国老年人生活照料状况及对护理保险的认知度。基于北京市、长春市、鄂尔多斯市、呼和浩特市、成都市以及青岛市的调研数据，着重分析不同城市老年人生活照料状况，不同城市老年人对长期护理保险的认知度，不同特征老年人对长期护理保险的认知度。

第八章，主要介绍中国城乡老年服务实践案例。结合四川省成都市郫都区（郫县）居家和社区养老服务试点创新、精准化老年服务案例，展示近年来中国老龄服务社会化创新模式的实践。

第九章，"嵌入式"社区居家养老的新趋势。自2013年以来中国一系列养老政策的出台，养老服务进入新时期，养老模式不断拓展。近年来，社区"嵌入式"养老服务模式成为热点。社区"嵌入式"养老服务模式是一种新型养老服务模式，社区"嵌入式"养老机构根植于社区，其运营形式是将社区、家庭、养老机构融为一体。以北京清檬养老服务公司的运营实践，探讨打造社区"嵌入式"社区居家养老服务体系，开拓资源嵌入、功能嵌入和多元的运作方式，为老年人就近养老提供专业化、个性化、便利化的养老服务。

第十章，主要研究国外护理服务制度发展与改革的情况。详述了德国和日本护理保险制度的建立、护理保险制度实施内涵、改革实践情况，以及研究德国和日本护理保险制度，对中国老年长期护理制度实施发展的启示。建立长期护理保险制度的一项重要内容，即资格评定方案设计将决定这项社会保险制度的受益门槛和给付等级，影响数千万由于各种原因失能或衰弱的老年人及其家人。所以，我们可以借鉴德国、日本的实践经验，构建适合中国国情的长期护理保险体系。

第十一章，通过实证研究老年服务经营管理与经济效果。其中，重点介绍了日本老年服务的标准与内涵，社区居家老年服务的经营与管理，老年护理服务社会化的实施案例。得出结论，应大力发展"银发经济"，拓宽就业渠道，取得经济效果。

目　　录

第 一 章

导　论

当前，中国老龄化进入了"边富边老"的新时期，老龄化面临高峰值期的挑战。中国养老服务需求总量扩张、层次提高且不断升级，在此背景下，中国养老服务供给水平及结构是否升级、供给有效性如何评价及提升、供给升级的方向及措施是本书要着手研究的内容。我们希望建立一套指标体系来全面客观地评价社会养老保障制度效果，并提出提升建议；通过实证分析为社会资本市场预测与效益评价提供参考，以减少投资盲目性，提高有效供给。

第一节　老龄化峰值期到来

一　全球老龄化、高龄化趋势

2016 年，金砖国家 60 岁及以上老年人口达 4.0 亿人，约占世界老年人口的 42%，预计 2030 年将增至 6.3 亿人，2050 年将达 9.4 亿人，占届时全球老年人口的 45%。而在金砖国家中，中国所面临的老龄化问题尤为严峻。目前，中国是世界上唯一一个老年人口超过 2 亿人的国家，老年人口的数量为世界之最。预计到 2050 年，中国老年人口将达 4.8 亿人，约占届时亚洲老年人口的 2/5、全球老年人口的 1/4，比现在美国、英国、德国 3 个国家的人口总和还要多。老龄化将为中国社会经济的发展和转型带来新的挑战。

二　"边富边老"——中国老龄化面临的新挑战

中国社会经济的迅速转型，使人口老龄化呈现出与发达国家"富"

的差距不断缩小的态势，现阶段中国人口老龄化的突出特征是由"未富先老"向"边富边老"转变，"老"与"富"的匹配度在明显提高。2015 年年底，中国 65 岁及以上老年人口的比例已经从 2000 年的 7% 上升为 10.5%。2015 年中国人均 GNI（国民总收入）为 7880 美元，而美国、日本和韩国在达到这个老龄化水平时的人均 GNI 分别为 8070 美元、10950 美元和 21530 美元。而当 4 个国家老龄化程度同为 7% 时，美国、日本、韩国的人均 GNI 分别是中国的 1.66 倍、2.31 倍和 10.12 倍。中国的老龄化程度不断加深，高龄化的速度也同期攀升，但经济的发展更为迅速。在 21 世纪前半叶，中国的老龄化显现出两大突出特点：高龄老年人的数量相当庞大；高龄老年人比例的增速很快。10 年后，高龄老年人比例的增速将仅次于韩国，并超过日本、美国等发达国家。2015 年中国高龄老年人有 2236 万人，2015—2025 年 10 年间将增长约 916 万人；从 2025 年开始高龄老年人的数量增长将更为显著，比例也将快速提升。[①]

二孩政策放开之后的 2017 年，全年共出生人口 1723 万人，比 2016 年减少 63 万人。中国从"老龄化"社会进入"老龄"社会，再迈入"超老龄"社会，仅用了 25 年和 9 年。2017 年年底，国家统计局发布的数据显示，中国 60 岁及以上人口达 24090 万人，占总人口的 17.3%。65 岁及以上人口为 15831 万人，占总人口的 11.4%。

图 1-1 显示，2008—2017 年，中国 60 岁及以上老年人口由 1.60 亿人增长到 2.41 亿人，占总人口的比重也由 12.04% 增长到 17.33%。

全国老龄办于 2016 年 10 月公布的《第四次中国城乡老年人生活状况抽样调查成果》显示，失智、失能、半失能的老年人约占 18.3%，总人数达 4063 万人；根据推测，到 2020 年，失能和半失能的老年人口将突破 4600 万人，2050 年，临终无子女的老年人将达到 7900 万人左右，空巢以及独居的老年人占 54% 以上。老龄服务需求的与日俱增，催生了老龄产业的发展。

图 1-2 显示，2008—2017 年，10 年间 65 岁及以上老年人口从 1.10 亿人增长到了 1.58 亿人，而 65 岁及以上老年人口的增速也从 3.01% 提高到了 5.52%，中国从"老龄化"社会进入"老龄"社会，再迈入"超

---

① 《我国人口老龄化呈现"边富边老"特征》，《北京日报》2018 年 8 月 16 日。

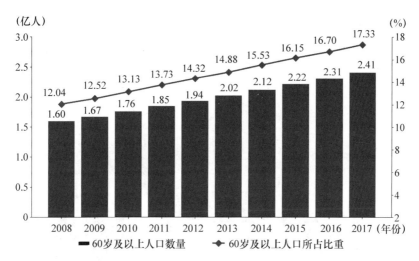

图 1 - 1 2008—2017 年 60 岁及以上老年人口数量及所占比重

资料来源：国家统计局。

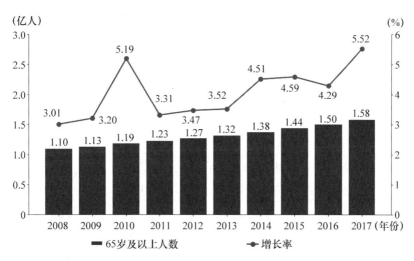

图 1 - 2 2008—2017 年 65 岁及以上老年人口数量及其增速

资料来源：国家统计局。

老龄"社会，仅用了 25 年和 9 年。老年人养老服务需求急速增加。

　　国家虽然实施了二孩政策，以应对今后老龄化带来的影响。但从图 1 - 3 可知，新出生人口增长率在 2010 年、2015 年出现下降，历年上升幅度较小。2017 年，全年出生人口共 1723 万人，比 2016 年减少 63

万人。而 65 岁及以上老年人的数量却逐年增加，每年以超过 400 万的速度增长，中国正在以前所未有的速度进入老龄社会，老龄化程度急剧加深，老龄化速度超越绝大多数国家。

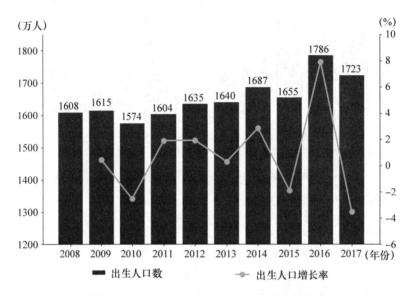

图 1 - 3 2008—2017 年新生人口数量及其增速

资料来源：国家统计局。

当前，中国社会保障的法定人群覆盖率超过了 90%；医疗保险也已覆盖 13 亿多人，基本实现了全民医保；每千名老年人拥有养老床位数达 31.6 张，居家养老服务设施已基本覆盖城镇社区，50% 以上农村社区的老年人养老服务需求基本得到满足。同时，中国全面推行了城乡居民大病保险制度、长期护理保险试点工作，建立健康档案并建立高龄津贴、养老服务补贴、护理补贴等制度。对老年人的出行、就医等实行优先、优惠的服务。截至 2019 年，中国人口的平均预期寿命已达 77.3 岁。[①]

三 长期护理保险制度试点实施

"一人失能，全家失衡。"中国民政部研究机构中民社会救助研究院

———————————

① 国家卫健委：《2019 年我国卫生健康事业发展统计公报》，2019 年。

发布的《中国老年人走失状况调查报告》显示，全国每年走失的老人约有 50 万人，平均每天走失约 1370 人，而失智和缺乏照料成为老人走失的主要原因。针对这一现状，中国人力资源和社会保障部于 2016 年 7 月 8 日发布《关于开展长期护理保险制度试点的指导意见》，着手在青岛、承德、长春、上海、重庆等 15 地开展长期护理保险制度的试点工作。① "长期护理"也从以往的"养老"概念中脱离出来，作为一项独立的制度受到了社会的广泛关注。同时，增加失能老人等特殊群体长期护理服务的有效供给已成为学术界和政策实践领域的共识。人力资源和社会保障部的数据显示，截至 2017 年年底，已有 15 个城市出台了长期护理保险制度的实施政策，覆盖了 4400 万余人。当年受益 7.5 万余人，赔付护理保险金约 5.7 亿元，基金对付比达 70% 以上，人均对付 7600 多元。

长期以来中国对失能老人的护理一直是以家庭护理为主，随着独生子女一代的父母进入老年期，家庭护理的功能渐渐弱化，而社区和机构护理的功能又相对缺失，长期护理已经成为亟须解决的一个严重的社会问题。

（一）长期护理服务的主要模式

长期护理服务模式的分类有多种划分标准，有根据组织形式不同划分的非正式护理和正式护理，也有根据护理资源不同划分的家庭护理和社会护理，以及根据不同场所划分的家庭护理、社区护理和机构护理等。

1. 家庭护理服务：老年护理以家庭为主要场所，失能老人在自己的家里居住，由家庭成员实施护理的方式，属于非正式护理的一种类型。其主要护理者可以是配偶、子女或者其他亲人。相对来说，家庭护理的专业化程度较低、护理资源有限、护理者的压力较大。家庭护理服务弥补了社会护理供给的不足，减轻了国家福利开支负担。

2. 社区护理服务：依托社区设立的日常生活服务设施，提升了老年服务的专业化水平。提供一定程度的干预和支持，使老年人对自己的日常生活获得最大的自主性。给照料老年人的家庭成员提供喘息照料服务、为需要照料的老年人提供日间照料服务，通过团体之家及老年驿站的形式增

---

① 人力资源和社会保障部：《关于开展长期护理保险制度试点的指导意见》（人社厅发〔2016〕80 号）。

加照料的范围，直至提供居家照料。目前，大部分发达国家正极力发展该模式的照料服务。

3. 机构护理服务：老年人居住在养老或护理机构，由专业的服务人员提供正式的护理服务。包括老年公寓、日间照料中心、养老院、生活护理院、临终关怀等机构，其护理服务范围广，可提供较高技术的服务。

（二）中国失能老人及长期护理的现状

中国自1999年开始进入老龄化社会。如表1-1所示，1953年第一次全国人口普查数据显示，60岁及以上人口约有4154万人，占总人口的比重为7.3%；65岁及以上人口约有2504万人，占总人口的比重为4.4%；80岁及以上人口有185万人，占60岁及以上人口的比重为4.5%。2010年，第六次全国人口普查数据显示，60岁及以上人口约有17765万人，占总人口的比重为13.3%；65岁及以上人口约有11833万人，占总人口的比重为8.9%；80岁及以上人口约有2096万人，占60岁及以上人口的比重为11.8%。[1]

从历史上看，1962—1972年是中国前所未有的人口生育高峰期，这也预示着中国最严重的人口老龄化冲击波将在未来的4年内来临。也就是到2020年，中国会达到"人类历史上人口老龄化的最大高峰"。2012—2016年，中国老年人口从1.94亿人增长到了近2.31亿人，而老年人口占总人口的比重也从14.3%增长到了16.7%。2016年，享受高龄补贴的老年人为2355.4万人，较2015年增长9.3%；享受护理补贴的老年人约为40.5万人，较2015年增长52.8%；享受养老服务补贴的老年人约为282.9万人，较2015年增长9.7%[2]。预测到2040年，中国的老年人口将达3.97亿人，相当于德国、法国、英国、意大利、日本5个国家的人口总和。2050年，中国老年人口将达4.8亿人，每年将会净增加600万—800万人，[3] 中国在"边富边老"的状态下进入老龄社会。

① 转引自姜向群、杜鹏《中国人口老龄化和老龄事业发展报告》，中国人民大学出版社2013年版。
② 中国民政部：《2016年社会服务发展统计公报》，2017年8月3日。
③ 同上。

表 1—1　　　　　　中国主要年份老年人口数量与比重变化

年份	60 岁及以上人口		65 岁及以上人口		80 岁及以上人口	
	数量（万人）	占总人口的比重（%）	数量（万人）	占总人口的比重（%）	数量（万人）	占60 岁及以上人口的比重（%）
1953	4154	7.3	2504	4.4	185	4.5
1964	4225	6.1	2458	3.6	181	4.3
1982	7664	7.6	4927	4.9	505	6.6
1990	9697	8.6	6299	5.6	768	7.9
2000	13012	10.3	8837	7.0	1200	9.2
2010	17765	13.3	11883	8.9	2096	11.8

资料来源：姜向群、杜鹏：《中国人口老龄化和老龄事业发展报告》，中国人民大学出版社 2013 年版。

随着人口老龄化，尤其是高龄化问题的日趋严重，失能老年人的长期护理问题也愈加凸显。全国老龄办 2016 年 10 月公布的《第四次中国城乡老年人生活状况抽样调查成果》显示，失智、失能、半失能老年人的数量约占 18.3%，总人数高达 4063 万人；据推测，到 2020 年失能和半失能老年人口的数量将突破 4600 万人；到 2050 年，临终无子女老年人的数量将达 7900 万人，空巢以及独居老年人占 54% 以上。大量失能老年人的出现，将导致长期护理费用的激增。黄匡时和陆杰华通过对 2002—2008 年中国老年人健康长寿影响因素调查数据（CLHLS）的分析得出，65 岁男性老年人平均预期照料时间为 4—5 年，女性老年人平均为 7—8 年。[1] 男性和女性老年人 65 岁时预期照料时间占剩余寿命的比重分别为 25.5% 和 38.2%，而到 80 岁时分别为 45% 和 61.0%。整个老年期，女性预期照料时间占全部剩余寿命的比重比男性高 10 个百分点。[2] 随着城市化进程的发展，社会结构和人口结构的变迁，人口的流动性也日益增强，从而导致家庭规模的日渐缩小及空巢家庭急剧增多。自 20 世纪 70 年代末实行计划

---

① 黄匡时、陆杰华：《中国老年人平均预期照料时间研究——基于生命表的考察》，《中国人口科学》2014 年第 4 期。

② 李强：《城乡居民长期照护社会保险制度构建研究》，博士学位论文，山东农业大学，2015 年。

生育政策以来,家庭规模呈现明显缩小的趋势,已从 1986 年的户均 4.20 人下降到 2010 年的户均 3.10 人,核心家庭的比重在不断增加。其中,1 人户、2 人户、3 人户、4 人户、5 人户、6 人及以上户的比重详见表 1 - 2 所示。

表 1 - 2 　　　　　　　　　　中国老年人口家庭规模分布　　　　　　　单位:%

家庭规模	2000 年	2010 年
1 人户	8.43	7.95
2 人户	29.35	26.91
3 人户	14.39	13.01
4 人户	14.99	13.53
5 人户	18.36	18.94
6 人及以上户	14.48	19.66
合计	100	100

资料来源:根据第五次全国人口普查数据、第六次全国人口普查数据和《中国统计年鉴》(2014)整理所得。

此外,第六次全国人口普查数据显示,中国老年独居户超过 1824 万户,占所有老年人家庭户的 14.84%,只有一对老年夫妇的家庭户超过 2189 万户,占所有老年人家庭户的 17.81%,老年夫妇户和老年独居户合计占所有老年人家庭户的 32.65%,即老年空巢家庭约占 1/3。由此可见,在老年家庭中,空巢化、独居化的现象日益显著。与其相对应的则是家庭结构的逐步小型化。中国家庭户均人口,已从 1949 年前的 5.9 人降至 2010 年的 3.1 人;城市化进程导致人口迁移频率加快,空巢家庭急剧增多,家庭的全员就业使原本主要依靠家庭成员的非正式护理的方式发生了转变,家庭已无法独自承担长期护理的责任。因此,老年人的长期护理问题是一个亟待解决的社会问题。

第二节　文献综述

一　国内外老年长期护理保险制度的研究述评

(一)关于长期护理保险制度与模式的研究

国外研究将长期护理保险分为四种模式:以德国为代表的双轨运行模

式,以日本为代表的全民社会保险模式,以新加坡为代表的公私合作模式,以美国为代表的市场主导模式。大多数国家都以政府的强制力作为保障,建立了有独立融资渠道、强制性参与、人口覆盖面广的社会性长期护理保险制度。社会性长期护理保险制度由政府主导,通过政府项目提供社会性长期护理保险以确保大部分长期护理需求者获得护理服务。Barr 指出①,商业性长期护理保险和社会性长期护理保险的关键区别在于居民的保费负担不同。商业性长期护理保险的保单持有者在购买长期护理保险时支付保费,一旦没有支付保费,保单就会失效,再次进入长期护理保险市场的保费更高,其中保费与年龄等各种因素相关。社会性长期护理保险在提高经济效率方面要优于商业性长期护理保险,并能避免商业性长期护理保险中存在的逆向选择和不完全竞争问题,以更低的价格为风险居中的个体提供长期护理保障。Sung 和 Nichol 指出,孝文化会影响政府制定的老年护理相关政策,家庭护理为非正式的方式之一。由家庭成员或者朋友等在家庭或社区提供的无报酬或低报酬的长期护理服务,是东亚地区国家最主要的老人长期护理模式;② Sung 指出,日本 1963 年通过《社会福利法》,为老年人设立了专门长期护理机构,以满足老年人的长期护理需求,从而开创了日本护理服务新模式;③ Herrick 和 Ainsworth 强调了机构护理的重要性,政府提供政策性支持,老人长期护理模式已经成为福利国家的一项补充性社会福利。④ 东亚地区的机构护理,已经在老年人长期护理领域中占据了一定比重。欧美等国家受个人主义价值观的影响,倾向于以机构护理为主,家庭护理为辅。

(二)关于失能失智老人长期护理需求的研究

Black 认为⑤,健康状况是决定是否制定长期护理计划的重要因素。

① Barr N.,"Long-Term Care:A Suitable Case for Social Insurance",*Social Policy and Administration*,2010,p.44.

② Sung J. C.,Nichol M. B.,Venturini F.,et al.,"Factors Affecting Patient Compliance with Antihyperlipidemic Medications in an HMO Population",*American Journal of Managed Care*,1998,10(4).

③ Ibid..

④ Herrick C. M.,Ainsworth A. D.,"Invest in Yourself:Yoga as a Self-Care Straetegy",*Nursing Forum*,2000,2(35).

⑤ Black,K.,Reynolds,S. L.,Osman H.,"Factors Associated with Advance Care Planning Among Older Adults in Southwest Florida",*Journal of Applied Gerontology*,2008,p.27.

健康状况对长期护理保险需求有多方面的影响，与的个体相比，身体状况较差的个体比身体状况好的个体对长期护理保险需求更高。此外，健康状况差可能使个体无力购买长期护理保险。有更多的慢性病症状时，购买长期护理保险的意愿更强。国内学者多是以失能老人为研究对象，认为失能是促进长期照护需求产生的一个重要因素。景跃军和李元认为[1]，随着年龄的增长，老年人的患病几率在逐渐增加。失能老人因为部分生活能力的丧失，以及生理机能的退化，其健康状况逐步下降，因而其对护理服务需求也更为迫切。

中国社会科学院人口与劳动经济研究所课题组的研究揭示，中国老年人的长期护理需求较强烈。调查显示，23%的老年人明确表示目前有长期护理的需求。其中，生活照料需求为20%，心理抚慰需求为16%，慢性病护理需求为18%，康复护理需求为15%，长期卧床护理需求为15%。高龄老年人的长期护理需求则更强，80岁及以上高龄老年人中，目前有长期护理需求的比例达36%。重度失能、完全依赖他人照料的人群占比呈上升趋势，从60—69岁低龄老人的6%上升至80—89岁高龄老年人的23%，79.9%家庭的主要护理服务提供者为配偶、子女或亲戚，由第三方服务的仅为21.1%。生活自理能力对老年人的护理服务需求有十分显著的影响，中度和重度依赖状态的老人选择8小时以上护理时间的比例快速上升，从轻度依赖的8%分别上升至15%和23%。

（三）关于失能失智老年人长期护理服务体系的研究

不少学者认为要想推进失能老年人护理的社会化服务，政府、社会、家庭以及老年人均需共同努力，从思想重视、资金投入、专业人员培训和供给以及设施完善等方面逐步改善需长期护理老年人的生活状况。唐咏[2]认为，整合长期照顾体系是一种多元化服务模式，是指从失能和失智老人的健康需求出发，提供连续性和弹性化照顾服务，整合可包括个体、家庭、机构、组织、系统、模式之间的协同合作，跨越社区、机构、医院和社服的界限，推动照顾系统的衔接；翟绍果和郭锦龙指出，对于长期护理服务体系的内容、方式、管理、技术等制度要素进行整合的关键在于政

---

① 景跃军、李元：《中国失能老年人构成及长期护理需求分析》，《人口学刊》2014年第2期。

② 唐咏：《整合失能和失智老人照顾体系》，《中国社会科学报》2019年11月21日。

府、市场、社会等主体的多元化合作；① 吴淑琼和庄坤洋提出，"在地老化"视"老化"为人生常态，老人不应该因身体不好，就必须离开生活了几十年的熟悉环境，住到机构里接受护理。② 以"在地老化"为目标的国家，都会发展替代机构护理的方式，将服务送到老人家里，尽量帮助失能老年人继续住在家里。

（四）关于长期护理人力资源的研究

护理员的专业水平，是影响护理服务质量的关键。Lipson 等指出，由于个别护理员虐待老人或玩忽职守，导致护理服务质量低下，老人不愿入住长期护理机构。③ 德国、美国、日本等发达国家重视对长期护理人员的培训和管理，通过细分护理员的种类、强化护理者的角色、加强继续教育等手段，逐渐形成了护理员的培训与考核机制，提升护理人员的专业水平，以保证长期护理服务的质量。

二 国内外关于老年服务的研究述评

（一）养老服务业相关概念再界定

杨立雄和余舟系统梳理了欧美、日本养老服务产业概念的发展变化情况，指出中国尚未明晰概念，对"养老服务产业"提出明确的界定。④ 王桥对养老产业的概念进行了梳理，厘清了"养老事业"及"养老产业"等相关概念，介绍了养老产业的国际发展经验。⑤ 提出养老产业是涵盖三大产业的新型产业，养老产业的核心就是根据老年人的需求提供服务、提供产品。

养老服务产业是养老服务业的一部分，是适应老龄事业发展的需要，提供适应老年群体特殊需求的产业总称，是包含养老服务设施、日常生活用品、社区服务、长期护理等的新型产业。由企业、非营利组织、个体工商户等社会组织在养老产业中提供服务的运营。其产业形式包含老年医

---

① 翟绍果、郭锦龙：《构建和完善老年人长期照料服务体系》，《中州学刊》2013 年第 9 期。

② 吴淑琼、庄坤洋：《小区式老人照顾对家庭照顾者之影响与其未来图像》，台湾淡江大学，2016 年。

③ Lipson D., Fielding J., Kiefer K., et al., "Recent Findings on Frontline Long-term Care Workers: A Research Synthesis1999 – 2003", *US Department of Health and Human Services*, 2004.

④ 杨立雄、余舟：《养老服务产业：概念界定与理论构建》，《湘江论坛》2019 年第 4 期。

⑤ 王桥：《老龄服务视角下我国老龄产业发展路径》，《福祉研究》2018 年第 1 期。

疗、老年保健、金融服务、长期护理、老年旅游、老年教育、老年文娱、老年信息服务等各类社会化、市场化运作的经济活动，通常又称为银色产业、健康产业。

养老服务事业是社会福利事业的一部分，由政府、社会和家庭为老年人提供物质帮助、护理服务和精神蔚藉等。老年社会保障、老年医疗卫生保健、老年社会服务、老年参与，属于政府行为。以政府投入为主，在性质上属于社会公共管理方面的政府活动。

养老产业是指老龄人口产品与服务社会化、产业化的经济活动。"福利＋市场"的双轨制运营模式，也就是"老龄事业"与"养老产业"并行。以"产业"获得发展，以"事业"实行救助，统称为养老业。

（二）养老服务对 GDP 贡献预测研究

顾国爱和江贻送等基于联立方程的经济效益研究，指出中国老龄事业的发展对经济增长、产业结构、消费、就业等领域存在影响，而对农村消费、投资、第三产业发展的影响甚微，对经济领域的影响力有待提高。[①]辛本禄和高和荣的研究认为，新兴消费市场催生老年产业，应大力发展以物质和服务消费为导向的老年消费产业，在老年消费需求基础上发展起来的老年产业具有较高的稳定性和持久性，从扩大消费内需入手，可为国民经济的发展提供持久动力。[②]

关于养老服务业对 GDP 贡献预测的研究，王松岭和范中原等分析了"老龄化""养老服务业"的概念和特点之后，运用 GDP 支出核算法和指数平滑法模型，测算出"十二五"期间城镇养老服务业的产值以及对中国 GDP 的贡献，探讨了养老服务业的发展前景和对经济的影响。[③]

以上诸多研究表明，发展养老服务业不仅能有效地解决人口老龄化问题，同时还能促进经济增长，成为蓬勃发展的朝阳产业。

---

① 顾国爱、江贻送等：《我国老龄事业发展的经济效应分析》，《中国人力资源开发》2011 年第 10 期。

② 辛本禄、高和荣：《拉动经济增长的新兴消费产业研究——以老龄产业为例》，《西北人口》2012 年第 4 期。

③ 王松岭、范中原等：《"十二五"期间城镇养老服务业对 GDP 贡献预测研究》，《商业时代》2013 年第 4 期。

（三）养老服务业推动银发经济增长

随着人口老龄化、高龄化的加剧，失能、半失能、独居和空巢老年人的数量持续增长，照料和护理问题也日益突出。同时，老年群体在日常生活照料、精神慰藉、心理支持、康复护理、紧急救助、临终关怀等方面的需求日益增长，庞大的老年群体必将催生庞大的养老服务市场需求，养老服务产业呼之欲出，养老服务业的发展是中国经济结构转型的重点方向。

乔晓莹按老年人群的基本需求和深层需求，将养老服务产业划分为三大类。（1）本位产业：养老设施、养老机构，老年房地产，老年护理服务业，老年服饰，老年食品，老年医疗等。（2）相关产业：养老机构供应链上的养老专用家具、专业设施等；老年护理服务业供应链上的护理人员的培训、劳务派遣、老年护理专业用品、治疗和康复器械等；来自老年人深层需求的娱乐、学习、旅游、医疗保健、健康营养、心理咨询等。（3）衍生产业：老年储蓄投资理财产品、老年地产的倒按揭等金融产品，寿险产品的证券化产权产品、长期护理保险产品、老年融资等资本市场。①

胡忠林概括分析了国外发展高端养老产业的共通之处及对中国的启示，对美国佛罗里达、西班牙马拉加、日本神奈川 3 个地区的实践案例进行分析，从国家政策、地区特色、发展路径及影响效果等方面进行阐述。② 从三个方面对海南发展进程进行了研究：（1）财政收入：海南高端养老产业涵盖的远不止旅游业和房地产业，不断丰富海南高端养老产业的行业外延，走高端化、精品化、规模化路线，不断扩大海南高端养老产业在海南地方财政收入中的比重，促进海南经济发展。（2）居民收入：通过对海南养老服务支持产业的各行业人均工资、从业人数进行加权平均计算，获得海南养老服务支持产业的平均工资，并以此与海南城镇居民人均可支配收入进行比较，分析养老服务支持产业对提高居民收入的带动作用。养老服务支持产业工资高于城镇居民人均可支配收入 59.50%，高于农村居民人均可支配收入 3.46 倍，表明养老服务支持产业收入水平远高

---

① 乔晓莹：《破解养老难题发展"银发产业"》，《广西日报》2011 年 12 月 22 日。
② 胡忠林：《高端养老产业发展对地方经济及养老体系的影响分析》，硕士学位论文，华东政法大学，2016 年。

于城镇居民与农村居民人均可支配收入水平。（3）就业机会：就业弹性是指在其他因素不变的情况下，经济每增加（或减少）一个单位所引起的就业变化比率，就业弹性越大，经济增长促进就业增长的程度就越高。海南以提供高端养老服务为核心，就业弹性比较大。

日本学者大守隆等研究指出，长期护理保险制度的实施推动养老服务社会化，预测护理保险实施扩大内需，进而拉动银发经济增长、带动就业。[①] 田荣富和王桥的研究指出，在护理保险服务需求大幅增加的背景下，护理服务业规模也实现了快速扩张。[②] 2000 年 4 月日本护理保险制度实施以来，护理保险给付金额从当初的 3.4 万亿日元增加到 2017 年度的 9.7 万亿日元，护理总费用由 3.6 万亿日元上升至 10 万亿日元。护理员工人数从 2000 年的 54.9 万人，增加到 2017 年的 187.1 万人；护理就业人数从 98 万人，增加到约 290 万人，增幅分别是 240.8% 和 195.9%。然而 2000—2018 年日本的就业人数由 6446 万人增加到 6664 万人，增幅仅为 3.4%。因此，在此期间护理服务业已成为日本就业增长的重要引擎，就业结构发生变化的同时，劳动力资源正向护理服务业配置。

上述研究表明，通过纵向延伸与横向融合双向发展，会不断丰富高端养老产业的行业外延，不断扩大高端养老产业在地方财政税收中的占有份额，地方财政收入增长，又将促进地方经济发展。通过高端养老产业的完整性建设，养老服务产业外延扩大，居民参与养老服务产业的就业机会增多，将大幅度提高居民收入。

（四）养老服务产业化发展研究

关于养老服务产业的必要性和可行性：陆杰华和王伟进等的研究认为，2011—2050 年，中国老年人口的消费水平会逐渐提高，而人口增长速度会缓于消费水平，2035 年前后老年人口的增长速度将达到高位，并且相对之前将会开始减缓，而其消费水平却一直呈现迅猛增长之势。[③] 对

---

① 大守隆、田坂治、宇野裕、一濑智弘：《介护之经济学》（原著《介護の経済学》），《东洋经济新报社》1998 年 10 月。

② 田荣富、王桥：《日本护理服务业的现状与劳动生产性》（原文《日本における介護サービス業の現状と労働生産性》），《经济社会研究》2019 年第 59 期。

③ 陆杰华、王伟进等：《中国老龄产业发展的现状、前景与政策支持体系》，《城市观察》2013 年第 4 期。

老年人群体的市场消费需求进行分析计算，证明了在未来国民经济增长中老年人群体产业的重要地位，也充分地说明了发展养老产业和养老服务产业的必要性和可行性。

关于养老服务产业的市场供给—需求关系、成本—效益对比：曹煌玲基于大连市的调查，提出老年人需求具有生存性、发展性和价值性。而其中生存性需求最基本，具有经济性和服务性。[①] 从供给层面分析，专家根据类型、服务的主体以及责任和作用的不同，探讨和研究了养老服务业供给主体的问题。贺银凤和周英华的研究认为，政府有责任和义务对老年人服务业提供必要的援助，指导养老服务业发展。[②] 政府要根据社会状况和经济能力，提供基本的医疗保险、最低生活保障等社会福祉，同时还应合理利用政府本身的地位优势和资源优势。在宏观层面上，政府应协助市场发展养老产业；在微观层面上，应加大对养老产业经营者的协助和引导。

上述研究表明，中国庞大的养老市场需求引导养老服务向着产业化发展。围绕老年人的需求，养老服务业的内容主要分为经济上的支持援助、生活照料和心理精神慰藉等。老龄化不是问题，老龄化是人类社会发展的必然结果。随着老龄社会消费需求的不断扩大，老龄产业将成为未来经济的重要组成部分。

（五）养老服务体系与养老模式的研究

在养老格局的适应性研究方面，张琪和张栋等指出，养老格局是一个非规范的概念，也是一个整体概念，涉及养老理念、养老方式、养老服务等多方面。[③] 北京市 2009 年提出的"9064"养老格局，既强化了居家养老、社区养老、机构养老等多样化的养老方式，又明确了社会化服务、社区服务对居家养老、社区和机构养老的支撑作用。其以养老方式为重要载体，通过对养老方式的选择和影响因素的研究，反映了养老观念和养老服务状况等因素对养老方式选择的影响。

---

① 曹煌玲：《中国城市养老服务体系研究——以大连市为调查分析样本》，博士学位论文，东北财经大学，2011 年。

② 贺银凤、周英华：《我国老龄照料服务体系面临的挑战》，《人口学刊》2009 年第 4 期。

③ 张琪、张栋等：《北京市"9064"养老格局的适应性研究》，中国劳动社会保障出版社2014 年版。

吴玉韶针对养老格局的转变的研究，提出现阶段的养老格局已经从
"9073"转变为"9703"。[①] 伴随着老龄化程度的日益加深、国家养老利好
政策的不断出台，全国已有 15 个城市开展长期护理保险制度试点工作。
目前的"社区居家养老"概念应该说已经打破了传统的"90（90% 的老
人居家自我照顾）+7（7% 的老人接受社区照顾服务）+3（3% 的老人
进入机构养老）"养老的格局。"社区居家养老"是依托社区平台居家养
老，以挖掘社区物业资源为载体，以各类资源融合、多元功能融合、服务
管理融合为形式的"9703"（97% 的老人社区居家养老、3% 以下的老人
进入机构养老）养老模式；是以社区辐射范围内居家的轻、中度失能老
年群体为服务对象，通过各方资源整合，各类专业组织按社会化机制运作
的养老模式。

王桥通过研究"嵌入式"社区居家养老服务，提出应以社区居家养
老为核心，这也是发展养老产业的核心。[②] 居家老年人许多已成为"看家
老人""空巢老年"。"空巢老人"处于孤单状态，城市调查结果显示
55% 的老人对精神生活感到不满，感觉孤单和失落，生活已被社会边缘
化。这也是目前迫切、全面推进依托社区居家养老的主要原因。中国人比
较注重家庭，尤其是老年人更加注重家庭带来的安全感、亲情感和归
属感。

（六）国内外典型养老服务实践的研究

张淑谦和傅建敏等的研究，首先归纳了国内典型养老服务的发展现
状，其次对国外养老服务业的发展现状进行了概述。[③]

1. 国内典型老龄服务实践经验的研究

第一，社区居家老龄服务的实践。上海市实行"以家庭为核心，以社
区为依托，以专业化服务机构为载体，上门、日托或邻里互助为形式"的
社区居家养老服务；北京、浙江、广东的居家养老服务，由单一服务形式
向项目化、集约化发展；南京推出玄武"8+1+X"居家养老模式；天津市

---

① 吴玉韶：《对新时代居家养老的再认识》，《中国社会工作》2018 年第 5 期。

② 王桥：《嵌入式社区居家养老服务模式——基于北京清濛养老服务公司研究分析》，载张
车伟主编《中国大健康产业发展报告（2018）》，社会科学文献出版社 2018 年版。

③ 张淑谦、傅建敏等：《国内外养老服务业发展研究综述》，《新西部》（理论版）2014 年
第17 期。

2008 年直接由政府出资，使各类老年困难群体享受到居家养老服务。

第二，机构老龄服务模式的实践。香港院舍老龄服务机构：香港由政府和社会力量共同兴办的社会福利机构，是香港养老服务体系的一大支柱，主要为特定的对象提供各种生活照顾、活动场所、养老设施等供养型社会福利项目；大陆老龄服务机构：中国大陆养老从以往家庭养老为主的模式向家庭养老、机构养老、社区居家养老并重转变。

2. 国外典型老龄服务实践经验的研究

王桥的研究指出，日本推行以家庭或亲属照顾为主体、辅之以公共福利服务和社会化服务的养老服务模式。[①] 主要措施包括：建立社区老年服务制度；2000 年实行"介护保险"制度；制定养老服务以及养老产业的政策时立法在先，并颁布与修订护理保险实务标准等；建立了专业护理人才队伍，并推行社会福祉经营、介护师等国家级资格考试；兴办了老人可终身学习并颁发学历证书的老年大学。

刘婉娜和胡成的研究指出，法国是高社会福利国家，养老服务业以居家养老为主，实行现收现付制养老保险制度，其养老服务采取的措施主要有四项内容。[②] 第一，利用优惠政策引导市场发展。第二，加强养老服务发展规划和人员培训。第三，加强监督和规范养老服务市场。第四，发挥企业在养老服务市场中的作用。

瑞典建立的是"从摇篮到坟墓"普惠制式福利保障制度。[③] 其实行高福利的养老保障模式；通过建立社区养老服务网络，重视并鼓励老年护理机构商业化经营，鼓励慈善团体、非营利机构兴办公益事业等措施，充分发挥社会资本在养老服务业发展中的作用。

英国的社会服务体系主要由地方政府组织管理。其注重监督机制的建立和完善，主要采取的有效措施有：完善评估体制，设置服务监督员；引导私人或志愿组织开办养老机构；开办"托老所、好街坊"活动；民众享受免费公费医疗，设置专门老年医院。[④]

---

① 王桥：《老龄服务视角下我国老龄产业发展路径》，《福祉研究》2018 年第 1 期。
② 刘婉娜、胡成：《法国居家养老服务业的发展及启示》，《宏观经济管理》2012 年第 7 期。
③ 易开刚：《现代化养老服务业的发展战略、模式与对策研究——以浙江省为例》，浙江工商大学出版社 2014 年版。
④ 于戈、刘晓梅：《论我国养老服务业发展研究》，《甘肃社会科学》2011 年第 5 期。

上述研究表明，人口老龄化问题成为世界各国关注的焦点，进入老龄化较早的国家政府对此做了很多探索。中国养老服务模式由以家庭养老为主向家庭养老、社区养老、机构养老并重转变。

（七）老年人对养老服务的选择及其影响因素的研究

Davey 对比分析了英国和美国的社区养老服务供给及老年人满意度，认为社区服务不能完全取代家庭的功能，家庭、社区应加强协作。[1] Mutchier 和 Burr 发现老年人的身体健康状况、收入、资源等影响老年人对晚年生活的安排。[2]

王桥和张展新的城市老人机构养老意愿调查设计与因素分析研究，以样本代表性和总体界定问题为切入点，将城市老年人口抽样调查设计和机构养老意愿因素分析结合起来展开研究。[3] 其详细解析抽样调查的样本代表性偏差和研究总体缺位的问题，提出一个以中心（主）城区为研究总体的城市老年人养老服务调查设计思路，描述和讨论长春中心城四区的抽样调查数据；依托该数据聚焦老年人入住机构养老意愿的影响因素，进行 Logistic 回归分析。这是一个涉及城市老年人口养老意愿的"全程式"定量研究，建立了调查总体与随机样本之间的对应关系，提高了前期研究的规范性；统计分析结果有助于养老意愿的城市比较和研究整合。

（八）养老金融发展的研究

巴曙松的研究认为，中国当前存在养老金缺口扩大、金融产品创新不足的问题。研究论述养老金融不仅包括第一支柱养老金金融（主要是养老金制度安排和养老金资产管理），还包括养老服务金融和养老产业金融等第二、第三支柱，分别针对养老金资产保值增值、老年金融消费需求以及养老产业投融资的需求。[4] 当前过于依赖第一支柱，养老金长期可持续能力较弱。尽管中国养老保险和医疗保险覆盖率已大幅上升，但由于过分

---

[1] Adam Davey, "Demi Patsios Formal and Informal Community Care to Older Adults: Comparative Analysis of the United States and Great Britain", *Journal of Family and Economic Issues*, 1999 (3), pp. 271 –299.

[2] 转引自冯华玮《关于养老服务业的文献综述》，《商》2016 年第 16 期。

[3] 王桥、张展新：《城市老人机构养老意愿调查设计与因素分析——基于长春市中心城四区抽样数据研究》，《东岳论丛》2018 年第 1 期。

[4] 巴曙松：《中国"养老金融"空间巨大》，中华人民共和国商务部网站，2017 年月 3 日，http://zxw.mofcom.gov.cn/article/l/201701/20170102501862.shtml。

依靠第一支柱，养老保障基金存在很大的缺口，养老金的长期可持续能力仍较弱；2015 年中国社保投入资金规模仅为社保基金需求规模的 87%，填补该资金的缺口仍是重大挑战。同时，养老金融产品创新不足，投资受限。目前中国的养老金融产品仍集中于银行储蓄类产品，保险类产品有了一定开发，但证券类产品相对稀少，基金类和信托类产品几乎还是空白。中国政府 2015 年颁布的《基本养老保险基金投资管理办法》规定，养老基金各类资产投资中投资股票、股票基金、混合基金、股票型养老金产品的比例合计不得高于养老基金资产净值的 30%，主要用于银行存款和国债等领域，虽然该投资方向能有效地规避投资风险，但是利率难以持续覆盖当期通胀水平，养老金资产保值增值能力有限，贬值压力逐渐凸显。

上述研究表明，目前中国的养老金融产品仍集中于银行储蓄类产品，保险类产品有了一定开发，但证券类产品相对稀少，基金类和信托类产品几乎还是空白，房地产类产品（如以房养老）正在酝酿试点。

（九）长期护理保险制度试点实施的研究

商业补充保险助力养老服务业与经济效应。王桥指出，老年人由于慢性疾病、丧失行为能力和认知障碍，长期护理服务以及相关资金需求随之增加。① 目前正在 15 个城市试点试行的长期护理保险，在保障方面具有一定的局限性，不能满足不同层次人群的护理需求。国内各保险公司应配合开展社会性长期护理保险工作，提高人们对长期护理保险的认知度。社会性长期护理保险制度的实施，能带动护理产业的发展，也由此为商业长期护理保险提供基础服务支持。"商业补充型保险"能够对接"社会性保险"服务的空白部分，两种保险充分发挥其互补功能。因此，在亟待建立社会性长期护理保险制度的同时，商业补充保险也不可"缺席"。

当前，中国养老服务产业存在产品单一、市场化程度低、尚未达成社会共识等问题。我们可借鉴日本的实践经验，逐步实现产业化。

第一，立法在先。从 20 世纪 50 年代到 2000 年，日本政府先后颁布《国民年金法》《老人福利法》；1982 年，日本政府又出台了推广老年人保健设施的《老人保健法》；为了实施长期照护保险制度，日本政府准备

---

① 王桥：《中国长期护理保险制度视角下的嵌入式社区居家养老服务》，载张季风主编《少子老龄化社会——中国日本共同应对的路径与未来》，社会科学文献出版社 2019 年版。

了 10 年，于 1997 年出台《介护保险法》，2000 年正式实施长期照护保险制度。在管理监督方面，日本政府制定了《指定介护疗养型医疗机构人员、设备以及运营标准》等行业管理标准。

第二，扩大了市场需求，拉动经济增长。老年人护理和生活照料需求的不断扩大，直接或间接地带动老年住宅、金融保险、医疗健康、大学教育等多个行业需求的增长。日本的护理服务机构有两大类：社区护理机构主要提供居家护理服务和日托服务；专业机构是收住失能老人的养老院、护理院。政府重视发展养老保险事业与市场开发相结合，按照老年人的需求培育市场。从日本实施照护保险制度的经验来看，尽管护理保险制度存在财政负担过重等问题，但在总体上保障了老年群体需求的养老服务，在应对老龄化、满足老年人长期护理服务需求的同时，带动了产业开发、拓宽了就业渠道、促进了经济发展。

第三，实施长期照护保险制度，提升了就业空间。2000 年开始实行长期照护保险制度时，日本正处于经济低迷时期，日益增长的护理服务需求属于劳动密集型行业，拓宽了就业空间。当时，一些失业者经过专业培训，取得从业资格后走进养老服务行业。日本实施长期照护保险制度，对养老产业和经济产生了巨大影响。日本养老产业在服务专业化和技术专门化方面形成了产业规模，养老产业已经成为日本国民经济的支柱性产业。

上述研究表明，中国养老服务市场的发展还处于初级阶段，现阶段市场上虽有产品，但相比于日本以及欧美国家存在较大差距。由于当前养老产业尚未形成规模，适老化产品的质量、价格体系和诚信达不到市场需求，应进一步推进养老产业化发展。中国养老产业才刚刚起步，如何配合市场需求，进一步探索养老产业发展路径，构建应对人口老龄化的养老产业体系，是需要进一步探索的问题。

（十）老龄服务亟待培养人才的研究

王桥指出，由于老年病常常表现为多病共存、功能低下、智能障碍、肢体残疾等特点，因此照料护理专业人才应具备老年病学、老年护理学、老年心理学、康复学、老年社会学等综合学科的社会福祉专业水平。由高端专业人才组成的综合水平服务团队，需要经过系统全面的高等教育和培训。目前中国高等教育专业设置方面，还没有明确设置专门学科院系——

社会福祉,专业名称也不规范,如"老年服务与管理"或"社会工作"等。① 由于护理老年的特色专业还未真正建立起来,专业人才十分缺乏。现有的养老设施或服务机构,专业人员少,缺乏相关政策支持,虽然需求较大,但一直未能补上这块短板。社会福祉学科建设滞后,已有大学向国家教育主管部门申请,但迟迟得不到批准,老年护理专业人才培养亟须加强。有关职能部门应该向人才培养培训的院校倾斜,培养应用型、复合型福祉人才。

日本的老龄服务人才是经过非常系统的学科教育培养的,实行"护理福祉士""社会福祉士"的培养和从业资格认证制度,并经社会福祉士一级考试合格后,才能从事护理工作。其涉及的主要学科有社会学、社会福祉政策、社会福祉概论、老年福祉概论、残疾人福祉概论、老年学、医学基础、心理学、精神卫生、康复学、家政学概论、护理概论、护理技术、社会福祉援助技术、娱乐指导法等。按照日本《护理保险法》的规定,在养老机构里,每3位入住老人必须配备1名取得护理福祉士资格的专业人员,日本的护理福祉士基本是来自大学或大专社会福祉学科护理专业的毕业生。

上述研究表明,中国涉老科技人员、管理人员、专业服务人员极其缺乏。有关职能部门应该向人才培养培训的院校倾斜,培养应用型、复合型福祉人才。应尽快在大学、大专、中专院校设立专业学科,加快建设养老产业人才队伍。以实现民众福祉为目标的社会服务业紧缺领域人才培养已成为教育发展的重点领域,未来国民经济发展与社会建设的新业态、新模式需要大力培养社会服务产业所需要的复合型创新人才,这对推进人力资源供给侧结构性改革,全面提高教育质量、扩大就业创业、推进经济转型升级、培育经济发展新动能具有十分重要的意义。

第三节 相关理论

一 社会保障理论

社会保障制度是国家通过立法制定的社会保险、救助、补贴等一系列

---

① 王桥:《老龄服务视角下我国老龄产业发展路径》,《福祉研究》2018年第1期。

制度的总称，是现代国家最重要的社会经济制度之一。其作用在于保障全社会成员基本生存与生活的需求，特别是保障公民在年老、疾病、伤残、失业、生育、死亡、遭遇灾害、面临生活困难时的特殊需要，由国家通过国民收入分配和再分配实现。整个社会保障体系由社会福利、社会保险、社会救助、社会优抚和安置等各项不同性质、作用和形式的社会保障制度构成。对失能老人的长期护理同样也是一项社会保障，是通过社会保险来构建对失能老人长期护理的体系。长期护理体系的最终政策性目标是构建社会的凝聚力、消除性别不平等以及致力于促进全社会所有成员共同福祉的提升。

二 马斯洛需求层次理论

心理学家亚伯拉罕·马斯洛提出的需求层次理论，把人的需求分为5个层次。在此，将马斯洛需求层次理论应用到老年人养老需求问题上。

第一，生理需求。老年人和其他个个体一样都有生理需求，需要充足的物质资源以保障基本生活水平，即"老有所养"。第二，安全需求。对生活环境敏感的老年弱势群体，对安全的需求超乎常人，因此对居住环境和医疗卫生条件更有依赖性。老龄服务要为他们提供更完善的医疗救助系统和扶助设施，做到"老有所依"。第三，情感需求。老年人交际范围变窄，成为社会边缘人，再加上他们安全感的弱化，因此对感情的需求更加强烈，尤其渴望子女等亲近的人的关怀和陪伴。第四，尊重需求。老年群体曾是社会经济发展的贡献者，把自己毕生的精力和力量奉献给了社会，他们还乐于把自己的人生经验传授给后人，发挥作用，做到"老有所教"。这一过程也表现出他们渴望自己在年老之后仍可获得别人的尊重，再现自己的社会价值。第五，自我实现需求。老年人虽然在体力和精力上出现衰退，但他们积累了大量的人生经验和技能，仍具有较高的生产能力，若能为他们提供合理的机会和平台，定会有相当部分的老年人可"老有所为"，彰显自己的社会价值。

人的需求层次是由低到高进行排列的：生理需求、安全需求、社交需求、尊重需求和自我实现需求。

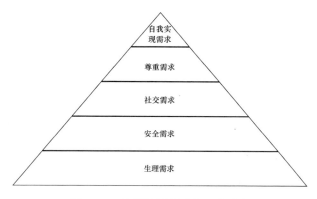

图 1-4　马斯洛需求层次理论示意

当较低层次的需求得到满足后，便会向更高层次的需求发展。对于失能老人而言，首先需要满足的是生理需求和安全需求。介于中国目前的国情，失能老人出现在较低收入家庭的仍然较多，因此大多数的失能老人仍还需要满足较低层次的需求。而对较高收入的家庭而言，由于其理念及资源的不同，失能老人的基本生理及安全需求较为容易满足，他们会追求高层次的需求。这也是针对失能老人，构建多层次长期护理体系的理论依据。

三　莫迪利安尼生命周期理论

生命周期消费理论[①]认为，人的消费取决于家庭所处生命周期阶段，而生命周期分年青时期、中年时期、老年时期。而前二个阶段是工作时期，后面的是一个是非工作时期。各个家庭的消费取决于人们在整个生命周期内所获得的财产收入和劳动收入。理性消费者在整个生命周期内追求效用的最大化，如果人们在老年时期没有收入或收入水平下降，老年时期要维持正常的消费水平就必须依靠工作期的储蓄来实现。

根据生命周期理论的观点，人们为满足老年时期的消费，必须在工作期储备足够的准备金。失能老人的主要支出包括基本生活支出、健康支出以及接受护理服务支出。目前，中国的最低生活保障制度、养老保险制度以及社会医疗保险制度基本能满足前两项的支出。但对于长期护理的支

---

① 1975 年，美国经济学家弗朗科·莫迪利安尼在《二十年后的储蓄生命周期假说》中提出生命周期消费理论。

出，由于保险制度尚不完善，加之大量的低收入失能老人无力承担相关费用，甚至有的家庭会由于照看失能老人导致收入减少，因此需要尽快建立一个长期护理贴补制度，尤其针对低收入的失能老人家庭，同时还需要尽快完善社会性长期护理保险制度及商业保险制度，以满足失能老人的长期护理需求。

四　公共产品理论

公共产品理论是新政治经济学的一项理论，是如何处理政府与市场关系的基础理论。以萨缪尔森为代表的学派认为，公共产品理论将社会产品分为公共产品和私人产品，公共产品区别于私人产品，具有效用的不可分割性、非竞争性和收益的排他性，介于二者之间的产品称为准公共产品。对失能老人的长期护理属于基本的社会道德范畴，根据公共产品理论，可以将失能老人长期护理看作准公共产品。一方面，对失能老人的长期护理具有一定的竞争性，当社会资源向其倾斜时，会减少其他人的消费。另一方面，护理支出又可作为单个家庭的意愿支出而不受他人的侵犯，这又使其具备了排他性的特点。根据中国的国情，必须建立一个基本的失能老人长期护理消费体系，并将其作为一项基本的公共产品提供给每个家庭消费，尤其是无力支撑长期护理消费的低收入家庭。同时，也可鼓励建设更高级的长期护理产品，以满足高收入家庭对长期护理的特殊需求。

五　福利多元主义

福利多元主义是指福利的规则、筹资和提供由不同部门共同负责、共同完成，不局限单一的政府部门。主张福利来源的多元化，既不完全依赖市场，也不完全依赖国家福利。在福利多元主义理论中，有罗斯的三分法和伊瓦思的四分法等代法性理论。理论的核心是：如果在一个自由的经济市场，当产量增加后，通过较低价格上的较大选择，就能增加消费者的利益。那么相同的理念也可以用于福利服务的供应上，即通过增加福利的筹资和供给途径，维持合理的价格，使福利的使用者能有更多的选择。具体来说，就是要增加福利的来源，除市场和国家之外，还要引入社会团体、非营利组织等力量来弥补市场和政府部门的缺陷，解决"市场失灵"和"政府失灵"问题，形成多元化的福利责任主体。

对失能老人的长期护理是当前中国社会福利的一项重要内容,其资金来源和服务渠道应该是多元化的。但是,介于当前中国经济发展的特性,以及赡养理念与西方社会的差异,因此在构建失能老人长期护理这一福利制度的过程中,不能单纯照搬西方的经验。在当前的经济环境下,仍需更多考虑低收入家庭失能老人的长期护理问题,并增加长期护理服务的多元渠道;尤其是应将长期护理保险逐步固化到每一个家庭。在妥善解决了这一特殊时期失能老人的长期护理问题后,再按照福利多元主义,构建一个稳定的长期护理保险制度。

第四节 相关概念界定

一 老年服务业的概念界定

首先"老龄"与"养老"概念是有区别的。"老龄"强调了产业服务对象的年龄,满足年龄被划分为老年人需求的产业。老年服务产业,即为老年人口提供产品和服务的企业和部门,包含了第一、第二、第三产业,是满足老年人口衣食住行乐医等多方面需求的多种行业。涉及养老服务设施、日常生活用品、辅具、医疗、康复、住宅、教育、娱乐等。由企业、非营利组织、个体工商户等社会组织进行运营。其产业形式是老年医疗、老年保健、老年金融、长期护理、老年旅游、老年教育、老年文娱、老年信息服务等各类社会化、市场化运作的经济活动,通常又称为银色产业。

老年服务事业是社会福利事业的一部分,包含社会为老年人建立的各种设施和服务体系,如敬老院、老年福利院等。这些机构由政府出面开办,以政府投入为主,在性质上属于社会公共管理方面的政府活动。

老年服务业是"福利+市场"双轨制运营,也就是"事业"与"产业"并行。以"产业"获得发展,以"事业"实行救助,老年服务事业和老年服务产业统称为老年服务业。

二 长期护理、医疗护理、老年服务的概念界定

长期护理,来源于英文"Long-term Care",也有学者将其翻译为"长期护理""长期照护"等。由于长期护理的内容涵盖医疗护理和社会护

理，本研究将"Long-term Care"翻译为长期护理。① 此外，个别国家（地区）长期护理保险制度的名称也各不相同，如美国的长期护理商业保险在英文中为"Long-term Nursing"，在日本称为"介护保险"，在韩国称为"长期疗养保险"。尽管名称有所不同，其实质内容是相同的。

（一）长期护理

长期护理、医疗护理、老年服务的概念需要厘清和界定。Kane 认为长期护理是面向身心功能障碍者，② 即需要在一个比较长的时间内，持续为患有慢性疾病（伤残、老年痴呆症）者提供一套集医疗、护理、个人与社会支持的照料，帮助他们维持或促进身体功能，增进独立自主的生活能力。这个过程包括医疗服务、社会服务、居家服务等。

世界卫生组织（WHO）将长期护理定义为，由非正式护理人员（家庭成员、朋友或邻居）和专业人员（卫生和社会服务）为失能、失智、半失能等人群提供照料服务活动，以保证那些不具备完全自我照料能力的人能继续得到其个人喜欢且较高质量的生活，获得最大可能的独立性、自主性、社会参与性、个人满足及人格尊严。③ 对因失能而生活不能自理的老年人实施一项长期的生活照料服务，包括日常活动辅助、心理慰藉、经济支持等，一般是指 6 个月以上的服务。④ 陈雪萍认为，长期护理是针对完全或部分失能、失智的老年人，配合其功能或自我照料能力，提供不同程度的服务措施，使其保持自尊、自主及独立性或享有品质生活，既包括普通的日常生活照料，也包括专业的医疗护理服务等。⑤ 施巍巍认为，向那些缺乏自我照护能力的个人所提供的医疗和非医疗服务。它包括生活服务、医疗服务、居家服务、社会服务等其他支持性服务。其目的在于满足护理对象的生理、生活及心理需求，提高生

---

① 施巍巍：《发达国家老年人长期照护制度研究》，知识产权出版社 2012 年版。

② Kane R. A., Kane R. L., *Long-term Care: Principles, Programs, and Policies*, New York: Springer, 1987.

③ 和红：《社会长期照护保险制度研究：范式嵌入、理念转型与福利提供》，经济日报出版社 2017 年版，第 12—14 页。

④ 谢美娥：《老人长期照护的相关问题》，台北桂冠出版社 1993 年版，第 59—72 页。

⑤ 陈雪萍：《以社区为基础的老年人长期照护体系构建——基于杭州的实证分析》，浙江大学出版社 2011 年版，第 1 页。

活及生存质量。① 戴卫东认为，长期护理是指"为那些因患有慢性疾病或处于生理、心理伤残状态而导致生活不能自理或半自理，在一个较长时期内需要依赖他人的帮助才能获得最大程度的独立与满足的个人，提供医疗和日常生活服务的总称"。②

长期护理具有以下六个特征：第一，缺乏自理能力的人群应包括完全失能以及部分失能的人。既包括老人，也包括年轻人。第二，长期护理的目的是为了提高生活质量和保持生活独立和自尊，而不是治疗疾病和提供医疗服务。第三，需要长期护理的群体罹患短期内难以治愈的各种疾病，长期处于失能和半失能的状态。第四，护理服务的提供者是多元的，可以是非正式的家庭成员、朋友、邻居，也可以是专业的护士、康复师以及专业服务机构的人员。第五，长期护理服务的内容是个人照料、健康护理和社会服务。第六，长期护理服务体系应当以居家养老为基础、社区养老为依托，机构养老为支撑，并充分发展机构养老、社区养老、居家养老的优势。

（二）医疗护理

1980 年美国护理学会将医疗护理定义为，"医疗护理是诊断和处理人类对现存或潜在健康问题的反应"③。也就是为失去生活自理能力的病人提供个人卫生方面的照料和帮助。病人卫生护理的目的包括：（1）清除坏死组织、微生物、分泌物和其他污垢。（2）刺激血液循环，放松肌肉，使病人感到舒适，帮助其恢复精力。（3）改变病人的病容，消除不良气味。（4）预防褥疮和交叉感染。（5）便于观察病情。以住院病人为例，医疗护理还包括以下几种：入院护理病人入病室前要在接诊室洗头、理发、沐浴、更衣、剪指甲等。

（三）老年服务

随着社会的发展、人民生活水平的提高，对护工的需求量变得越来越大，要求也越来越高。老年服务包括生活照料、健康保健服务、精神服务等。生活照料是指家政服务（打扫卫生、洗衣等）、就餐服务、个人卫生服务（助浴）、购物服务等；健康保健服务是指健康知识的普及、紧急就

---

① 施巍巍：《发达国家老年人长期照护制度研究》，知识产权出版社 2012 年版。
② 戴卫东：《中国长期护理保险制度构建研究》，人民出版社 2012 年版，第 6 页。
③ 丁洪琼、谭严：《护理专业人才现状分析》，《护理研究》2013 年第 10 期。

医服务、康复护理、临终关怀等；精神服务是指日常文体活动、日常文娱活动及心理咨询等。越来越多的打工者走进了护工这个行业，在医院、社区或家庭，很多病人在接受护工提供的服务。中国医疗护理行业服务模式与投资服务的内容，主要是照料病人的起居生活；护工服务的对象是人群中的老弱病残——弱势群体；由护工实施的貌似简单的照料工作中，实际包含着很多人为因素和技术因素。

三 失能老人、失智老人的概念界定

（一）失能老人

失能（disability①）的定义。世界卫生组织（WHO）自 1976 年起对失能的概念进行补充，在 2015 年发布的《关于老龄化与健康的全球报告》中，以强调失能的社会性质对失能定义进行了界定。失能是由身体功能、个体活动与社会参与、个人因素以及外部因素（如受教育水平、生活习惯等）四个方面构成的概念。

失能老人的定义。中国对老年人的年龄定义是年满 60 岁及以上的老年群体。因此，失能老年人一般是指在一个较长的时期内（一般为 6 个月以上），因年迈虚弱、残疾、疾病、智力障碍等丧失生活自理能力的老人。按照作为国际通行标准的 ADL 量表来定义失能的程度和等级，即在无法独立完成吃饭、穿衣、上厕所、梳洗、洗澡和室内走动 6 项中，缺少可维持生命或自理生活能力之一的 60 岁及以上的老年人群。

Katz 首次提出测定老年人独立生活能力的方法——日常生活能力量表，用于评价老年人护理需求的指标。② 世界卫生组织失能评估量表（WHO Disability Assessment Schedule，WHODAS），2008 年世界卫生组织对这一量表进行了修改，分为认知、活动、自我照料、与他人相处、与生活相关活动和社会参与 6 个领域，简称 WHODAS2.0。③ 对老年人长期护

---

① Disability：an umbrella term for impairments，activity limitations and participation restrictions，denoting the negative aspects of the interaction between an individual（with a health condition）and individual's contextual factors（environmental and personal factors）.

② 转引自景跃军、李元《中国失能老年人构成及长期护理需求分析》，《人口学刊》2014 年第 2 期。

③ 彭希哲、宋靓珺等：《中国失能老人问题探究——兼论失能评估工具在中国长期照护服务中的发展方向》，《新疆师范大学学报》（哲学社会科学版）2018 年第 5 期。

理需求的量化标准有两种，即"日常生活活动功能"（ADL）和"辅助性日常生活活动功能"（IADL）（见表 1 - 3 和表 1 - 4）。"日常生活活动能力"（ADL）指标，是目前国际普遍使用的评估老人能否自我照料及生活独立程度的指标。失能等级的划分以自理能力为指标，"缺乏自理能力"时划分为失能。

表 1 - 3 　　　　　　　　　日常生活活动功能量表（ADL）
躯体生活自理（6 项）

	躯体生活自理（项目）	独立（0 分）	有条件依赖（5 分）	安全依赖（10 分）
1	上厕所	能够自理	部分依赖	完全依赖
2	进食	能够自理	部分依赖	完全依赖
3	穿衣	能够自理	部分依赖	完全依赖
4	梳洗	能够自理	部分依赖	完全依赖
5	行走	能够自理	部分依赖	完全依赖
6	洗澡	能够自理	部分依赖	完全依赖
评估		轻度失能：1—2 项做不了 中度失能：3—4 项做不了 重度失能：5—6 项做不了		

资料来源：肖云：《中国失能老人长期照护服务问题研究》，中国社会科学出版社 2017 年版，第 23—24 页；施巍巍：《发达国家老年人长期照护制度研究》，知识产权出版社 2012 年版，第 38—39 页。

依据日常生活活动功能量表中的进食、穿衣、梳洗、上厕所、室内走动、洗澡 6 项指标进行评估。

轻度失能：无法完成其中 1—2 项。

中度失能：无法完成 3—4 项。

重度失能：无法完成 5— 6 项。

三个级别中，有 1—2 项不能完成就属于失能人员，需接受长期护理保险服务，失能老人是对长期护理需求最多、最迫切的群体。

表1-4　　　　　　　　辅助性日常生活活动功能量表（IADL）

工具性独立生活活动的功能（8 项）

	日常生活活动（项目）	独立（0 分）	部分独立（5 分）	完全不能独立（10 分）
1	独自外出购物	不费力	有一些困难	做不了
2	独自做饭	不费力	有一些困难	做不了
3	独自打扫卫生	不费力	有一些困难	做不了
4	独自洗衣	不费力	有一些困难	做不了
5	独自乘坐交通工具	不费力	有一些困难	做不了
6	打电话	不费力	有一些困难	做不了
7	服药	不费力	有一些困难	做不了
8	自理经济	不费力	有一些困难	做不了
评估	轻度失能：1—4 项中有 2 项以上需要协助者 中度失能：巴氏量表评估为 31— 60 分者 重度失能：巴氏量表评估为 30 分以下者			

资料来源：肖云：《中国失能老人长期照护服务问题研究》，中国社会科学出版社 2017 年版，第 23—24 页；施巍巍：《发达国家老年人长期照护制度研究》，知识产权出版社 2012 年版，第 38—39 页。

依据辅助性日常生活活动功能量表，是否能够"独自外出购物"、是否能够"独自做饭"、是否能够"独自打扫卫生"、是否能够"独自洗衣"、是否能够"独自乘坐交通工具"5 项指标，以"不费力""有一些困难"和"做不了"进行评分。[①]

轻度失能：1—4 项中有 2 项以上需要协助者。

中度失能：巴氏量表评估为 31— 60 分者。

重度失能：巴氏量表评估为 30 分以下者。

（二）失智老人

失智老人是指具有认知性功能障碍的老人。最常见的病有阿尔茨海默病（Alzheimer's disease），俗称"失智"。这是一种常见神经退行性精神障碍疾病，具有发病率高、患病率高的特点，是严重影响老年人生命健康的疾病之一。实践中常用的测量方法有 MMSE（简明精神状态量表）、

---

① 肖云：《中国失能老人长期照护服务问题研究》，中国社会科学出版社 2017 年版，第 23—24 页。

HDS（长谷川痴呆量表）、CASI（认知能力筛查量表）和 SPMSQ（简易精神状况量表）等，其中 MMSE 是国内外最普及、最常用的认知缺损筛查工具之一。

中国近年来使用的长期护理服务评估方法，采用的是"半失能"（轻度、中度失能）和"全失能"（重度失能）等较为笼统的定义，概念界定的模糊，导致出现诸多问题，主要有以下几点：（1）民政部颁布的《中华人民共和国民政行业标准：老年人能力评估》（MZ/T 039—2013）（以下简称《老年人能力评估》）因无政策规定，未能统一执行，也就是尚未建立法制化的管理机制；（2）基本健康的老人被误评，纳入半失能之列，影响老年长期护理服务制度的安排；（3）多地试点未将失智老人纳入评估范围；（4）粗略的分类方法为有效识别失能级别及分类带来了不利影响。[①]

---

① 彭希哲、宋靓珺等：《中国失能老人问题探究——兼论失能评估工具在中国长期照护服务中的发展方向》，《新疆师范大学学报》（哲学社会科学版）2018 年第 5 期。

第二章

中国老年服务相关政策回顾

中国老年服务业的发展进程基本可以分为三个时期。第一个时期，1949 年中华人民共和国成立到 1981 年，以传统的家庭式养老体系为中心，对城市实行"三无人员"、对农村实行"五保户"的福利性政策；第二个时期，1982—2012 年，伴随改革开放后社会保障制度的变化，老年服务政策以社区养老服务为中心，相继出台了诸多养老政策和规定，来自政府、社会、个人三个层面对老年问题的关注，使养老服务体系的政策逐步健全和完善，促进了养老服务业的发展；第三个时期，2013 年至今，伴随着人口老龄化程度日益加深，失能老年人口总数达 4063 万人，针对老年人的生活照料、护理康复、精神关爱、临终关怀等老年服务利好政策纷纷出台，老年服务业如雨后春笋般蓬勃发展，中国老年服务进入社会化新时期。

第一节　中国老年服务社会化发展进程

一　福利服务时期（1949—1981 年）

在计划经济时期，救助资金全部依赖政府的财政支出。王桥的研究概括了中国老年服务业发展的三个时期。从 1949 年中华人民共和国成立到改革开放之前，在计划经济体制下，由政府公共部门统管、统分社会福利资源，体制内的"单位人"、城市职工享有退休金、公费医疗等待遇。呈现出政府提供式的福利型服务，老年人依靠家庭养老。①

---

① 王桥：《老龄服务视角下我国老龄产业发展路径》，《福祉研究》2018 年第 1 期。

城市，对"三无"人员（无劳动能力、无生活来源、无法定赡养人及抚养人）实施社会救助式的公共服务政策，由民政部门对"三无"老人以及困难户老人实行救助；农村，对生活在农村的"鳏寡孤独残疾人"实行五保供养政策，这一政策仅仅覆盖了城乡少数弱势老年群体，将"五保户"群体中的老年人纳入乡村集体开办的敬老院供养，实施保吃、保住、保穿、保医、保葬的救助供养方式。

二　社区服务时期（1982—2012 年）

1978 年十一届三中全会后，中国开始实行对内改革、对外开放的政策。计划经济体制向市场体制转型，原有"单位人"退休后被纳入社会管理，成为"社会人"。

在市场经济推拉力的作用下，年轻一代为实现理想离开家乡开始赴外流动就业，逐渐导致农村、城市出现了大量的空巢家庭。针对空巢家庭的问题，政府及职能部门提出开展社区服务的试点工作。20 世纪 80 年代，开始提出推行发展社区服务。90 年代，提出"养老产业"这一概念，"养老产业"包含了三大产业，是一个满足老年人需求，提供服务的新型朝阳产业。

2000—2012 年，政府相继出台了诸多养老政策和规定，全社会开始关注老龄化问题，老年服务体系的政策逐步健全和完善，促进老年服务业发展。其中一项重大的政策，即是由政府统包、统管的社会福利事业开始向社会投资参与、兴办福利事业进行转变。在全国范围内建成以居家养老为基础、社区养老为依托、机构养老为补充的社会养老服务体系。提出支持鼓励公建民营、民办公助、多渠道多种形式的养老服务业运营模式。2011 年，国务院办公厅办颁发《社会养老服务体系建设规划（2011—2015）》（国办发〔2011〕60 号），进一步提出要充分发挥市场作用，发展老龄服务业。经过近年来的实践和积累，中国正在培育一个巨大的养老服务产业市场。

三　老年服务社会化发展时期（2013 年至今）

2013 年，国务院印发《关于加快发展养老服务业的若干意见》（国发〔2013〕35 号）（以下简称《意见》），提出积极应对老龄化，确立"老有所养"的战略目标。实施居家社区养老服务，提质增效优先发展社会化老龄服务和养老产业，《意见》标志着"中国养老产业元年"扬帆启航。

伴随老龄化社会而来的巨大养老服务需求缺口，万亿中国养老服务产业迎来了发展兴起的契机。在满足老年服务需求的同时，还带动了经济的增长、扩大了就业。2016 年，《国务院关于加快发展康复辅助器具产业的若干意见》（国发〔2016〕60 号）制定了宏伟的目标，力争到2020 年，养老产业规模突破 7000 亿元，通过养老产业驱动"银发经济"的发展。

第二节　中国老年服务政策 70 年回顾

新中国成立后国家还在百废待兴的阶段中，纵观 70 年来的发展历程，中国从政府恩惠到政府责任、从单一济贫到综合救助、从无法可依到有章可循、从"输血"到"造血"都经历了巨大转变。一系列中国老年服务政策明确政府的主导责任、使弱势群体也能共享社会发展的成果，让人民群众获得幸福感，实现社会和谐。

一　福利服务时期（1949—1981 年）政策

1949 年新中国成立之初，全国总人口为 4 亿多人，人均寿命只有 37 岁。因此，主要政策是从经济上救济帮扶贫困老年人，首先解决农村五保老人基本生活。

1954 年《中华人民共和国宪法》第三章第 94 条：中华人民共和国劳动者在年老、疾病或者丧失劳动能力时候，有获得物质帮助的权利。国家负责实施社会保险、社会救济、群众卫生事业。[①]

1956 年出台《高级农业生产合作社示范章程》，1960 年发布的《1956 年到 1967 年全国农业发展纲要》中，要求对丧失劳动能力和生活没有依靠的老、弱、孤、寡、残疾的社员，在生活上和生产上给予一定的照顾，保证年幼的能受到教育、年老的死后有安葬，五保制度建立。对老

---

① 肖云：《中国失能老人长期照护服务问题研究》，中国社会科学出版社 2017 年版，第27—28 页。

年人的"五保"是保吃、穿、住、医、葬，使得农村五保老人的生活照料服务依托农村合作社得到基本保障。①

1958年，《关于人民公社若干问题的决议》提出办好敬老院。当年全国办起15万多所，收养"五保"对象300余万人。②

随着社会救济工作开始走上经常化、规范化的轨道，中国与计划经济相配套的传统社会救济制度框架基本确立。在城市，以就业为基础的单位保障制度的建立，使得干部、职工连同他们家属的生、老、病、死都有了依靠，救济对象趋于稳定，并相对固定为孤老残幼等"三无"人员和困难户③。城市"三无"人员，指城市非农业户籍的无劳动能力、无生活来源且无法定赡养、抚养、扶养义务人，或者其法定赡养、抚养、扶养义务人无赡养、抚养、扶养能力的老年人、残疾人以及未满16周岁的未成年人。民政部门建立福利院收养"三无"人员。

从20世纪50年代到改革开放前，社会救济制度没有发生实质性变化，但由于三年自然灾害和"文化大革命"的影响，社会救济对象的种类、数量有所增加，主要包括60年代精简退职的老职工、"文化大革命"后病退回城的知青和其他特殊人员，如右派摘帽人员、"文化大革命"中受迫害人员等生活苦难者。国家通过制定相关政策，对这些由于历史原因造成的特殊弱势群体给予了社会救济，并采取补发工资、发放生活困难补助费、返还查抄没收的财产、安排工作等方式对其损失进行了相应的赔偿和补偿④。

1978年恢复了中华人民共和国民政部，政府有了专门机构管理社会救济工作和福利工作。1979年，全国城市社会救济福利工作会议重申福利工作原则，以养为主、供养和康复并重，福利机构由救济型向福利型转变，由供养型向供养康复型转变。

---

① 《1956年到1967年全国农业发展纲要》，中华人民共和国第二届全国人民代表大会第二次会议于1960年4月10日通过。

② 董红亚：《中国政府养老服务发展历程及经验启示》，《人口与发展》2010年第5期。

③ 郑功成：《中国社会保障制度变迁与评估》，中国人民大学出版社2002年版，第212—213页。

④ 高园：《从救济到救助：新中国城市社会救助的发展历程及其启示》，《河北科技师范学院学报》（社会科学版）2011年第1期。

二 社区服务时期（1982—2012 年）政策

1982 年以进入探索阶段，直至实现社区老年服务的全面覆盖。首先国务院批准成立"老龄问题世界大会中国委员会"（后更名为"中国老龄问题全国委员会""老龄办""老龄委员会"）开启中国老龄工作新时期。1982 年《宪法》继续保留了公民老有所养的社会物质的权力。1983 年，首次出台居家养老政策。《关于老龄工作情况与今后活动计划要点》指出各部门可根据主管业务范围，开设老年人医院和家庭病房。1984 年中国老龄委召开的全国老龄工作会议，明确提出老龄工作"五个老有"的工作目标，即"老有所养、老有所医、老有所为、老有所学、老有所乐"。进一步推动了老年事业的发展。1985 年在《关于加强我国老年医疗卫生工作的意见》中提出面向行动不方便的老年病人提供家庭病房，改善老年人看病难的问题。1987 年，召开了我国首届养老产业研讨会，提出推行发展社区居家服务，会上首次提出"养老产业"的概念。1989 年《城市居民委员会组织法》规定，居委会大力开展社区服务活动，兴办服务事业。

1991 年《民政事业发展十年规划和"八五"计划纲要》提出，农村养老将成为突出的社会问题。要建立农村养老保险制度，解决占老龄人口85％的农村老年人的养老保障问题。1992 年《关于加快发展第三产业的决定》提出"居民服务业"将成为中国第三产业的重点发展项目，具体制定了与养老有关的社区服务业的发展目标。85％以上街道兴办一所社区服务中心，一所老年公寓（托老所），兴办社区服务业，开展便民家庭服务、养老服务。

1994 年民政部等八部委制定了《中国老龄工作七年发展纲要（1994—2000）》，提出"实现老有所养、老有所医、老有所为、老有所学、老有所乐的目标"。1994 年国务院颁布《农村五保供养工作条例》，明确五保供养经费从村提留或乡统筹。

1996 年颁布《中华人民共和国老人权益保障法》，这是新中国成立以来颁布的第一部针对老年人权益保障的法律。进一步明确城市老年人、

"三无"人员，由当地政府按集中供养和分散供养相结合的方式给予救济。规定"老年人养老主要依靠家庭"，"赡养人应当履行对老年人经济上供养、生活照料和精神上的慰藉的义务"。同时提出"发展社区服务的设施和网点"，老年服务政策的制定和实施有了法律支持。

从 21 世纪之初到 2012 年，在这一阶段的养老产业政策开始逐渐引导老年服务业走向产业化发展的道路，发挥市场在资源配置中的作用，鼓励民间资本积极参与老年设施的建设和养老服务的提供。具体措施包括税收、信贷、财政支持、土地保障等多方面的政策优惠。

三 老年服务社会化发展时期（2013 年至今）政策

2013 年《国务院关于加快发展养老服务业的若干意见》的发布为标志到 2016 年的上半年。这一阶段提出要降低养老服务机构的准入门槛，加速养老产业的发展、持续扩大产业的规模。进一步完善了扶持、促进养老服务业发展的相关政策：融资政策、土地供应政策、税优政策、助力补贴政策、职能培训以及养老服务人才队伍建设政策等。同时，推进了医养结合，为老年人颐养天年、身心健康提供综合的服务，并对创新型养老产业的业务模式进行了积极的探索。

从 2016 年年底国办发布的相关政策文件和 2017 年年初国家老龄事业发展以及养老体系建设"十三五"规划出台开始至今，这一阶段与之前相比，最大的变化是政策开始转向养老产业的体系化建设。开始提倡创新型养老产业的新模式，吸引地产业、金融保险业、互联网等行业参与养老服务产业，推进了养老产业与医疗、健康、旅游、文化、养生、健身、休闲等产业的融合发展。同时，还提升了老龄用品的科技含量和品质，提升了老龄服务的质量和效率。

进入 2013 年以来，中国政府以及职能部门出台了一系列的利好政策，引导全国东西南北中各个地区的养老服务业从初级阶段提升到了迅猛发展的阶段，老年日间照料中心、养老驿站等开始落地生根。2013—2018 年，中国发展老年服务业的主要政策措施见表 2 - 1 所示。

表 2 - 1   中国老年服务业发展的主要政策措施（2013—2018 年）

文件名称	年份	政府部门	主要内容
《国务院关于加快发展养老服务业的若干意见》（国办发〔2013〕35 号）	2013	国务院	完善扶持养老服务业发展的投融资政策、土地供应政策、税费优惠政策、补贴支持政策、人才培养政策和就业政策等。以老年生活照料、老年产品用品、老年健康服务、老年体育健身、老年文化娱乐、老年金融服务、老年旅游等为主的养老服务业全面发展，养老服务业增加值在服务业中的比重显著提升，全国机构养老、居家社区生活照料和护理等服务提供 1000 万个以上就业岗位，形成一批养老服务产业集群，培育一批知名品牌
《关于促进健康服务业发展的若干意见》（国发〔2013〕40 号）	2013	国务院	推进医疗机构和养老机构等加强合作。增强医疗机构为老年人提供便捷、优生优惠医疗服务的能力。统筹医疗服务与养老服务资源，形成规模适宜、功能互补、安全便捷的健康养老服务网络，发展社区健康养老服务
《关于加强养老服务标准化工作的指导意见》（民发〔2014〕17 号）	2014	民政部、国家标准化管理委员会、商务部、国家质量监督检验检疫总局、全国老龄办	增强标准的市场适用性，及时反映养老服务市场的需求和变化，更好地为养老服务业的市场主体提供服务，为市场准入和规范市场秩序提供技术支撑。支持企业加强标准化工作，鼓励企业制定联盟标准
《中国保监会关于开展老年人住房反向抵押养老保险试点的指导意见》（保监发〔2014〕53 号）	2014	保监会	对拥有房屋完全产权的老年人，将其房产抵押给保险公司，继续拥有房屋占有、使用、收益和经抵押权人同意的处置权，并按照约定条件领取养老金直至身故。开展反向抵押养老保险是一种将住房抵押与终身养老年金保险相结合的创新型商业养老保险业务，老年人身故后，保险公司获得抵押房产处置权，处置所得将优先用于偿付养老保险相关费用
《关于做好政府购买养老服务工作的通知》（财社〔2014〕105 号）	2014	财政部、发改委、民政部、全国老龄办	将推进政府购买养老服务与逐步使社会力量成为发展养老服务业的主体相结合，与培育专业化养老服务组织相结合。按照公开、公平、公正原则，坚持费随事转，通过竞争择优的方式选择承接政府购买养老服务的社会力量，确保具备条件的社会力量平等参与竞争，充分发挥市场配置资源的决定性作用

续表

文件名称	年份	政府部门	主要内容
《关于加快推进健康与养老服务工程建设的通知》（发改投资〔2014〕2091号）	2014	发改委、民政部、财政部、国土资源部、住房城乡建设部、卫计委、人民银行、税务总局、体育总局、银监会	鼓励社会资本通过独资、合资、合作、联营、参股、租赁等途径，采取政府和社会资本合作（PPP）等方式，参与医疗、养老、体育健身设施建设和公立机构改革。进一步放宽市场准入，凡是法律法规没有明令禁入的领域都要向社会资本开放并不断扩大开放领域。中央和地方对健康与养老服务项目的资金支持政策，对包括民间投资主体在内的各类投资主体都予以支持
《关于鼓励民间资本参与养老服务业发展的实施意见》（民发〔2015〕33号）	2015	民政部、发改委、教育部、财政部、人社部、国土资源部、住建部、卫计委、银监会、保监会	鼓励民间资本参与居家和社区养老服务，参与机构养老服务。支持民间资本参与养老产业发展。推进医养融合发展。完善投融资政策，落实税费优惠政策，加强人才保障
《关于推进医疗卫生与养老服务相结合的指导意见》（国办发〔2015〕84号）	2015	卫计委、民政部、发改委、财政部、人社部、国土资源部、住建部、全国老龄办、中医药局	鼓励社会力量针对老年人健康养老需求，通过市场化运作方式，举办医养结合机构以及老年康复、老年护理等专业医疗机构。在制定医疗卫生和养老相关规划时，要给社会力量举办医养结合机构留出空间。按照"非禁即入"原则，凡符合规划条件和准入资质的，不得以任何理由加以限制
《国务院办公厅关于印发老年教育发展规划（2016—2020年）的通知》（国办发〔2016〕74号）	2016	国务院办公厅	鼓励社会力量参与老年教育。充分激发市场活力，推进举办主体、资金筹措渠道的多元化，通过政府购买服务、项目合作等多种方式，支持和鼓励各类社会力量通过独资、合资、合作等形式举办或参与老年教育。运用市场机制调节供需关系，进一步优化老年教育的市场结构、内容和布局。加强规划指导和外部监管，营造平等参与、公平竞争的市场环境
《国务院办公厅关于进一步扩大旅游文化体育健康养老教育培训等领域消费的意见》（国办发〔2016〕85号）	2016	国务院办公厅	抓紧落实全面放开养老服务市场、提升养老服务质量的政策性文件，全面清理、取消申办养老服务机构不合理的前置审批事项，进一步降低养老服务机构准入门槛，增加适合老年人吃住行等日常需要的优质产品和服务供给

文件名称	年份	政府部门	主要内容
《国务院办公厅关于全面放开养老服务市场提升养老服务质量的若干意见》（国办发〔2016〕91号）	2016	国务院办公厅	进一步放宽准入条件，优化市场环境。推进"互联网＋"养老服务创新。建立医养结合绿色通道。促进老年产品用品升级。发展适老金融服务。完善土地支持政策。完善财政支持和投融资政策。到2020年，养老服务市场全面放开，养老服务和产品有效供给能力大幅提升，供给结构更加合理，养老服务政策法规体系、行业质量标准体系进一步完善，信用体系基本建立，市场监管机制有效运行，服务质量明显改善，群众满意度显著提高，养老服务业成为促进经济社会发展的新动能
《国务院关于印发"十三五"国家老龄事业发展和养老体系建设规划的通知》（国发〔2017〕13号）	2017	国务院	发展养老服务企业，鼓励连锁化经营、集团化发展，实施品牌战略，培育一批各具特色、管理规范、服务标准的龙头企业，丰富养老服务业态。加快形成产业链长、覆盖领域广、经济社会效益显著的养老服务产业集群。支持养老服务产业与健康、养生、旅游、文化、健身、休闲等产业融合发展，丰富养老服务产业新模式、新业态。鼓励地产、互联网等企业进入养老服务产业，利用信息技术提升健康养老服务质量和效率。繁荣老年用品市场，增加老年用品供给，引导支持相关行业、企业围绕健康促进、健康监测可穿戴设备、慢性病治疗、康复护理、辅助器具和智能看护旅游休闲等重点领域，推进老年人适用产品、技术的研发和应用。提升老年用品科技含量，加强对老年用品产业共性技术的研发和创新
《国务院办公厅关于制定和实施老年人照顾服务项目的意见》（国办发〔2017〕52号）	2017	国务院办公厅	为居家养老服务企业发展提供政策支持。鼓励与老年人日常生活密切相关的各类服务行业为老年人提供优先、便利、优惠服务。大力扶持专业服务机构并鼓励其他组织和个人为居家老年人提供生活照料、医疗护理、精神慰藉等服务

文件名称	年份	政府部门	主要内容
《国务院办公厅关于加快发展商业养老保险的若干意见》（国办发〔2017〕59号）	2017	国务院办公厅	推动商业保险机构提供企业年金计划等产品和服务。鼓励商业保险机构充分发挥行业优势，提供商业服务和支持。鼓励商业保险机构投资养老服务产业。支持商业保险机构为养老机构提供风险保障服务。发挥商业养老保险资金长期投资优势。促进商业养老保险资金与资本市场协调发展

　　资料来源：《附录：2013—2017年中国发展老龄产业的主要政策措施及相关内容》，张车伟主编《大健康产业蓝皮书：中国大健康产业发展报告（2018）》，社会科学文献出版社2018年版，第343—346页；《盘点2018年健康养老产业十大政策趋势》，前瞻产业研究院，2019年1月7日，https://f. qianzhan. com/chanyeguihua/detail/190107-bff2e470. html；参考以上内容以及2018年颁布政策整理。

第 三 章

中国长期护理保险制度实施概述

长期护理是指在一个较长时期内，由护理人员（包含专业医护人员、亲人、朋友等非专业人员）持续为患有慢性疾病或身体功能保障和不能进行日常生活自理的人提供护理服务以维持延长生存期，提高生活质量。长期护理主要面对的是老年病失能患者，提供全面健康干预、临床医疗、机能康复。长期护理服务是集医、养、康、护于一身，是老年病医疗的一个重要组成部分。

第一节　中国长期护理保险制度的政策进程

一　长期护理保险制度的相关政策

2007 年年初，国务院首次提出了"积极应对老龄化，探索建立长期护理保险等社会化服务制度"。2013—2018 年，国家密集出台了一系列政策和文件，鼓励和引导长期护理保险制度的发展，党中央、国务院对老龄化和老年人的长期护理问题给予了高度的重视。

2013 年全国人大常委会修订了《中华人民共和国老年人权益保障法》，提出国家应逐步开展长期护理保障工作，保障老年人的护理需求。

2014 年国务院在《关于加快发展现代保险服务业的若干意见》中提出，要大力发展商业长期护理保险，同年在《关于加快发展商业健康保险的若干意见》中明确提出，扩大商业健康保险的供给，大力开展长期护理保险制度的试点工作。

2016 年，国家把"探索建立长期护理保险制度"纳入了《十三五规划纲要》。随后，人社部印发了《关于开展长期护理保险制度试点的指导意见》，正式开启了我国长期护理保险制度的试点工作，在河北承德、吉林长春等 15 个试点城市启动了试点工程。[①]

2017 年，党的十九大进一步提出要加强社会保障体系的建设，实施健康中国战略，积极应对人口老龄化，把探索建立长期护理保险制度、大力发展护理服务体系上升为国家战略，并加以部署和推进。

2018 年国家发展改革委、民政部、人力资源社会保障部等 11 个部委联合发布了《关于促进护理服务业改革与发展的指导意见》，在提出加快护理服务业改革与发展等多项举措的同时，还明确要求"鼓励有条件的地方，积极支持商业保险机构开发长期护理商业保险，以及与老年护理服务相关的商业健康保险产品。积极发展多样化、多层次、规范化的商业护理保险服务，探索建立商业保险公司与提供老年护理服务机构合作的机制"，进一步为商业保险开展长期护理保险，促进护理服务业的发展创造了良好政策环境。

表 3 - 1　　　　2007—2018 年中国长期护理保险相关政策文件

时间	文件	部门	主要内容
2007 年 1 月	《关于全面加强人口和计划生育工作统筹解决人口问题的决定》	中共中央国务院	探索建立长期护理保险等社会化服务制度
2013 年 7 月 1 日实施	《老年人权益保障法》修订版	全国人大常委会	提出国家逐步开展长期护理保障工作，保障老年人的护理需求。对生活长期不能自理、经济困难的老年人，地方各级人民政府应当根据其失能程度给予相应的护理补贴
2014 年 8 月	《关于加快发展现代保险服务业的若干意见》	国务院	构筑民生保险保障网，重点依靠商业支撑我国的社会体系，发展多样化健康险服务，发展商业性长期护理保险服务
2014 年 11 月	《关于加快发展商业健康保险的若干意见》	国务院办公厅	扩大商业健康保险的供给，大力开展长期护理保险制度的试点，加快发展多种形式的商业长期护理保险

---

① 15 个试点城市为承德市、长春市、齐齐哈尔市、上海市、南通市、苏州市、宁波市、安庆市、上饶市、青岛市、荆门市、广州市、重庆市、成都市、石河子市。

续表

时间	文件	部门	主要内容
2016 年	《十三五规划纲要》	党的十八届五中全会	推进健康中国建设，健全全面的保障体系，探索建立长期护理保险制度，开展长期护理保险的试点
2016 年 6 月	《关于开展长期护理保险制度试点的指导意见》	国家人社部	全国范围启动长期护理保险制度试点；首批试点包括上海、广州、山东青岛等 15 个城市
2016 年 11 月	《全国护理事业发展规划（2016—2020 年）》	卫计委	促进社区和居家护理服务的不断发展，同时推动医养结合、安宁疗护以及护理服务业的发展，不断满足失能老年人的服务需求
2018 年	《关于促进护理服务业改革与发展的指导意见》	国家发改委、民政部、人力资源社会保障部等联合发布	提出加快护理服务业改革与发展等多项举措，同时还强调"鼓励有条件的地方积极支持商业保险机构开发长期护理的商业保险，以及与老年护理服务相关的商业健康保险产品。积极发展多样化、多层次、规范化的商业护理保险服务，探索建立商业保险公司与提供老年护理服务机构的合作机制

资料来源：《我国长期护理保险制度的建设》，载张车伟主编《中国大健康产业发展报告(2018)》，社会科学文献出版社 2018 年版，第 257—258 页。

二 代表性地区实施试点的特点

从中国试点实践来看，青岛市（2012 年）、长春市（2015 年）、南通市（2016 年）是最先试点长期护理保险制度的三个城市，采取的模式大致相同。

（一）青岛长期医疗护理保险（2012 年 7 月实施）

1. 制度名称与定位。长期医疗护理保险，在基本医疗保险制度框架内实施、分类管理。

2. 指导原则。发展"医养康护"相结合的新型服务模式，保障失能人员的基本医疗护理需求。2017 年出台了《关于将重度失智老人纳入长期护理保险范围》的试点意见，全国首创。

3. 覆盖人群。城镇职工医保、城乡居民医保参保人。参保人因疾病、伤残等原因导致长年卧床已达或预期达 6 个月以上，生活完全不能自理，病情基本稳定者。

4. 筹资机制。青岛医疗护理保险通过优化医保基金支出结构进行筹资。从职工医保统筹基金、个人账户和居民医保统筹基金中按比例划转资金，构成护理保险基金，分为职工和居民两部分，分账核算。用人单位和个人不需另行缴费。

5. 评估方案。（a）按照《日常生活活动能力评定量表》进行评定，低于 60 分（不含 60 分）；（b）接受医疗专护（专护）服务需符合另行规定的 5 种情形之一，接受护理院医疗护理（院护）、居家医疗护理（家护）、社区巡护服务（巡护）需符合另行规定的 4 种情形之一。

（二）长春市失能人员护理保险（2015 年 5 月实施）

截至 2018 年年底，长春市 60 岁及以上老年人口为 159.26 万人，占全市总人口的 21.19%；65 岁及以上老年人口为 94.52 万人，占人口总数的 12.57%，老年人口比例年均递增 1 个百分点。2015 年长春市颁布《关于建立失能人员医疗护理保险制度的意见》（长府办发〔2015〕3 号）与《长春市失能人员医疗保险实施办法》（长人社〔2015〕21 号），于 2015 年 5 月 1 日正式实施。

1. 制度名称与定位。医疗护理保险，在基本医疗保险制度框架内实施、分类管理。

2. 指导原则。优化医保资源的配置，提高医保基金的使用效率，建立以社会化服务为主的失能人员医疗护理保险制度。只限入住养老机构的重度失能人员和高龄老年人，中度人员和居家养老的失能人员还没有被纳入其中。

3. 覆盖人群。城镇职工医保、城镇居民医保参保人员。因年老、疾病、伤残等导致生活自理能力重度依赖的参保人，癌症晚期舒缓疗护患者（暂不含中度失能）。

4. 筹资机制。从职工医保统筹基金和个人账户按一定比例，从居民医保统筹基金中按人数定额分别划转资金构成护理保险基金，分为职工医保、居民医保两部分，分账核算。用人单位和个人不需另行缴费。

5. 评估方案。符合三种情形之一：（a）《日常生活活动能力评定量表》评定分数低于（含等于）40 分及以下者；（b）按国家《综合医院分级护理指导意见（试行）》规定，符合一级护理条件且生活自理能力重度依赖他人者；（c）体力状况评分标准（卡氏评分 KPS）低于（含等于）50 分的癌症晚期患者。

（三）成都市长期护理保险制度（2017 年 7 月实施）

截至 2018 年，成都市户籍人口为 1475.05 万人，60 岁及以上老年人口为 315.06 万人，占户籍人口的 21.34%，老龄化程度高于全国平均水平。2016 年人力资源和社会保障部发布《人力资源社会保障部办公厅关于开展长期护理保险制度试点指导意见》（人社厅发〔2016〕80 号），其中成都市被国家确立为长期护理保险制度试点城市。

1. 制度名称与定位。长期护理保险，独立制度。

2. 指导原则。培育和发展社会化护理服务市场，建立覆盖全员、多元筹资、保障基本生活、待遇分级、鼓励居家、适合市情的长期护理保险制度。

3. 覆盖人群。城镇职工基本医疗保险参保人。因年老、疾病、伤残等导致长期失能，生活不能自理，需要长期护理，并经认定和评定失能等级的重度失能者。

4. 筹资机制。试点阶段，通过划转城镇职工基本医疗保险统筹基金和个人账户、财政补助等方式筹资，单位和个人不再另行缴费。财政补助由市和区（市）县财政按比例分担，单位缴费部分以城镇职工基本医疗保险缴费基数为基数，按 0.2% 的费率从统筹基金中按月划拨。未退休人员个人缴费部分以城镇职工基本医疗保险缴费基数为基数，按年龄确定不同的费率，从个人账户中划拨。

5. 评估方案。由成都市人社局、市民政局、市卫计委等部门牵头成立长期护理保险资格评定委员会，负责制定长期失能人员资格认定、等级评定标准，委托第三方机构开展认定评定工作。

第二节　失能老年人的护理服务与需求

2018—2019 年，中国保险行业协会联合中国社会科学院人口与劳动经济研究所共同设计问卷及调查方案，在 23 个城市进行了长期护理专项调研，23 个城市调研地名单如表 3-2 和表 3-3 所示。调查分别回收老年人有效问卷 6430 份，成年人有效问卷 6388 份，完成问卷 12818 份。根据数据分析和调研，完成了《2018—2019 中国长期护理调研报告》。

表3-2　　老年人样本地区分布

城市	样本量	占比（％）
武汉	1253	19.49
贵阳	1093	17
苏州	602	9.36
成都	369	5.74
青岛	346	5.38
上海	329	5.12
南通	322	5.01
广州	273	4.25
哈尔滨	240	3.73
重庆	237	3.69
合肥	200	3.11
安庆	192	2.99
北京	163	2.53
吉林	131	2.04
济南	116	1.8
长春	101	1.57
长沙	85	1.32
承德	70	1.09
西安	70	1.09
宁波	68	1.06
潍坊	60	0.93
烟台	57	0.89
桂林	53	0.82
合计	6430	100

表3-3　　成年人样本地区分布

城市	样本量	占比（％）
武汉	1399	21.9
贵阳	1032	16.16
青岛	502	7.86
吉林	486	7.61
苏州	425	6.65
南通	379	5.93
上海	299	4.68
重庆	231	3.62
北京	187	2.93
广州	176	2.76
安庆	158	2.47
哈尔滨	142	2.22
合肥	133	2.08
济南	125	1.96
长春	103	1.61
宁波	102	1.6
长沙	102	1.6
承德	87	1.36
成都	78	1.22
西安	65	1.02
烟台	60	0.94
桂林	59	0.92
潍坊	58	0.91
合计	6388	100

一　失能老年人的基本状态

（一）老年人总失能率

调查地区有4.8％的老年人处于重度失能状态，生活完全依赖他人照料。有7％的老年人处于中度失能状态。调查地区老年人总失能率为

11.8%。其中，男性和女性重度失能率分别为4.7%和4.9%。以巴塞尔（Barthel）指数来衡量，近1/5的老年人在穿衣、吃饭、洗澡、如厕等方面的基本生活无法完全自理。在两类失能人群中，发生困难最集中的5个活动分别如下：

  * 中度失能：上下楼梯、洗澡、床椅移动、如厕、控制大便
  * 重度失能：上下楼梯、床椅移动、走动、穿衣、控制大便

（二）失能年龄段

65岁是老年人失能状况出现，由轻转重的重要转折点。无论是目前处于轻度、中度，还是重度失能状态的老年人，他们第一次出现较为明显的自理问题的年龄均为65岁左右，其失能程度越严重，经历失能的时间也越长（见图3-1）。调查结果显示，65岁以前，基本独立阶段，完全独立的人群占比87%；65—79岁，开始出现失能，虽然有70%的人能生活自理，但中度及重度显著上升至12%—14%；80岁及以上高龄老年人，显现出失能加剧现象，自理能力迅速下降，20%—25%的人需要较大程度地依赖他人照料。

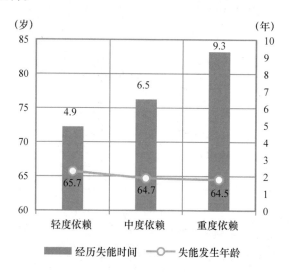

图3-1 经历失能时间及失能发生年龄

（三）失能老年人性别

男性女性两个人群在失能率的年龄分布上出现了一定差异。70岁以前，男性发生中度以上失能的概率略高于女性；但70岁之后，女性则面临更高的失能，尤其是重度失能的风险，同时自理能力随着年龄退化的速度也显著高于男性。

（四）失能老年人健康状况

调查以罹患疾病的数量来衡量，相对于生活能自理的人群，中度以上失能老年人的健康水平显著下降，97%的人同时患有至少一种以上的慢性病，其中心脑血管疾病、癌症、阿尔茨海默病、呼吸系统疾病和帕金森症的患病比例与失能状态之间的关联度尤为显著，调查结果说明了身体失能和失智之间的相关性。

二　不同失能状态老年人的护理服务现状

由于失能老人在年龄、失能状态发展情况、并发疾病等方面呈现多元性，他们在相关护理服务的使用和需求方面也必然是复杂而多样的。以下集中分析中度及重度失能老年人的护理服务需要、服务类型、服务模式、费用负担、服务缺口等多方面。

（一）中度失能老人

1. 使用服务现状。93%的中度失能老人目前接受1项以上的护理服务，使用最频繁的5项服务依次是协助洗澡、协助行走、打扫房间、协助上厕所、陪同看病；而使用最少的5项是按摩推拿、护理尿管等管道、心理咨询、协助服药、打针注射。

2. 谁是服务提供者。最重要的服务提供者依次是子女占比40%，专业机构医院、养老院、护理院等第三方占比25.4%，老伴占比22.1%，保姆占比10.8%。中度失能老人服务提供者占比如图3-2所示，显示专业机构服务提供呈上升趋势。

3. 服务费用。由于主要的服务提供来源是家属，大多数老人没有护理费用支出，仅32.1%的中度失能老人购买了第三方服务。在发生的费用中，中位数为每月2000元。

4. 谁是经济负担者。相对于收入而言，护理服务费用造成的经济压力较大。在支出服务费用的中度失能老人中，有一半人的每月服务支出占

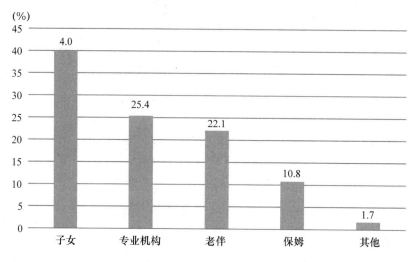

图3-2　中度失能老人服务提供者占比

本人可支配收入的比例超过80%。这一负担主要依次是子女占比48%、本人占比20.1%；基本医疗保险也发挥了一定的筹资作用，占比16%，商业保险的作用很小，占比只有1.4%。护理服务费用负担比例如图3-3所示。

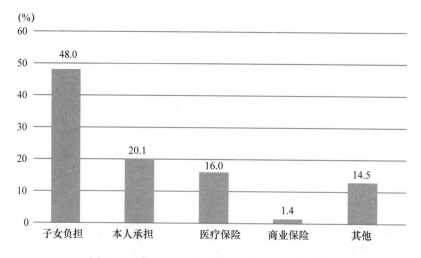

图3-3　中度失能老人护理服务费用负担比例

（二）重度失能老人

1. 使用服务现状。95.4%的重度失能老人目前接受1项以上的护理服务，使用最频繁的5项服务依次是协助上厕所、协助洗澡、穿衣服、协助行走、喂饭；而使用最少的5项是心理咨询、处理尿管等管道、按摩推拿、打针注射、伤口及压疮处理。

2. 谁是服务提供者。服务提供者依次是子女（占35.4%）、第三方机构（占32.6%，其中养老院或老年公寓占12.6%）、老伴（占18.4%）、保姆（占12.6%），调查结果显示，利用服务提供者更多地向第三方机构转移，明显比中度失能老人使用率提高。重度失能老人服务提供者占比如图3－4所示。

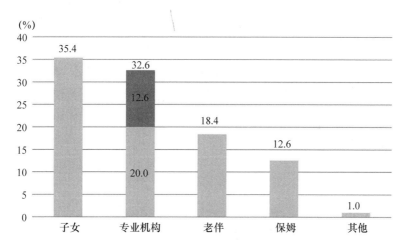

图3－4 重度失能老人服务提供者所占比重

3. 服务费用。购买第三方服务的人群所占比重为34%。重度失能服务费用的提高，对购买了服务的老年人来说会导致经济压力加大，每月费用的中位数为4532元。

4. 谁是经济负担者。服务支出的重度失能老人中，有一半以上购买者每月费用支出占本人可支配收入的比例超过了90%。这一费用的负担者依次是子女（占49.1%）、基本医保（占19.4%）、依靠政府财政的高龄补贴（占12.0%）、商业保险（占0.9%）。重度失能老人护理服务费用负担占比如图3－5所示。

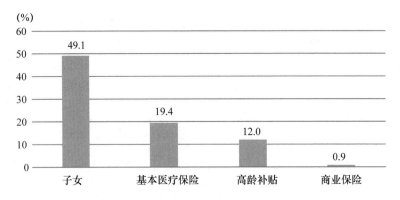

图3-5 中度失能老人护理服务费用负担比例

三 不同失能状态老年人的护理服务需求

(一)中度失能老人

1. 选择服务模式意愿。89.5%的中度失能老人认为,根据自己健康状况需要得到照料服务,最希望获得的主要服务模式依次是居家亲属照料(36.1%)、居家保姆照料(15.7%)、三类专业机构(37.6%),如图3-6所示。

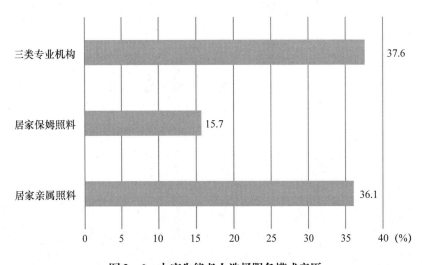

图3-6 中度失能老人选择服务模式意愿

2. 服务费支付意愿。虽然目前购买第三方服务的人群比例不高，但在自述需要护理服务的中度失能老人中，大部分愿意为服务支付费用，支付意愿占比达 54.1% 。支付意愿金额和占可支配收入比例的中位数分别为每月 1800 元和 60% ，如图 3 - 7 所示。

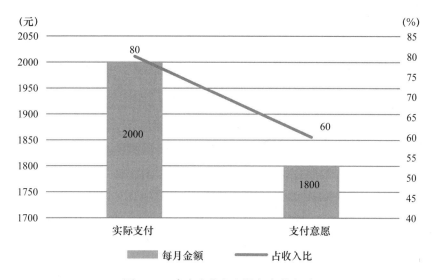

图 3 - 7　中度失能老人服务支付意愿

3. 服务项目状况。虽然中度失能人群的整体服务使用率为 93% ，高于需要率 89.5% ，但在具体的服务项目方面存在较大的匹配偏差（见表 3 - 4）。市场供给不足的服务包括协助服药、护理尿管等管道、按摩推拿等医疗护理服务，以及做饭或送餐服务。而协助进食的供给过剩。

表 3 - 4　　　　　　　　　　　中度失能老人服务需求情况

服务项目			
供给过剩	协助进食		
供给不足	协助服药	护理尿管等管道	按摩推拿	做饭或送餐服务

虽然超过一半的中度失能老人愿意购买第三方服务，但他们愿意支付的金额及收入比例都明显低于实际的支付水平（见图 3 - 7）。参照经济负

担调查的结果，中度失能人群在护理保障方面面临较大的缺口。在市场服务价格高于其支付意愿和支付能力的情况下，如果能加强基本保险或商业保险等第三方风险分散机制的作用，将更有效地满足老年人对专业护理服务的潜在需求。另外，中度失能老人面临的服务缺口主要集中在医院、养老院、护理院三类专业机构服务方面。

（二）重度失能老年人

1. 选择服务模式意愿。93.2%的重度失能老人认为自己需要照料服务，希望获得的主要服务模式依次是居家亲属照料（24.7%）、居家保姆照料（24%）、三类专业机构（33.5%）。选择三类专业机构的占比最高，另外，希望在社区护理站得到服务的意愿有所增强（13.6%），如图3-8所示。

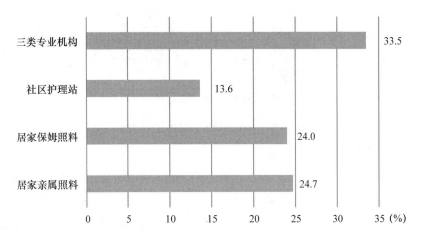

图3-8　重度失能老人选择服务模式意愿

2. 服务费支付意愿。和中度失能人群一样，重度失能老人的支付意愿比（49.7%）也显著高于实际的人群支付比例。支付意愿金额和占可支配收入比例的中位数分别为每月2000元和75%，如图3-9所示。

3. 服务项目状况。与中度失能人群相比，重度失能老人面临更大的服务项目不匹配问题。医疗护理服务供给严重不足，如护理尿管等管道、伤口及压疮护理、心理咨询等。日常生活服务类的服务明显过剩，如喂饭、洗澡，做饭或送餐，打扫房间、洗衣服等（见表3-5）。

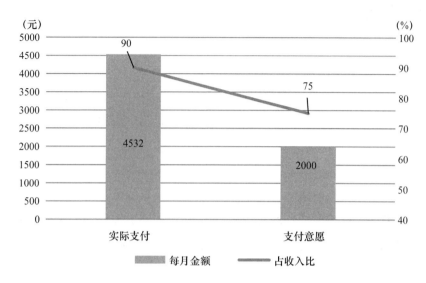

图3-9 重度失能老人服务支付意愿

表3-5 重度失能老人服务需求情况

服务项目			
供给过剩 （生活护理服务）	喂饭、洗澡	做饭或送餐	打扫房间	洗衣服
供给不足 （医疗护理服务）	理尿管等管道	伤口及压疮护理	心理咨询	

和中度失能人群相比，重度失能老人的支付意愿和其实际支付水平之间的差距更大（见图3-9），也因此面临着更大的保障缺口。个人筹资的比例仍较高；高龄补贴在一定程度上减轻了老年人及其家庭的经济负担，但在资金来源的稳定性和覆盖人群方面都不是最理想的筹资方式，保险保障亟待提高。重度失能老人选择三类专业机构比例明显提高，医疗服务严重短缺。近70%的重度失能老人需要居住环境进行适老化改造及配备辅具，如电梯、携带轮椅乘坐出租车、南方冬季供暖等问题有待解决。

第 四 章

"9703" 养老格局的老年服务社会化

中国老龄化程度日益加深，将在 2020 年开始进入快速老化期。这意味着 "9073" 中国养老体系正在转变为 "9703" 的养老格局，即 97% 的老年人接受家庭照料和社区居家养老服务，3% 进入养老机构颐养天年。面对老龄化的挑战，在社会养老基础设施尚未进入成熟阶段，在实施长期护理保险制度的牵动下，社区居家养老服务开启了新的模式。社区居家养老吸收了居家养老与机构养老的优势，在一定程度上克服了二者的局限性，将资源进行了有效整合，以医疗护理进入家庭为基础，丰富了养老模式的类型，而且可根据居民的不同需要，因地制宜地提供可及、连续、综合、有效的一体化新模式服务，致力于打造食、住、娱、医、养、护一站式的养老服务。

社会化老年服务的发展，需要基于对老年人的需求和对科学理念的探索，需要基于对国情和地域文化的创新。社区嵌入式养老服务是以居家为基础，社区为依托，机构为支撑，医养相结合的中国特色养老服务格局的一种模式创新，是实现形式多样、触手可及养老服务的有效途径。

第一节　向社区居家养老服务模式的转变

中国养老服务体系主要有三种基本模式，即居家养老、社区养老、机构养老，三者形成了相互补充的形式。由于绝大多数老年人不愿离开自己熟悉的生活环境，因此社区居家养老是最符合中国国情的养老模式。社区居家养老服务可有效地整合居家和社区养老服务的各类零散资源，实现服务提供的最大化。其现实意义主要有三点：第一，社区居家养老服务满足了家庭功能弱化的需要。2015 年以来，中国社区养老服务进入快行线。一方面政府颁布利好政策，给予物资财力支援，助推社区居家养老服务发展。政策从支持养老机构的补贴（建设补贴、床位补贴）转移到大力扶持社区养老驿站、照料中心的建设上来。近年来社区居家养老建设实现了从无到有的质的转变。老年人家庭特别是纯老家庭呈现小型化、空巢化的现象，子女不同住的状态越发普遍。同时，老年人对服务的需求也越发旺盛，但子女由于忙于工作缺乏足够的时间和精力陪伴老人及提供所需的服务。第二，社区居家养老服务实现了老年人可就近接受专业养老服务的需求。快速老龄化进程加速了养老服务业，尤其是机构养老的发展，但由于受经济基础和传统观念的影响，很多老人仍不愿入住养老院。况且很多养老院收费较高、基础设施落后、服务质量不高、管理水平低下等，而社区居家养老服务恰恰可以让老年人不出家门、不出社区即可接受比养老机构更专业、更有针对性的服务。第三，社区居家养老服务满足了老年人不断增强的精细化服务需求。随着经济社会的发展，老年人对养老服务产品的需求也越来越多样化，而社区居家养老服务的特点恰恰是产品多元、定位精准、专业保证等，老人可就近在各类功能型产品中选择能保证专业水平的服务产品，这样既满足了老人的归属感，又实现了低成本、高标准的服务。

第六次全国人口普查数据显示，农村地区有 3.32% 的 60 岁及以上老人生活完全不能自理，16.94% 能够自理老人存在健康方面的问题。目前，我国农村主要存在家庭养老、社区养老和机构养老三种养老模式。绝大多数农村老人仍选择传统的家庭养老模式。然而，随着社会经济的发展，农村家庭养老功能逐渐弱化，单纯依靠传统的家庭养老模式已经无法满足农村老人的养老需求。国家统计局数据显示，随着城镇化的加快，大量农村的年青劳动力开始向城镇转移，农村"空巢老人"的现象日益严重，而且农村劳动力转移的人数正在以每年 1000 万左右的速度增长，并且其增长速度在不断加快。2013 年第三季度农村外出务工劳动力已达到 17392 万人，[1] 子女外出务工对"空巢"家庭养老的诸多方面产生了显著影响，[2]

---

[1] 袁惊柱：《农民市民化意愿及其影响因素研究——基于就业分化视角和四川省的调查数据》，《湖南农业大学学报》（社会科学版）2014 年第 2 期。

[2] 罗芳、彭代彦：《子女外出务工对农村"空巢"家庭养老影响的实证分析》，《中国农村经济》2007 年第 6 期。

大量农村老人留守农村，得不到家人的关怀和照料，其养老状况令人担忧。此外，受计划生育政策等因素的影响，农村的家庭结构也在悄然发生着变化，逐步向小型化、核心化方向发展，这也都成为导致农村家庭养老功能逐步弱化的重要因素。第六次全国人口普查数据显示，我国农村地区的老年抚养比为 22.75%，预计到 2030 年，农村地区的老年抚养比将超过少年抚养比，达到 34%，并将会持续数十年（张恺梯，2008）。显然，单纯依靠家庭养老的农村养老模式亟待改变。

第二节　"9703"社区居家老年服务趋势

伴随着老龄化程度的日益加深、国家养老利好政策的不断出台、长期护理保险制度的试行，目前的"社区居家养老"概念应该说已经打破了传统的"90（90%的老人居家自我照料）+7（7%的老人接受社区料服务）+3（3%的老人进入机构养老）"养老格局。"社区居家养老"是将居家养老与社区养老有机结合，是依托社区平台的居家养老，把居家养老纳入社区服务网络；以各类资源的融合、多元功能的融合、服务管理的融合为形式的"9703"（97%的老人社区居家养老、3%以下的老人进入机构养老）养老模式；是以社区辐射范围内居家的轻、中度失能老年群体为服务对象，通过整合各方资源，以各类专业组织的社会化机制进行运作的养老模式。

社区居家养老，在家或所在社区获得社会化、专业化的养老服务。大致有以下两种运作形式。

社区老年护理之家（小微机构）的床位为 10—49 张，为社区老年人就近提供集中托养护理服务和"喘息服务"。其主要服务内容有：通过评估，为中度失能老年人提供短期入宿照料；为大病出院仍需康复护理的老年人或老年人家属需要的"喘息服务"提供短期托养服务。开展可延伸至社区、居民家庭的为老服务，如居家护理、照料者培训等，上门提供老年护理服务。

社区综合为老服务中心，是有老年护理之家（小微机构）、日间照料中心、护理站、助餐点等设施的社区为老服务综合体。可根据需要和实际情况，配置医疗服务点、信息管理平台、老年事务受理网点等。其主要服务有:各类与社区老年人的生活照料、康复护理、医疗保健需求密切相关的各类服务;方便社区群众办事,实现老年服务一门式的办事窗口服务;社区科技助老和养老服务信息管理服务。

老龄化程度在日益加深。2016年全国老龄办发布的《第四次中国城乡老年人生活状况抽样调查成果》报告显示,60岁及以上老年人口数量为2.24亿人,失能、半失能老年人口总数大致为4063万人,占老年人口总数的18.3%。根据推测,2020年中国老年人口数量将达到2.6亿人,失能、半失能老年人口将达到4200万人;到2030年,老年人口将达到3.71亿人,失能、半失能老年人口将达到6168万人;到2050年,老年人口将达到4.87亿人,失能、半失能老年人口将达到9750万人(见图4-1)。

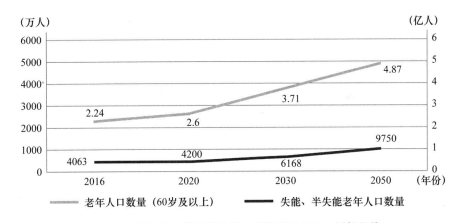

图4-1 老年人口数量及失能、半失能老年人口增长趋势

资料来源:根据全国老龄办《第四次中国城乡老年人生活状况抽样调查成果》整理。

由图4-1可看出,老龄化的程度在日益加深,从2020年开始将进入快速老化期。97%的老年人进入社区居家养老服务状态,从宏观方面来看,中国老年人口的规模及经济发展状况,都决定了机构养老不可能成为未来中国养老的主流。从微观方面来讲,出于中国的传统文化观念、生活习惯,老年人更倾向于选择在自己家中养老。在社会养老基础设施尚未进入成熟阶段时,社区居家养老适时成为了养老模式的重心。

社区居家养老显现优势。社区居家养老体现了居家养老与机构养老的优势，融合了两个原本独立的居家养老、社区养老的服务功能；延续了家庭功能的维系和孝道的传承。以医疗护理进入家庭为基础，丰富了养老模式的类型。根据居民的不同需要，因地制宜提供可及、连续、综合、有效的一体化新模式服务，致力于打造食、住、娱、医、养、护一站式的养老服务。社区居家养老提供的养老服务能体现出亲情、人文关怀，能满足老人不愿离开家庭就近养老的切实需求。有利于城市有限土地房屋资源的挖掘，有利于政府、社会资本和社会组织之间各种优质资源的整合和互动，有利于养老服务需求和供给的有效对接，有利于养老服务实现标准化管理，并向标准化、连锁化、规模化发展。

第三节　实现老年服务的社会化

社区居家养老服务，是解决未来中国绝大多数老年人养老服务需求的主要手段。未来社区居家养老服务，需要在个人家庭、政府、企业、社区各方的合力推动下进行扩量提质，打造社区居家养老服务体系。[①]

第一，要构建完善的社区居家养老体系，最重要的是立法在先。目前，社区居家养老模式还没有形成系统的法制化建设，缺乏以社区居家养老为专题的法规政策和监督机制，缺乏法律保障。例如，2016年国家颁布了《关于开展长期护理保险制度试点的指导意见》，在15个城市结合当地实际情况制定方案展开了试点工作，但至今仍未建立起一个法律的保障。在调查地方时，出现了"偏离"现象，在失能老人经过护理恢复健康后，家庭和服务机构对已康复的信息进行隐瞒，继续"吃""占"长期护理保险费的给付。

第二，建立符合中国国情的长期护理保险制度，是发展社区居家养老服务业的重要环节。目前，正在探索建立长期护理社会保险制度，已取得的一些实践经验奠定了逐步实施社保"第六险"的社会基础。随着老年人护理需求的不断扩大，将会带动老年住宅、金融保险、医疗健康产业的开发以及大学教育等多行业的需求，拉动经济的增长，拓宽就业的渠道。

---

① 冯文猛、王桥、董登新：《老龄化来袭　如何缓解排除养老》，《中国经济时报》2018年11月14日。

日本实施长期护理保险制度（《介护保险》）后，在每 1 万人口区域建设一个居家养老支援中心，为老人提供服务计划经理、社会福祉师、保健师等多样化服务。2001 年，访问护理等居家服务机构为 3.3 万所，2016 年增加到 37.23 万所；2000 年，护理人员为 54.9 万人，2005 年增加到 112.5 万人。2000 年，通过考试取得国家级福祉师资格的有 19.83 万人，2016 年增加到 176.96 万人，专业人才队伍的总量猛增近 9 倍，养老护理服务业的就业空间非常广阔。

第三，推动老龄护理服务的社会化，着力人才的培育。当前，涉及老年领域的科技人员、管理人员、专业服务人员极为缺乏，建议尽快在大学、大专、中专院校设立专业学科，培养相关的人才，加快老龄产业人才队伍的建设。至今为止，教育部还未认可"社会福祉"专业的设立。而社会福祉专业正是为社会化养老培养政府专业部门人员、研究人员、高端管理人员的重要专业。目前，只有东北师范大学人文学院这一所大学在 2013 年设立了"社会福祉"专业，为我国养老业培养了近 2000 多名本科学历的专业人才。

第四，亟待统一、细化相关的标准。目前，存在着重医疗和康复护理，轻生活护理和精神慰藉，服务内容清单不明确等问题。建议研究机构、大学和专业运营机构组建研发团队，开展居家社区养老服务项目、服务标准、服务内容、评估标准、培训教案等方面的研发和制定，并制定"社区养老服务管理办法""居家和社区养老服务设施考评标准""居家和社区养老服务标准"等政策管理制度，进一步夯实"嵌入型"养老服务的发展基础。申办养老机构许可证程序已被取消，为此养老服务业应在运营的事中、事后加强监督、管理，尽快制定统一的细化标准和管理规定。

20 世纪 80 年代，社会人口老龄化问题逐渐成为世界各国的关注焦点，进入老龄化较早的国家和政府对此做了很多的探索。

日本推行的是以家庭或亲属照料为主体、以公共福利服务和社会化服务辅之的养老服务模式。其采取的主要措施有：建立社区老年服务制度；推出长期护理保险制度（"介护保险"）；颁布与修订各项法律法规；建立庞大的专业队伍，并实施严格的考核制度；大力发展老年教育，开办"老年班"和老年大学等。

美国老年人的养老问题主要由政府和社会承担，于 1981 年就推行了家庭医疗补助和社区服务计划。设立了专门的老年人福利养老院、老人日间托护中心等，通过政策和措施保障了养老服务业的发展。

瑞典建立的是"从摇篮到坟墓"普惠制式福利保障制度。其实行高福利的养老保障模式，通过建立社区养老服务网络，重视并鼓励老年护理机构开展商业化经营，鼓励慈善团体、非营利机构兴办公益事业等，充分发挥了社会资本在养老服务业发展中的作用。

第四节　现阶段存在的主要问题

中国有关老人长期护理的法律与政策，存在结构性不足的问题。主要表现为针对城市老年人的多，针对农村老年人的少；针对社会护理的多，针对家庭护理的少；原则性的规定多，操作性的措施少。

一　法规政策滞后的护理服务

目前，中国还没一个以社区居家养老为主题的法规政策，更未建立监督机制。来自政府多部门下发的社区居家养老政策出现重叠，一部门一个标准，常出现法规撞车现象。例如，《国务院关于加快发展养老服务业的若干意见》鼓励个人举办家庭化、小型化的服务机构，允许社会力量利用居民住宅开办社区养老照料设施。为此，束缚了服务设施运营的手脚，致使需求方对社会设施的信任度大大降低，在社区居家服务与居家服务之间筑起了一堵隔阂墙。

二　缺乏协调性的护理服务

如何协调长期护理模式中的居家护理、社区护理、机构护理之间的关系，如何实现不同类型养老机构服务的有效衔接等，都必须以如何更有效地满足失能老人的护理需求为依据。目前，这三种护理模式处在各自独立运营的状态，其发展面临多种困难。在家庭护理中，一对夫妻需同时照料四个老人的情况并不少见，由于缺乏专业性的培训，难以满足失能老人对长期护理服务的需求；社区是为老百姓服务的组织，在对失能老人提供服务中起到了重要作用，而社区护理功能的严重缺位，背离了为百姓服务的原则和初衷；机构护理布局的不合理、护理费用过高等，导致失能老人无法满足感情慰藉的需求，这也成了老年人不愿完全脱离家庭改由机构全权护理的主要原因。目前，机构的布局缺乏满足失能老人对服务的需求，多数机构不收失能老人入住。

三 专业人才匮乏的护理服务

目前，中国失能老人长期护理的人才队伍主要是由失业人员和外来务工人员组成，这些人员往往年龄偏大，学历较低，大部分人未接受过专业的培训。由于缺乏相应的理论知识，专业技能和技术低下，缺乏护理沟通的技巧，导致护理差错相应增加，护理安全无法得到保证。此外，失能老人长期护理人员的职业道德也有待提高，对于失能老人而言，其需要的长期护理需要提供耐心细致的服务，但护理人员往往不具备高尚的职业道德和无私奉献的精神。

四 亟待完善的评估流程及其标准

老年护理服务重心在社区居家服务上，要求社区小微机构、服务第三方，掌握好老年人服务评估标准。中国养老机构护理的分级多采用《老年人社会福利机构基本规范》（2001年）中规定的三级标准（自理、介助、介护）或临床医嘱护理等。这两种评估方法由于都具有主观性，评估项目中又缺乏对痴呆老人的判定条目，导致护理需求与护理服务等级出现较大偏差。[1] 同时，老年长期护理服务是以生活护理和照料为主，而临床医嘱的护理分级则是以医疗服务为主，是由医生根据患者病情状况决定，与护理服务的时间和护理服务的强度并不一定成正比，无法准确反映出中国老年长期护理服务的实际需求。[2] 2013年民政部出台了《老年人能力评估》标准，2014年上海市制定了《上海市老年照护统一需求评估试行办法》，2016年青岛、长春、南通三地制定了老年长期护理保险制度。但评估方案要素中都缺少科学、精细的分级标准，没有明确医学护理与生活护理之间的转介机制，同时保险补偿待遇梯度没有同需求级别与类型挂

---

① 张莹：《我国老年长期照护保障制度构建的几点思考——以照护需求评估为焦点》，《中国医疗保险》2016年第9期。

② 郭艳红：《分级护理标准制定的背景和意义》，《中国护理管理》2012年第12期。

钩，导致无法提供有效、连续的服务。

关于日常生活自理能力的评估方法，学术界和研究部门一直以来主要是依靠各种 ADL 量表，综合构造出一个指数来反映老年人日常生活的自理能力，较常用的有 katz 分级法，以及 Barthel 指数、Frenchay 指数、FIM 技能独立度测定等。[①]

（一）Katz 分级法

Katz 等学者于 1957 年开始研发日常生活自理能力量表，量表的评价指标是由医生、护士、社会学家和其他专业人士通过对大量老年人和慢性病人的观测、比较和评估最终形成的，也称为 Katz 评价指标。该指标具体包括洗澡、穿衣服、上厕所、床椅转移、大小便控制和进食 6 个项目。其中，每个项目的完成情况又分为 3 个等级，分别是完全独立完成、部分依赖和完全依赖，其中完全独立意味着在没有监督、指导和他人帮助下能独立完成。

（二）Barthel 指数法

Barthel 指数（Barthel Index of ADL）是 20 世纪 50 年代中期由罗西·巴瑟尔（Dorothy Barthel）和弗洛伦斯·马哈尼（Florence Mahoney）设计并应用于临床，是国际康复医疗机构常用的方法。Barthel 指数评定方法简单，可信度高，灵敏度也高，使用广泛并可预测治疗效果。在长期护理服务对象的认定方面，国际评估工具一般为 ADL/IADL/MMSE 等具有较高效度、受到广泛认可的单一量表，且操作简单。我们在充分结合我国的实际国情基础上，针对部分具体测量条目进行调整即可使用；在护理服务内容的评估方面，老年人健康及护理服务的综合评估工具的开发势在必行。日本的护理认定调查表，其评估内容全面且操作简单，其标准化的特性对中国复杂的国情具有较强的可行性及实用性；在护理分级评估方面，护理需求分级是服务费用和定价的基础，与一国的长期护理政策密切相关。

五 老年护理服务质量控制体系

日本、德国、澳大利亚、英格兰和美国，都通过对长期护理服务供应商进行检查和监管的方式来确保服务的质量。虽然地方政府在监管过程中

----

① 王瑞华：《日常生活活动能力（ADL）的测定》，《中级医刊》1994 年第 4 期。

发挥了作用，但质量保障仍主要由中央政府负责。日本的质量控制体系是在三个级别的政府部门展开的，即中央、省、市三级对长期护理实施监管。中央政府负责制定政策，包括发布详细的标准，并对地方项目开展积极的监督。省政府为服务提供者发放许可证，并开展检查工作。市政府位于最前线，由市政府计划和管理保健和老年人福利项目。机构检查由地方政府执行（有时由市政府官员陪同），原则上每年进行一次；而在实际执行过程中，主要采用提交文件的形式；如果没有发生严重的问题，不会专门派人开展检查。检查主要集中在实体设施、人员配置水平、财务管理和报告准确度这几个方面。唯一采取的制裁措施是，如果人员配置不足，则减少30%的长期护理保险项目的拨款。除了开展监管之外，日本正在实施一系列替代性战略，以提高护理的质量。其中，包括在服务供应商之间开展竞争，促进私营资格的审定（第三方评估）和认证。在引进公共长期护理保险项目（Kaigo Hoken），供应商们严重依赖市政府的推荐意见。从理论上讲，日本护理保险项目从根本上改变了这些安排，把服务选择权给了消费者，而且要求供应商之间开展质量竞争。护理计划经理职业的创建，是为了替代市政府官员在以前系统内的工作——确定服务种类和监控护理服务质量。

日本是以独特的方法，在全国范围内保证为失智患者提供护理服务质量的国家。由于阿尔茨海默症患者的生活通常无法自理，而很多服务供应商所提供的专业护理人员又有限，导致实施质量的保障措施变得十分重要。为此，日本为这些家庭专门制定了准则，集资设立了一个行业协会来关注质量问题。此外，日本政府向护理服务供应商推荐使用第三方评估（主要针对阿尔茨海默症人群养老院），并把评估结果放在互联网上公布。这一机制有助于接受和处理监管系统之外的投诉，有效促进服务质量的提高。

第 五 章

中国老年人长期护理意愿与需求的分析

　　随着中国社会老龄化程度的加剧、老年人口的增加，患病、失能或部分失能老年人口不断增多，对于老年人长期护理需求与意愿的分析变得更加的迫切。本书基于 2016—2018 年北京市、长春市、鄂尔多斯市、呼和浩特市、成都市以及青岛市"城市老年人长期护理服务需求个人调查"数据，对中国老年人的长期护理意愿与需求进行了分析。调查结果显示了中国老年人的长期护理意愿与需求现状：第一，老年人长期护理需求，尤其是对生活照料护理的需求增加，接受机构或社区护理的意愿加强。第二，不同城市老年人对长期护理的需求存在差异，北京市老年人的长期护理需求最为迫切，其中对生活照料的需求最多。第三，随着年龄的增长，老年人对于长期护理的需求逐渐增加，选择去社区或机构的意愿也增强。此外，民族、婚姻状况、居住状况、失独状况、生育情况以及宗教信仰不同的老年人对长期护理的需求与意愿也存在差异。导致这些现状或变化的因素可以概括为以下几种：第一，身体因素，老年人患病、失能或部分失能，导致身体机能逐渐下降，影响老年人的日常生活，老年人需要获得长期护理照料。第二，经济因素，随着社会经济的发展，老年人的经济水平得到提高，承受机构或社区长期护理的能力加强，选择机构或社区护理的意愿也增加。第三，家庭因素，对于规模较小的家庭，老年人失能或部分失能会显著增加家庭中其他成员的负担，老年人为减轻家庭负担会倾向于选择机构或社区护理。第四，思想因素，老年人去社区或机构养老被认为"不孝"的思想逐渐淡化，人们对社区或机构的接受度在增强，思想的转变为老年人选择机构或社区护理提供了良好的环境。

第一节　老年人长期护理需求的现状

中国步入老龄化社会的速度在不断加快，老年人群在不断扩大。1999年，中国老龄化速度快于全国人口增长的速度，2000年的第五次全国人口普查数据显示，中国60岁及以上人口达到1.3亿人，占总人口的10.2%，其中65岁及以上人口为8811万人，占总人口的6.96%，按照国际衡量标准，[①]中国提前进入了老龄化社会。2017年，中国60岁及以上老年人口达到2.41亿人，占总人口的17.3%，预计到2050年，老年人口占比将增加1倍左右。[②]

中国老年人口的增加使得老年人患病率上升，失能和部分失能老年人也逐年增加。卫生部2005年第三次国家卫生服务调查结果的数据显示，60岁及以上老年人的慢性病患病率超过了调查人口的一半。2017年，在60岁及以上老年人口中，多种慢性病共存情况较为常见，其中，高血压、脑血管疾病、糖尿病为主要疾病。2015年患主要疾病的有7275万人，2020年将达8510万人。[③] 2017年年底，中国失能与部分失能老年人群体的数量达到4063万人，完全失能老年人的数量达到1000万人左右。患病、失能或部分失能老年人的身体机能会逐渐下降，维持日常生活逐渐困难，需获得家庭、机构或者社会提供的长期护理服务。

根据WTO的定义，长期护理是指由专业护理者（社会服务人员和医疗卫生服务人员）和非专业护理人员（家庭成员、亲戚、朋友等）进行的护理活动体系，以保证生活的全部或部分不能自理的人能够获得较高质量的生活，获得最大可能的独立、自主、参与、个人满足以及人格尊严。发达国家较早进入老龄化社会，长期护理的发展相对较快、较完善，许多国家已经将长期护理制度化、产业化。德国有明确法律条文规定德国公民

---

① 老龄型社会国际衡量标准：一个地区或者国家60岁及以上老年人占总人口比重达到10%，或65岁及以上老年人占总人口比重达到7%，该地区或者国家进入老龄化社会。

② 党俊武主编：《中国城乡老年人生活状况调查报告（2018）》，社会科学文献出版社2018年版。

③ 《2017年中国老年消费习惯白皮书》，中文互联网数据资讯网，2018年2月，http://www.199it.com/archives。

以及在德国工作的外国人员，必须加入长期护理保险。日本在 2000 年颁布了《护理保险法》，规定 40 岁及以上的日本公民必须参与护理保险，缴纳护理费用，年满 65 岁时可以申请护理服务。中国仅在 2016 年开展了长期护理保险试点工作，长期护理制度与体系急需进一步发展和完善。因此，现阶段对中国老年人长期护理需求与意愿进行研究具有重要的现实意义。

在中国社会老龄化程度不断加剧的形势下，老年人对长期护理的需求是否有增加，意愿是否增强，偏好于选择机构护理、社区护理还是家庭护理，老年人对不同长期护理的需求是否存在差异，不同群体城市老年人之间对长期护理的选择是否存在差异，都是需要进一步探究的问题。本研究基于 6 个城市老年人的个人调查，对中国老年人长期护理需求与意愿的现状进行分析研究。调查地为成都市、呼和浩特市、鄂尔多斯市（属于中国西部地区），长春市（属于中部地区），青岛市、北京市（属于东部地区），包含了中国东、中、西部地区，能较好地反映中国老年人长期护理的需求与意愿。

第二节　数据来源与样本分布

本书使用的是 2016 年、2017 年、2018 年北京市、长春市、鄂尔多斯市、呼和浩特市、成都市郫都区、青岛市以及成都市武侯区"城市老年人长期护理服务需求个人调查"的抽样数据。[①] 该数据包含了老年人护理服务的意愿和需求、加入长期护理保险的认知、健康状况与生活质量、个人及家庭基本状况、个人收入与家庭经济状况、医疗费用负担与医疗保障以及中医养生体质辨识的情况。共调查了 6 个城市的 60 岁及以上老年人 5500 名左右。

本次调查根据老年人目前对生活照料的需求、心理抚慰的需求、慢性病护理的需求、康复护理的需求、长期卧床护理的需求、其他医疗专业护理的情况，对老年人目前对长期护理服务的需求进行了判断。老年人有 1 种及以上的服务需求，视该老年人目前需要长期护理服务；老年

---

① 该项调查得到中国社会科学院国情调研基地重大项目"内蒙古长期照护与养老服务调查研究"支持，主要参加调研人员包括钱伟、王桥、程杰、屈小博、华颖等。

人对以上 6 种服务均不需要，视该老年人目前不需要长期护理服务；老年人对以上 6 种服务均没有考虑过，视该老年人目前完全没有考虑过长期护理服务。

　　各地区的老年人调查人口占比中，成都市武侯区占比最大，为 21.50%，鄂尔多斯市占比最少，为 8.94%。调查人口中，女性的占比较大；60—69 岁老年人占调查人口的 34.58%，70—79 岁老年人占比为 29.23%，80 岁及以上老年人占比最大，达到 36.19%。

表 5−1		数据样本分布情况				单位：人；%
年份		2016 年	2017 年	2018 年	合计	占比
城市	北京市	—	—	600	600	10.54
	长春市	—	501	491	992	17.42
	鄂尔多斯市	—	—	509	509	8.94
	呼和浩特市	—	617	597	1214	21.32
	成都市郫都区	—	549	—	549	9.64
	青岛市	—	606	—	606	10.64
	成都市武侯区	600	624	—	1224	21.50
年龄阶段	60—69 岁	150	947	814	1911	34.58
	70—79 岁	150	837	628	1615	29.23
	80 岁及以上	300	1044	656	2000	36.19
性别	男性	244	1227	965	2436	43.48
	女性	342	1593	1231	3166	56.52

第三节　城市老年人长期护理意愿与需求的现状

　　调查显示，老年人长期护理的需求有所增加，接受养老机构或社区长期护理的意愿较强。其中，有长期护理需求的老年人占调查人口的 31.36%，不需要的占 31.79%，还有 36.85% 老年人完全没有考虑过长期护理问题。在老年人身体不能自理时，有 50.15% 的老年人愿意去机构或社区接受日间照料，23.78% 老年人不愿意选择去机构或社区，而愿意选择家庭护理，还有 26.07% 老年人没有明确是否选择机构或社区护理。

一 老年人对不同长期护理的需求

在老年人的长期护理需求中，对生活照料的长期护理需求最多，其次是慢性病的护理需求，对其他医疗专业护理的需求最少。调查显示，生活照料需求占所有长期护理需求的 22.49%，慢性病护理需求占比为 19.75%，其他医疗专业护理需求占比为 13.85%。

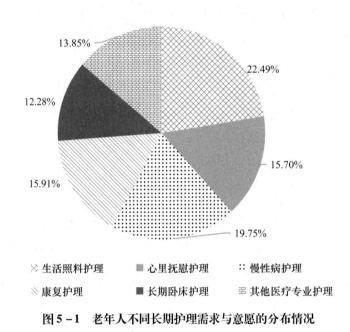

图 5-1　老年人不同长期护理需求与意愿的分布情况

二 不同城市老年人的长期护理意愿与需求

各城市老年人的长期护理需求存在差异。北京市老年人的长期护理需求最多，其中对生活照料的需求最迫切，对长期护理需求最低的是长春市老年人，呼和浩特市老年人长期护理需求的意识较弱，超过一半以上的老年人没有考虑过长期护理的事宜。

根据调查显示，需要长期护理的北京市老年人占北京市调查总人口的 66.33%，比鄂尔多斯市占比高出 2 倍，对生活照料需求护理的占比达到 62%，对慢性病护理的需求占比为 51.17%。长春市不需要长期护理的老年人占长春市调查人口的一半左右，为 49.60%，呼和浩特市没有考虑长期护理的老年人占呼和浩特市调查人口的 54.53%。

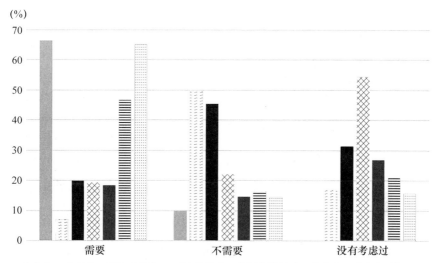

图 5 - 2　不同城市老年人的长期护理需求与意愿

在老年人生活不能自理时，大部分城市的老年人选择去社区或养老机构接受日间照料，其中意愿性最强的是北京市的老年人，长春市的老年人去机构或者社区的意愿最弱，主要理由是不愿意离开自己的家或因机构收费太高等，成都市武侯区意愿不确定的老年人较多。调查显示，在老年人生活不能自理时，北京市、呼和浩特市、鄂尔多斯市与成都市郫都区愿意去社区或机构的老年人均超过各城市调查人口的一半，其中北京市的占比最大，为 72.33%，其次是鄂尔多斯市，为 63.60%，长春市有 49.85% 的调查老年人不愿意选择社区或机构护理，有 41.43% 的成都市武侯区调查老年人不确定是否选择社区或机构护理。

三　不同年龄段老年人的护理意愿与需求

随着年龄的增长，老年人身体机能的下降，对长期护理服务的需求表现得更加迫切，其中，生活照料需求的增速最快。调查显示：年龄越大，老年人的护理需求变得越强。60—69 岁老年人对长期护理的需求占 60—69 岁调查人口的 16.43%，70—79 岁的老年人的长期护理需求占比为 27.46%，80 岁及以上老年人的长期护理需求占比已经超过一半，达

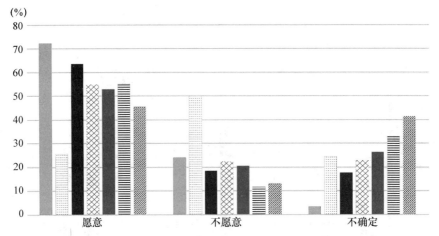

图5-3　不同城市老年人生活不能自理时去社区或养老机构
接受日间照料的意愿

到55%。其中，增速最快的是老年人对生活照料的需求，60—69岁老年人对生活照料的需求占60—69岁调查人口的15.07%，70—79岁老年人的占比为27.46%，80岁及以上的占比增长了1倍左右，达到49.07%。

年龄越大的老年人在生活不能自理时，选择去养老机构或者社区的意愿越强，80岁及以上老年人愿意去养老机构或者社区的人数已超过80岁及以上调查老年人口的一半。调查显示：在老年人生活不能自理时，愿意去社区或者养老机构的60—69岁老年人占60—69岁调查人口的48.76%，70—79岁老年人的占比为49.04%，80岁及以上老年人的占比增加了1个百分点。

四　不同群体老年人的长期护理意愿与需求

按民族、婚姻状况、生育情况、居住状况、宗教信仰、失独状况等对老年人群的护理意愿与需求进行的分析显示：汉族老年人对长期护理的需求较为迫切，尤其是对康复护理、长期卧床护理的需求较高。有配偶或与配偶同居的老年人对长期护理的需求较少。失独老年人对长期护理的需求较大，未生育子女的老年人对于长期护理的需求更多。没有宗教信仰的老年人对长期护理的需求更大。

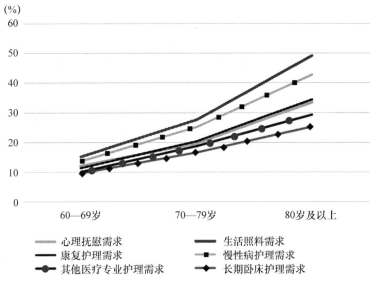

图 5-4　不同年龄段老年人的长期护理服务需求情况

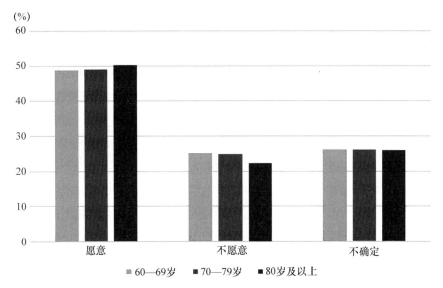

图 5-5　不同年龄段老年人生活不能自理时去社区或养老机构接受日间照料的意愿

少数民族老年人在生活不能自理时，更愿意去社区或养老机构接受日间照料。离婚老年人与其他婚姻状况的老年人相比，去社区或养老机构的意愿较强，与配偶同住老年人的意愿最弱。失独、从未生育、有宗教信仰的老年人去机构或社区的意愿较强。

表 5 - 2　　　　　　　不同群体老年人的长期护理需求状况　　　　　单位：人，%

		需要	不需要	完全没有考虑过	其他情况	合计
民族	汉族	1537	1201	1292	653	4683
		32.82	25.65	27.59	13.94	100
	少数民族	48	60	63	18	189
		25.40	31.75	33.33	9.52	100
婚姻状况	未婚	37	16	12	10	75
		49.33	21.33	16.00	13.33	100
	有配偶	994	963	974	587	3518
		28.25	27.37	27.69	16.69	100
	离婚	27	33	19	11	90
		30.00	36.67	21.11	12.22	100
	丧偶	861	350	378	175	1764
		48.81	19.84	21.43	9.92	100
失独状况	失独	107	46	76	28	257
		41.63	17.90	29.57	10.89	100
	非失独	1647	1087	1090	605	4429
		37.19	24.54	24.61	13.66	100
生育状况	从未生育	63	21	24	25	133
		47.37	15.79	18.05	18.80	100
	生育子女	1840	1294	1368	748	5250
		35.05	24.65	26.06	14.25	100
居住状况	独居	274	259	253	122	908
		30.18	28.52	27.86	13.44	100
	与配偶同住	490	783	850	448	2571
		19.06	30.46	33.06	17.43	100
	与子女或孙子女同住	478	269	290	177	1214
		39.37	22.16	23.89	14.58	100
	其他	499	29	32	17	577
		86.48	5.03	5.55	2.95	100

续表

		需要	不需要	完全没有考虑过	其他情况	合计
宗教信仰	有宗教信仰	123	124	158	55	460
		26.74	26.96	34.35	11.96	100
	无宗教信仰	1772	1206	1179	644	4801
		36.91	25.12	24.56	13.41	100

表 5 - 3 　　　　不同群体老年人生活不能自理去社区或养老机构
接受日间照料的意愿　　　　单位：人，%

		愿意	不愿意	不确定	合计
民族	汉族	2177	1097	1288	4562
		47.72	24.05	28.23	100
	少数民族	93	58	36	187
		49.73	31.02	19.25	100
婚姻状况	未婚	40	10	24	74
		54.05	13.51	32.43	100
	有配偶	1652	882	895	3429
		48.18	25.72	26.10	100
	离婚	52	13	22	87
		59.77	14.94	25.29	100
	丧偶	920	370	448	1738
		52.93	21.29	25.78	100
失独状况	失独	151	40	62	253
		59.68	15.81	24.51	100
	非失独	2203	1006	1139	4348
		50.67	23.14	26.20	100
生育状况	从未生育	75	19	38	132
		56.82	14.39	28.79	100
	生育子女	2563	1220	1341	5124
		50.02	23.81	26.17	100
居住状况	独居	477	203	210	890
		53.60	22.81	23.60	100
	与配偶同住	1161	660	676	2497
		46.50	26.43	27.07	100
	与子女或者孙子女同住	425	368	386	1179
		36.05	31.21	32.74	100

续表

		愿意	不愿意	不确定	合计
居住 状况	其他	364	65	146	575
		63.30	11.30	25.39	100
宗教 信仰	有宗教信仰	227	93	133	453
		50.11	20.53	29.36	100
	无宗教信仰	2344	1155	1218	4717
		49.69	24.49	25.82	100

五 老年人长期护理需求与意愿的分析

中国老年人长期护理的需求正在增加，选择去机构或社区护理的意愿逐渐加强。不同地区老年人的护理需求存在差异，高龄老年人的护理意愿最强，引起这种变化或现状的因素大致包括以下几种。

（一）身体状况因素

老年人的身体状况会直接影响老年人对长期护理的需求。老年人患病、失能或部分失能，身体机能会逐渐下降，直接影响老年人的日常生活，因此需要获得长期照料。调查显示：针对老年人近期日常行为状况（上厕所、进食、穿衣等14项日常活动），46.54%的被调查老年人需要他人帮助或根本无法做到部分或全部的日常活动，患有慢性病的老年人占比高达78.81%，调查人口中失能、部分失能或患病老年人的占比较大，会增加对长期护理的需求。中国的失能与部分失能老人的数量在增加，老年人患病率呈上升趋势。根据中国老龄科学研究中心发布的《2010年度中国老龄事业发展统计公报》显示：中国失能和部分失能老年人约有3300万人，占总体老年群体的19%。2015年，中国部分或全部失能老年人已达到4000万人左右，到2016年根据新华社中国老龄科学研究中心、民政部以及财政部发布的《第四次中国城乡老年人生活状况抽样调查》显示，中国失能和半失能老年人为4063万人左右，占总体老年人口的18.3%，其中，完全失能老年人近1000万，而且中国老年人的慢性病率较高。中国失能和部分失能老年人不断增加，老年人患病率的不断上升，对长期护理的需求也同时增加。随着老年人年龄的增加，身体健康状况的下降，长期护理需求的增加，高龄老年人对于长期护理的需求会表现得更加迫切。

（二）经济因素

随着社会经济的发展，老年人经济水平得到了提升，获得机构或社区护理的能力开始提升，选择机构或社区护理的意愿也开始增强。调查显示：有87.91%的老年人已经领取退休金、养老金，养老金与退休金获得率较高直接增加了老年人的收入，提高了老年人的经济水平，接受机构或社区护理的意愿也就随之增强。根据2015年第四次中国城乡老年人生活状况抽样调查数据的分析，2014年中国老年人的人均年收入为34600元（约2883元/月），城镇老年人的人均年收入为46100元（约3842元/月），当年全国老年人的人均收入水平高出全国居民人均收入1倍左右。不同地区的老年人在经济水平上存在差异，影响了不同地区老年人对机构或社区护理的选择，北京市老年人的经济状况最好，选择机构或社区护理的意愿也最强。

（三）家庭因素

家庭的规模会影响老年人对机构或社区护理的选择。家庭规模较小，家庭中的老年人失能或部分失能，会大大增加家庭其他成员的生活负担。因此，老年人为减轻家庭负担而选择机构或社区护理的意愿会增强。调查显示，老年人口中与老年人同住家庭人数的均值为2.9%，同住人口较少时，一旦老年人出现失能或部分失能状况，就会直接影响家庭其他人员的生活，增加家庭人员的负担。同时，家庭人员通常缺乏长期护理的知识，不能很好地为老年人提供充分的照料。为减少家庭负担并获得专业的长期护理，老年人会考虑选择机构或社区护理。2018年，中国平均家庭规模为2.97人/户。中国民政部发布的数据显示，2018年中国家庭空巢率已经超过了50%，一些城市已经达到了70%。目前，中国的家庭是以独生子女家庭为主，独生子女家庭大约有1.5亿户。随着中国家庭规模的日趋缩小，家庭负担的加剧和护理能力的下降，老年人对社区或机构护理的依赖性会加强。

（四）思想因素

随着经济的发展，人们思想的转变，对社区或机构护理的接受度增强。原来传统的孝道思想普遍认为子女应当赡养父母，把父母送到养老院的行为会被认为"不孝"，老年人也愿意选择与子女共同生活的方式。随着时代的变迁，人们的思想逐渐转变，人们越来越接受机构或社区护理，老年人也愿意减轻子女的负担并接受专门的护理，接受机构或社区护理的意愿增强。

第四节　结论与启示

调查显示了中国老年人长期护理的现状：第一，中国老年人对长期护理的需求在增加，对生活照料的长期护理需求最多，接受机构或社区护理的意愿加强。第二，不同城市老年人对长期护理的需求存在差异，北京市老年人的长期护理需求最迫切，其中对生活照料的需求最多，对长期护理需求最低的是长春市的老年人，呼和浩特市老年人的长期护理需求意识较弱，超过一半以上的老年人没有考虑过长期护理的事宜。第三，随着年龄的增长，老年人对长期护理服务的需求更加迫切，选择去社区或机构的意愿越强。此外，民族、婚姻状况、失独状况、居住状况、生育状况以及宗教信仰不同的老年人对长期护理的需求与意愿存在差异。

中国老年人长期护理需求出现增加，选择去机构或社区护理的意愿加强，不同地区老年人在护理需求方面存在差异，高龄老年人的护理意愿最强，引起这种变化或现状的因素可能包括以下几种。

第一，身体因素。老年人的身体状况会直接影响老年人的长期需求。老年人患病、失能或部分失能，身体机能的逐渐下降，会给老年人的日常生活带来影响，需要获得长期照料。第二，经济因素。经济水平的提高，会对生活质量提出更高的要求。老年人经济水平的提高后，接受机构或社区护理的能力增强，选择机构或社区护理的意愿也随之加强。第三，家庭因素。家庭规模的大小会对老年人选择机构或社区护理带来影响。当家庭规模较小，出现老年人失能或部分失能状况时，会显著增加家庭其他成员的负担。而成员较少家庭的长期护理能力较弱，老年人为减轻家庭负担并获得专业的长期护理，选择机构或社区护理的意愿会加强。第四，思想因素。老年人去社区或机构养老被认为"不孝"的思想逐渐淡化，人们对社区或机构的接受度在逐渐增强，这也为老年人选择机构或社区护理提供了一个良好的环境。

针对以上结论提出相应的建议：第一，随着中国老年人长期护理需求的增加，接受机构或社区护理意愿的增强，政府应当加快建立和完善老年人护理制度与体系，尤其是提供生活照料的长期护理，大力发展机构和社区护理，加大对高龄老年人长期护理需求的关注。第二，根据不同城市老年人长期护理的需求现状，因地制宜地提供各种长期护理服务。第三，普及长期护理的相关知识，增强老年人对长期护理的认知与了解。

第六章

中国老年人健康状况与生活质量的分析

　　本章采用 2017—2018 年"中国城市老年人长期护理服务需求调查"数据，对影响老年人健康状况和生活质量的各种因素进行了分析。调查数据显示：年龄、民族、婚姻状况、生育情况、共同居住家庭人口数、居住状况、养老方式以及宗教信仰是影响老年人健康状况和生活质量的主要因素。其中，年龄越大的老年人的健康状况和生活质量越差，良好的婚姻状况可以提高老年人的健康状况和生活质量，健康状况和生活质量较差的老年人倾向于与子女或孙子女同住，以便获得更好的照料。研究建议：应重点加强老年人服务需求的评估，推进长期护理保险制度，完善养老模式，以及改善社区生活环境等，提高老年人的生活质量。

第一节　老年人健康状况的研究综述

　　改革开放以来，随着经济的快速发展，中国逐步迈入了老龄化社会，呈现出低出生率、低死亡率的特点，人均寿命也得到提高。中国 2010 年第六次全国人口普查结果显示：60 岁及以上的老年人口为 1.78 亿人，占总人口的 13.26%，65 岁及以上老年人口为 1.19 亿人，占总人口的 8.87%，并且这一比例呈上升的趋势。[①] 这一数据符合国际通用的老龄化社会定义，即 60 岁及以上老年人口占 10%，65 岁及以上老年人口占 7%。老龄化社会的到来，改变了中国的人口结构，为中国的社会发展

---

　　① 陈艳：《安徽省高龄老人健康状况研究》，硕士学位论文，首都经济贸易大学，2013 年。

带来了巨大的挑战。其主要问题关乎老年人的健康状况和生活质量，作为人群中的弱势群体，很多老年人被各种慢性疾病困扰，他们的生活质量正在不断下降。

因此，为了提高老年人的健康状况和生活质量，首先要寻找影响老年人健康的客观因素。例如，宜居的环境可能会减少老年人患慢性病的比例，良好的婚姻状况可以给老年人带来内心的愉悦，有利于提高生活的质量。本书的研究意义在于分析老年人在不同城市、不同群体和不同家庭特征的情况下，健康状况和生活质量方面的差异，为更好地促进老年人提升健康状况和生活质量建言献策。

关于老年人健康状况的研究，主要围绕老年人的健康现状及其影响因素展开。研究表明，人口特征、经济特征以及生活方式影响老年人的健康状况。直接影响因素为性别、年龄、婚姻状况及地域差异。具体表现为：城镇老年人比农村老年人健康状况好，教育水平与老年人健康状况正相关，经济收入水平与老年人健康状况正相关。[1] 家和万事兴，家庭和睦、子女同住等，都有利于老年人的健康。

关于老年人生活质量的研究同样集中于生活质量现状及影响因素方面。性别、年龄、文化程度、居住方式、日常生活能力、自身健康满意度、照料者居住地、照料者负担等是影响老年人生活质量的因素之一。[2] 开展健康教育、实施干预措施可提高社区老年人的生活质量。缓解老年人的心理压力，提高身体素质，改善社会关系，提高生命质量，使其在各个年龄阶段的生命质量均得到提高。

目前开展的研究主要集中在医学领域，也有一些研究属于人口学领域。本书主要从经济学角度出发，采用交叉表进行分析的方法，分析老年人的健康状况和生活质量在不同城市以及不同群体和家庭特征下的差异。相比于以往的文献，本书所采用的数据更加全面，涉及的影响因素更多。

---

① 李信兰：《吉林省老年人健康状况及其影响因素研究》，硕士学位论文，吉林大学，2018 年。

② 郑倩等：《温州市居家长期照护失能老年人生活质量及其影响因素》，《医学与社会》2019 年第 4 期。

第二节　数据来源与研究方法

本章的研究数据基于中国社会科学院国情调研基地 2017—2018 年度 "城市老年人长期照护服务需求个人调查"，调研对象主要为 60 岁及以上老年人。主要内容包括个人及家庭基本情况、个人收入与家庭经济状况、医疗费用负担与医疗保障、健康状况与生活质量、护理服务意愿和需求、加入长期护理保险的认知以及生活照料的现状等。根据本书所选取的研究角度，本章仅涉及个人及家庭基本情况、健康状况与生活质量这两方面的数据。

该调研在北京市、长春市、鄂尔多斯市、呼和浩特市、成都市郫都区、青岛市和成都市武侯区这几个地区进行，其中成都市武侯区和呼和浩特市的有效样本量较多，分别占总样本量的 21.50% 和 21.32%，其次是长春市，占总样本量的 17.42%。其他 4 个城市样本量较少，各占约 10%。具体的城市样本分布情况如下（见图 6 - 1）。

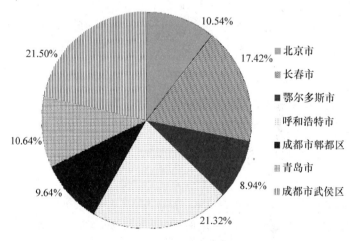

图 6 - 1　样本的城市分布情况

根据样本的个人及家庭特征，我们将样本按照性别、年龄、民族、文化程度、婚姻状况、失独状况、生育情况、共同居住家庭人口数、居住状况、养老方式、宗教信仰、户籍类型 12 个特征对样本量进行了统计，这样有助于了解样本的基本结构，具体统计结果如表6–1所示。其中：男性的有效样本量为43.48%，略少于女性。样本的年龄分布比较均衡，但主要集中于有本市户口的汉族老人。文化程度低的样本占比很大，小学及以下学历的老年人占48.39%。未婚和离婚老年人的比例非常小，大部分老年人都有配偶或者丧偶。失独老年人和未生育过子女老年人的比例很低，大部分老年人都是有子女照料的，约一半的老年人仅与配偶一起居住。老年人的养老方式主要是居家养老，较少的老年人的养老依托社区养老、养老机构养老等。老年人有宗教信仰的不多，约占总样本量的8.73%。

表6–1　　　　　　　　　　　　样本分布情况

城市、个人及家庭特征		频次	百分比（%）
城市	北京市	600	10.54
	长春市	992	17.42
	鄂尔多斯市	509	8.94
	呼和浩特市	1214	21.32
	成都市郫都区	549	9.64
	青岛市	606	10.64
	成都市武侯区	1224	21.50
性别	男	2436	43.48
	女	3166	56.52
年龄	60—69 岁	1911	33.70
	70—79 岁	1615	28.48
	80 岁及以上	2145	37.82
民族	汉族	4683	82.24
	少数民族	1011	17.76
文化程度	小学及以下	2658	48.39
	初中	1264	23.01
	高中	930	16.93
	大学（大专）及以上	641	11.67
婚姻状况	未婚	75	1.38
	有配偶	3518	64.59
	离婚	90	1.65
	丧偶	1764	32.38
失独状况	失独	257	5.51
	非失独	4405	94.49

续表

城市、个人及家庭特征		频次	百分比（%）
生育情况	生育生育	133	2.48
	生育子女	5224	97.52
共同居住家庭人口数	0 人	371	7.53
	1 人	1088	22.09
	2 人	1751	35.55
	3 人	545	11.07
	4 人	299	6.07
	4 人以上	871	17.69
居住状况	独居	908	17.23
	与配偶同住	2571	48.79
	与子女或孙子女同住	1214	23.04
	其他	577	10.95
养老方式	居家养老	4343	80.23
	依托社区养老	155	2.86
	养老机构	870	16.07
	其他	45	0.83
宗教信仰	有信仰	457	8.73
	无信仰	4775	91.27
户籍类型	本市户口	5058	93.30
	外市户口	363	6.70%

本章采用交叉表分析方法对老年人的生活质量和健康状况进行研究。通过将反映老年人健康状况与生活质量的变量与城市的变量、个人和家庭特征的变量进行交叉比对并分析，得出老年人的健康状况与生活质量有城市间的差异以及个体特征之间的差异，从而对影响老年人健康状况与生活质量的因素进行确定。其中，老年人的健康状况主要用日常生活自理能力、是否患有慢性病、患有的慢性病类型进行表示，生活质量主要由完成日常事件（上厕所、进食、穿衣、上下床、行走、洗澡、做饭菜、洗衣服、做家务、服药、日常购物、搭乘公共交通、打电话、处理自己的财物）的难易程度、使用各类辅助用品（一次性纸尿裤/尿片、护理垫、可重复使用接尿器、自制代用品、助力器械、老花镜、助听器、假牙、拐杖、轮椅、紧急呼叫装置、吸氧机、吸痰器、家用呼吸机、洗澡辅助设备、助行器）的情况进行表示。此外，本书还分析了配偶的健康状况，主要包括

配偶的日常生活自理能力、配偶是否患有慢性病以及配偶的慢性病类型等。

第三节　实证结果分析

一　按城市分组统计

不同城市老年人的健康状况存在一定差异。第一，北京市的日常生活自理能力项下部分自理的老年人占比最高，身体健康的老年人占比较少。而其他六个地区日常生活自理能力项下能自理老年人的占比最高。总体来说，北京市老年人的日常生活自理能力最差，长春市、鄂尔多斯市、呼和浩特市以及成都市郫都区老年人的日常生活自理能力较好，具体结果见表6－2所示。第二，北京市患有慢性病的老年人占比最高，其中高血压患者最多，青岛市患有慢性病的老年人的比例位居第二位，长春市患有慢性病的老年人占比虽然最低，但也达到了62.67%。在所有类型的慢性病中，高血压在每个城市所占比例都是最高的。第三，不同城市老年人配偶的健康状况基本相似，均表现为日常生活能自理的占比最高，且配偶患有慢性病的所占比例也很高，其中，北京市配偶患慢性病的比例达到了100%。

表6－2　　　　　　　不同城市老年人日常生活自理情况　　　　　　单位：人，%

日常生活自理能力	北京市	长春市	鄂尔多斯市	呼和浩特市	成都市郫都区	青岛市	成都市武侯区
身体健康，还可以帮助别人	67	211	89	446	183	127	134
	11.78	21.75	17.87	37.67	37.42	21.82	11.04
能自理	93	612	364	666	193	197	432
	16.34	63.09	73.09	56.25	39.47	33.85	35.58
部分自理	304	140	37	55	95	163	396
	53.43	14.43	7.43	4.65	19.43	28.01	32.62
不能自理	105	7	8	17	18	95	252
	18.45	0.72	1.61	1.44	3.68	16.32	20.76
合计	569	970	498	1184	489	582	1214

不同城市老年人的生活质量有所不同。北京市仍是最差，有相当比例

的老年人上厕所、洗澡、洗衣服、做饭菜、做家务、服药以及搭乘公共交通需要获得他人的帮助或自己根本无法完成，而其他城市的情况则相对较好。如表6-3所示，成都市武侯区老年人使用辅助卫生用品的比例最高，呼和浩特市老年人使用辅助卫生用品的比例最低，仅为4.79%。在各种类型的辅助用品中，假牙和老花镜的使用比例在各个城市均较高，而在成都市武侯区，一次性纸尿裤和护理垫的使用比例较高。

表6-3　　　　　　　不同城市老年人使用辅助卫生用品情况　　　　　单位：人，%

辅助卫生用品	长春市	呼和浩特市	成都市郫都区	青岛市	成都市武侯区
使用	35	28	65	145	401
	8.39	4.79	14.54	27.51	33.7
不使用	382	556	382	382	789
	91.61	95.21	85.46	72.49	66.3
合计	417	584	447	527	1190

二　按个人和家庭特征分组统计

（一）按性别分组统计

性别对于老年人健康状况和生活质量的影响不十分明显，这一结果与已有文献的记载有所不同。男性和女性在日常生活的自理能力方面情况相同，没有表现出性别的差异。女性患慢性病的比例略高于男性，大约比男性高5个百分点。男性和女性患高血压的比例均是最高的，患血液病的比例均最低。男性和女性在上厕所、穿衣等14项日常事项中也没有表现出明显的差异，但男性使用辅助卫生用品的比例更高，且男性使用可重复性接尿器的比例明显高于女性，其他辅助用品的使用方面没有出现显著的差异。男性的配偶和女性的配偶在日常生活自理能力方面和慢性病方面的差异不明显。

（二）按年龄分组统计

年龄对于老年人的健康状况和生活质量的影响较大，主要表现为年龄越大，老年人的健康状况和生活质量就越差。不同年龄组的老年人在日常生活自理能力方面的差异较大。80岁及以上老年人身体健康的比例最低，大多数表现为能自理或者部分自理。60—69岁老年人以及70—79岁老年人能自理的比例最高，而不能自理的比例最低。年龄越大，老年人健康状况越差，患慢性病的比例也越高。其中，老年痴呆症、帕金森病以及耳聋的年龄差异最为明显。上厕所等日常事项也在不同年龄组中存在差异，80岁及以上老年人自己完全可以做这些事项的比例均最低。如表6-4所示，辅助卫生用品的使用比例随年龄递增，且除老花镜外，各类辅助卫生用品均表现出年龄差异。同样，老年人配偶的健康状况也表现出年龄差异。

表6-4　　　　　　　　不同年龄老年人使用各类辅助用品情况　　　　　单位：人,%

辅助卫生用品	60—69 岁	70—79 岁	80 岁及以上
一次性纸尿裤/尿片	82	143	413
	9.7	19.14	36.13
护理垫	84	123	346
	9.93	16.49	30.24
可重复使用接尿器	49	81	219
	5.79	10.86	19.11
自制代用品	33	41	104
	3.9	5.5	9.09
助力器械	64	89	331
	7.59	12.03	29.34
老花镜	1095	939	1141
	58.43	59.13	53.42
助听器	81	130	256
	4.38	8.29	12.02
假牙	666	698	972
	35.63	43.95	45.51
拐杖	203	324	837
	10.97	20.64	39.28
轮椅	130	175	561
	7.03	11.15	26.33
紧急呼叫装置	50	88	386
	2.7	5.61	18.14
吸氧机	40	46	157
	2.17	2.93	7.38
吸痰器	23	26	42
	1.24	1.66	1.97

续表

辅助用品	60—69 岁	70—79 岁	80 岁及以上
家用呼吸机	24	26	91
	1.3	1.66	4.28
洗澡辅助设备	41	68	267
	2.22	4.33	12.55
助行器	61	105	445
	3.3	6.69	20.92

（三）按民族分组统计

汉族老年人的健康状况和生活质量更高。汉族老年人的日常生活自理能力优于少数民族老年人，且汉族老年人患慢性病的比例更低。在慢性病类型方面，不同民族的差异并不大。少数民族使用辅助卫生用品的比例高于汉族，汉族老年人使用护理垫、可重复使用接尿器和自制代用品的比例略高于少数民族或与少数民族老年人使用比例相当，在其他辅助卫生用品的使用中，少数民族老年人的使用比例则明显高于汉族老年人。从不同民族老年人的配偶情况来看，虽然少数民族老年人配偶患慢性病的比例更高，但日常生活自理能力要强于汉族老年人的配偶。

（四）按文化程度分组统计

学历的影响主要表现在身体健康方面。不同文化程度老年人日常生活自理能力的差异并不大，高中学历老年人身体健康的比例最高，小学及以下学历老年人的比例最低。如表6-5所示，高中学历老年人患慢性病的比例也相对较低，但生殖系统疾病的比例明显高于其他学历的老年人。在上厕所等日常事项上，小学及以下学历的老年人自己完全可以完成的比例最低，其他学历的差异不大。不同学历的老年人使用辅助卫生用品的情况也没有明显的差异。大学及以上老年人配偶身体健康的比例最低，且患有慢性病的比例最高。

表6-5 　　　　　　　　**不同学历老年人患慢性病情况**　　　　　　　单位：人，%

有无慢性病	小学及以下	初中	高中	大学（大专）及以上
有慢性病	1921	886	628	476
	80.18	78.48	74.85	79.47

有无慢性病	小学及以下	初中	高中	大学（大专）及以上
无慢性病	475	243	211	123
	19.82	21.52	25.15	20.53
合计	2396	1129	839	599

（五）按婚姻状况分组统计

良好的婚姻状况有利于改善老年人的健康状况和生活质量。有配偶和离婚老年人的日常生活自理能力较好，而未婚和丧偶老年人的自理能力相对较差。离婚老年人患慢性病的比例最低，丧偶老年人患慢性病的比例最高。未婚老年人患糖尿病的比例最低，而患呼吸系统疾病、骨关节疾病、老年痴呆症和耳聋的比例明显高于其他婚姻状况的老年人。有配偶老年人患消化系统疾病的比例偏高。未婚老年人使用辅助卫生用品的比例最高，有配偶老年人最低。离婚老年人配偶的日常生活自理能力更差。

（六）按失独状况分组统计

是否失独对老年人的健康状况和生活质量影响并不大。失独老年人和非失独老年人在日常生活自理能力上相差不大，失独老年人患有慢性病的比例略高于非失独老年人。在慢性病的类型上，失独老年人患有老年痴呆症和耳聋的比例明显高于非失独老年人。在上厕所等各类日常事项上，两类老人的差异并不明显。失独老年人使用辅助卫生用品的比例略高于非失独老年人。除拐杖外，非失独老年人使用各类辅助卫生用品的比例均高于失独老年人。失独老年人配偶的自理能力与非失独老年人配偶的差异不大，但失独老年人配偶患有慢性病的比例明显偏高，在各类不同慢性病的比例分布上也略有差异。

（七）按生育子女情况分组统计

生育子女有利于老年人的身体健康和生活质量。如表 6 - 6 所示，生育子女的老年人在日常生活自理能力方面明显优于从未生育过子女的老年人。但与此同时，生育子女的老年人患有慢性病的比例更高，两类老人都较大比例患有心血管疾病、脑血管疾病、高血压以及骨关节疾病，生育子女的老年人患有糖尿病的比例也很高。未生育子女的老年人在日常事项上需要帮助的比例相对较高，使用辅助卫生用品的比例也较高。但生育子女的老人倾向于更多地使用假牙、老花镜、紧急呼叫装置以及助行器等。未生育子女的老年人配偶的生活自理能力更差,慢性病比例也更高。两类老人配偶的慢性病类型主要集中在高血压、糖尿病、心血管疾病以及脑血管疾病上。

表6-6　　　　生育情况不同的老年人的日常生活自理能力　　　　单位:人,%

日常生活自理能力	从未生育	生育子女
身体健康,还可以帮助别人	24	1160
	18.18	22.77
能自理	52	2386
	39.39	46.83
部分自理	34	1086
	25.76	21.32
不能自理	22	463
	16.67	9.09
合计	132	5095

（八）按居住家庭人口数分组统计

独居老年人的健康状况和生活质量较差。独自居住的老年人以及与3个家庭成员一起居住的老年人的日常生活自理能力最差,且这两类老人患有慢性病的比例也明显高于其他类型的老年人。高血压在各类老年人中所占比例都最高,糖尿病、心血管疾病、脑血管疾病以及骨关节疾病也占较大的比例。在上厕所等日常事项中,独自居住的老年人需要帮助或者根本无法完成的比例最高,与3个成员一起居住的老年人的状况也较差,但略好于独自居住的老年人。独居老年人使用辅助卫生用品的比例最高,特别是一次性纸尿裤和护理垫的使用,与1个家庭成员一起居住的老年人使用辅助卫生用品的比例最低,其他类型老人使用比例的差异不大。独自居住的老年人以及与3个家庭成员一起居住的老人配偶的日常生活自理能力同样较差,且独自居住的老年人配偶患有慢性病的比例高达100%,主要患有高血压、心血管疾病以及肿瘤。其他类型老人配偶患有慢性病的比例相对较低,但也在70%左右。

（九）按居住状况分组统计

与子女共同居住的老年人的健康状况和生活质量更差,独居和与配偶居住老年人的健康状况和生活质量表现更好。这一点与之前的文献研究结果完全相反。这说明身体状况较差的老人更需要子女的陪伴和照料。如表6－7所示，独居以及与配偶同住的老年人的日常生活自理能力强于与子女或孙子女同住的老年人以及其他类型的老年人，且患有慢性病的比例也相对较低。高血压仍是比例最高的慢性病。在上厕所等日常事项上，其他类型老年人自己完全不能完成的比例明显高于另外三种类型的老年人，且使用辅助卫生用品的比例也较高，主要集中于使用一次性纸尿裤、护理垫以及轮椅。与配偶同住的老年人配偶的日常生活自理能力表现最好。与配偶同住和与子女或孙子女同住的老年人配偶患有慢性病的比例最低。

表6－7　　　　　　不同居住状况的老年人日常生活自理能力　　　　单位：人，%

日常生活自理能力	独居	与配偶同住	与子女或孙子女同住	其他
身体健康，还可以帮助别人	179	766	246	31
	20.16	30.71	20.9	5.49
能自理	506	1338	424	175
	56.98	53.65	36.02	30.97
部分自理	149	316	319	203
	16.78	12.67	27.1	35.93
不能自理	54	74	188	156
	6.08	2.97	15.97	27.61
合计	888	2494	1177	565

（十）按养老方式分组统计

居家养老老年人的日常生活自理能力明显好于其他养老方式的老年人，且患有慢性病的比例也相对较低。在养老机构中养老的老年人上厕所等日常事项需要他人帮助或自己完全不能完成的比例最高，使用辅助卫生用品的比例也最高。其他养老方式的老年人使用辅助卫生用品的比例差异不大，其中居家养老的老年人使用辅助用品的比例最低。在养老机构养老的老年人配偶的日常生活自理能力表现最差。居家养老和依托社区养老的老年人配偶患慢性病比例较高。

（十一）按宗教信仰分组统计

宗教信仰可提高老年人的健康状况和生活质量，因为宗教信仰可给老年人带来心灵的寄托，有利于身心的健康。有宗教信仰的老年人的日常生活自理能力好于没有宗教信仰的老年人。两类老人患有慢性病的比例相当，都在80%左右，且以高血压、糖尿病、心血管疾病和骨关节疾病为主。在上厕所等日常事项上，两类老人可自己独立完成的比例都相当大，有宗教信仰老年人的状况略好于无宗教信仰的老年人。无宗教信仰的老年人使用辅助卫生用品的比例更高，大约为22%，而有宗教信仰的老年人只有15%左右。两类老人配偶的日常生活自理能力差不多，但有宗教信仰的老年人配偶患慢性病的比例要低于无宗教信仰的老年人的配偶。

（十二）按户籍类型分组统计

在非户籍地生活的老年人的健康状况和生活质量更好。户口在本市的老年人和户口在外市的老年人在日常生活自理能力方面存在一定差异。其中，本市户口的老年人的身体健康比例更低，而部分自理的老年人的比例更高。本市户口的老年人患有慢性病的比例更高，约比外市户口的老年人高4%，比例最高的慢性病是高血压，且本市户口的老年人患高血压的比例更高。如表6-8所示，在上厕所等日常事项上，本市户口的老年人自己能独立完成的比例低于户口在外市的老年人，但自己完全不能完成的比例也相对低。本市户口的老年人使用辅助卫生用品的比例低于外市户口的老年人。本市户口的老年人配偶能自理的比例最高，而户口在外市的老年人配偶身体健康的比例最高。本市户口的老年人配偶患慢性病的比例明显高于外市户口的老年人的配偶。

表6-8　　　　　　　　不同户籍类型老年人上厕所的情况　　　　　　　单位：人，%

上厕所	本市户口	外市户口
自己完全可以做	3451	281
	70.16	76.78
有困难，尚能克服	469	26
	9.53	7.1
需要帮助	809	29
	16.45	7.92
自己根本无法做	190	30
	3.86	8.2
合计	4919	366

综上所述，老年人的健康状况存在一定差异。首先，老年人健康状况表现出地域差异。第一，北京市老年人的日常生活自理能力明显比其他几个城市要差，患有慢性病的比例也更高。第二，从个人群体和家庭特征来看，日常自理能力较差且患慢性病比例较高的老年人主要具有以下几个特征：年龄较大、汉族、未婚或者丧偶、从未生育子女、共同居住家庭人口数为 0 人或 3 人、独居或者与子女及孙子女同住、在养老机构养老、没有宗教信仰。第三，老年人配偶的健康状况大部分表现出同样的特点，但也略有差异。第四，高血压、心血管疾病、糖尿病、脑血管疾病（含中风）以及骨关节疾病是最常见的慢性病。

老年人的生活质量也存在差异。除年龄和地域因素外，在老年人能否独立完成上厕所、进食以及穿衣等 14 项日常事项上，不同个人和家庭特征老年人的状况基本相同。但在使用辅助卫生用品的比例上，差别比较明显。在地域上，成都市武侯区老年人使用辅助卫生用品的比例最高，呼和浩特市的老年人使用比例最低，其他城市差别不大。在个人和家庭特征方面，年龄较大、未婚或者丧偶、从未生育子女、不与家庭成员共同居住、在养老机构养老的老年人使用辅助卫生用品的比例明显偏高。在各类辅助用品中，使用比例最高的主要是老花镜、假牙、一次性纸尿裤/尿片、护理垫以及助行器。在不同群组中，各类辅助卫生用品的使用比例略有差异。

第四节　结论与建议

对全国典型城市的抽样调查数据进行分析发现，年龄、民族、婚姻状况、生育情况、一起居住的家人数、居住状况、养老方式以及宗教信仰是影响老年人健康状况和生活质量的主要因素。其中，年龄越大的老年人健康状况和生活质量越差，良好的婚姻状况可以提升和改善老年人的健康状况和生活质量。健康状况和生活质量较差的老年人倾向于与子女或孙子女同住，以便得到更好的照料。根据这些结论，提出以下建议。

第一，开展老年人健康与养老服务需求评估。采用国际通行的评估方法与标准，由专业人员对老年人的生理、心理、精神、经济条件和生活状况等进行综合评价，依托社区公共服务平台建立评估点，采取政府购买服务、社工介入等方式鼓励社会力量参与。并通过需求评估全面了解当前老年人的健康状况和实际养老服务需求，充分掌握不同群体需求的差异。加快推进长期护理保险制度的建设及养老服务体系的建设，充分考虑民族、城乡、困难家庭、失独家庭等特征。

第二，改善老年人的婚姻状况，鼓励丧偶或离婚老年人再婚。良好的婚姻状况会给老年人的生理和心理带来好的影响。首先，配偶之间可以互相照料，互相提醒吃药等，可提高老年人的健康状况和生活质量。其次，夫妻之间的陪伴可以给老年人带来心理上的满足，特别是对子女无法陪伴的老年人来说，配偶的陪伴可以减少孤独感，有利于疾病的康复。

第三，为老年人创造更宜居的环境。北京市老年人的健康状况最差，这与北京的环境有一定关系。其中一个就是城市的经济发展带来的污染增多，对患有慢性病的老年人的健康状况和生活质量带来一定的负面影响。因此，创建一个干净的环境，可以在一定程度上提高老年人的生活质量。

第四，发展社区养老、养老院等多种养老模式。根据我们的研究发现，居家养老老年人的健康状况和生活质量较好。而健康状况较差的老年人，如果子女等无法与老年人同住并提供照料的话，依托社区养老或入住养老院等应是较好的选择，因为这几种养老方式可给予老年人更专业的照料，让老年人安享晚年。所以，随着老年人年龄的增长，对于这些养老模式的需求也会增加。大力发展多种养老模式，加强对养老院的监管，提升服务质量会有助于老年人的健康状况和生活质量的改善。

第七章

中国老年人生活照料状况及对长期护理保险的认知

第一节　不同城市的生活照料现状

目前，各个城市老年人被照料的状况还比较令人满足，过半的老年人有人照料，照料者主要是配偶。其中，北京的老年人由子女照料的较多，远高于其他城市。

保姆照料方式在城市间有较大差异。北京、长春等地主要靠家政服务人员，鄂尔多斯市主要依靠亲戚朋友，呼和浩特市则主要依靠养老机构和社区服务中心。同样，依靠家政服务人员的，住家照料的情况较少，依靠亲戚朋友的，则主要是住家照料。

表 7 - 1　　　　　　　　　　　**对生活照料的满意程度**　　　　　　单位：%

	北京	长春	鄂尔多斯	呼和浩特
非常满意	56.80	2.80	25.10	54.86
比较满意	43.20	30.80	48.61	32.03
一般	0	66.40	22.71	12.27
不太满意	0	0	3.19	0.85
很不满意	0	0	0.40	0

表 7 - 2　　　　　　　　　　**老年人及配偶是否有人照料**　　　　　　单位：%

	北京	长春	鄂尔多斯	呼和浩特
有	68	60.56	73.15	43.05
无	32	39.44	26.85	56.95

表 7 - 3 　　　　　　　　　　　主要由谁来照料 　　　　　　　　　　单位：%

	北京	长春	鄂尔多斯	呼和浩特
配偶	32.03	59.72	48.64	61.04
儿子/儿媳	15.27	27.49	37.27	16.51
女儿	40.41	9.00	5.00	6.91
保姆/家政服务人员	12.29	2.13	0.23	0.19
养老机构人员	0	1.18	0.45	0.19
其他	0	0.47	1.36	0.96

表 7 - 4 　　　　　　　　　　　保姆找寻渠道 　　　　　　　　　　　单位：%

	北京	长春	鄂尔多斯	呼和浩特
亲戚朋友	25.56	2.07	60.17	4.48
家政服务人员	74.06	93.39	20.75	3.36
养老机构人员	0	3.31	8.30	23.51
社区服务中心	0.38	1.24	8.30	67.16

表 7 - 5 　　　　　　　　保姆是否家住照料、同吃同住 　　　　　　　单位：%

	长春	鄂尔多斯	呼和浩特
是	8.33	73.21	4.12
否	91.67	26.79	95.88

表 7 - 6 　　　　　　　　　　　保姆每月平均费用 　　　　　　　　　　单位：元

	Obs	Mean	Std. Dev.	Min	Max
北京	219	5247.945	740.1543	3000	6500

第二节　不同特征老年人生活照料状况的差异

不同性别老年人生活照料的现状并没有明显的差异。性别没有对老年人的照料状况和对保姆的要求产生影响。

表 7 – 7   **不同性别老年人生活照料状况满意程度**   单位：%

	男	女
非常满意	38.77	41.85
比较满意	41.10	38.27
一般	19.02	18.57
不太满意	0.98	1.23
很不满意	0.12	0.09

表 7 – 8   **不同性别老年人照料状况**   单位：%

	男	女
有	65.27	57.17
没有	34.73	42.83

表 7 – 9   **不同性别老年人照料身份差异**   单位：%

	男	女
配偶	53.75	46.57
儿子/儿媳	22.72	23.85
女儿	3.86	5.92
女婿	0	0.19
孙子女	0.12	0.19
保姆家政	12.41	12.3
养老机构人员	4.22	4.79
其他	2.93	6.20

表 7 – 10   **不同性别老年人保姆寻找渠道**   单位：%

	男	女
亲戚朋友	22.86	22.43
家政服务人员	51.96	44.01
养老机构人员	9.93	8.22
社区服务中心	14.55	24.14
其他	0.69	1.20

表 7 - 11   不同性别老年人与保姆同吃同住状况   单位：%

	男	女
是	37.98	31.03
否	62.02	68.97

表 7 - 12   不同性别老年人支付保姆平均费用   单位：元

Variable	Obs	Mean	Std. Dev.	Min	Max
男	202	2504.881	2671.822	1	6500
女	261	2478.992	2663.658	1	6500

80 岁及以上的老年人与其他年龄老年人的生活照料状况。与其他年龄段老年人不同，80 岁及以上老年人对生活的满意程度明显较高，且请保姆或家政进行护理的比例较高，其余年龄的老年人大多都由配偶或子女护理。同样，80 岁以上老年人对保姆支付的费用也相对要高，平均费用是其他年龄老年人的 4—5 倍。

表 7 - 13   不同年龄老年人生活满意程度   单位：%

	60—69 岁	70—79 岁	80 岁及以上
非常满意	30.65	39.49	53.18
比较满意	38.56	39.85	39.38
一般	28.49	19.56	7.26
不太满意	2.01	1.10	0.18
很不满意	0.29	0	0

表 7 - 14   不同年龄老年人照料状况   单位：%

	60—69 岁	70—79 岁	80 岁及以上
有	53.70	59.2	70.51
没有	46.30	40.8	29.49

表 7 - 15　　　　　　　　　不同年龄老年人照料身份差异　　　　　　　单位：%

	60—69 岁	70—79 岁	80 岁及以上
配偶	67.06	50.45	31.84
儿子/儿媳	20.74	25.32	23.55
女儿	4.12	5.06	5.47
女婿	0.15	0	0.17
孙子女	0.15	0	0.33
保姆家政	2.06	8.68	26.70
养老机构人员	1.47	3.25	9.12
其他	4.26	7.23	2.82

表 7 - 16　　　　　　　　　不同年龄老年人保姆找寻渠道　　　　　　　单位：%

	60—69 岁	70—79 岁	80 岁及以上
亲戚朋友	21.56	24.10	23.26
家政服务人员	42.59	37.46	62.79
养老机构人员	8.63	14.33	3.65
社区服务中心	26.15	22.8	9.97
其他	1.08	1.30	0.33

表 7 - 17　　　　　　　　不同年龄老年人与保姆同吃同住状况　　　　　　单位：%

	60—69 岁	70—79 岁	80 岁及以上
是	33.33	36.36	26.47
否	66.67	63.64	73.53

表 7 - 18　　　　　　　　　不同年龄老年人支付保姆平均费用　　　　　　单位：元

Variable	Obs	Mean	Std. Dev.	Min	Max
60—69 岁	129	410.0233	1450.633	1	6000
70—79 岁	133	1597.579	2373.159	1	6000
80 岁及以上	181	4531.79	1976.893	1	6500

不同民族的老年人生活照料状况之间没有明显的差异。汉族老年人子女照料的相对更多，而少数民族老年人通过家政服务人员照料的相对较多。

表 7 - 19　　　　　　　不同民族老年人生活照料状况满意程度　　　　　单位：%

	汉族	少数民族
非常满意	38.83	29.47
比较满意	35.61	50.53
一般	23.94	18.95
不太满意	1.53	1.05
很不满意	0.08	0

表 7 - 20　　　　　　　　　不同民族老年人照料状况　　　　　　　　单位：%

	汉族	少数民族
有	58.08	55.45
没有	41.92	44.55

表 7 - 21　　　　　　　　不同民族老年人保姆寻找渠道　　　　　　　单位：%

	汉族	少数民族
亲戚朋友	26.65	18
家政服务人员	35.03	46
养老机构人员	11.13	14
社区服务中心	25.96	22
其他	1.24	0

表 7 - 22　　　　　　　　不同民族与保姆同吃同住状况　　　　　　　单位：%

	汉族	少数民族
是	34.22	24.14
否	65.78	75.86

表 7 - 23　　　　　　　不同民族老年人支付保姆平均费用　　　　　　单位：元

Variable	Obs	Mean	Std. Dev.	Min	Max
汉族	231	186.3333	889.1506	1	6500
少数民族	26	2006.423	2033.069	1	4000

　　学历越高的老年人对目前照料状况的满意程度越低。其原因从表中可以看出，学历越高的老年人目前拥有的照料比例越低，照料者中由配偶照

料的比例就越高。此外，大专及以上老年人中，保姆同住照料的比例最高，对于保姆支付的金额也随学历上升而上升，这说明学历较高的老年人无法依靠或不依靠子女照料，目前的照料状况较差，对照料的需求也更大。

表 7 – 24　　　　　　不同学历老年人生活照料状况满意程度　　　　单位：%

	小学及以下	初中	高中	大专及以上
非常满意	44.38	43.70	30.39	27.45
比较满意	37.08	37.28	39.57	58.17
一般	17.02	17.78	28.98	14.38
不太满意	1.32	1.23	1.06	0
很不满意	0.2	0	0	0

表 7 – 25　　　　　　　　不同学历老年人照料状况　　　　　　　单位：%

	小学及以下	初中	高中	大专及以上
有	68.39	52.72	52.19	46.07
没有	31.61	47.28	47.81	53.93

表 7 – 26　　　　　　　不同学历老年人照料身份差异　　　　　单位：%

	小学及以下	初中	高中	大专及以上
配偶	40.33	59.60	63.31	67.52
儿子/儿媳	26.89	20.20	19.42	9.55
女儿	5.90	4.80	3.96	1.91
女婿	0.19	0	0	0
孙子女	0.29	0	0	0
保姆家政	15.76	5.05	6.83	19.11
养老机构人员	5.32	4.55	2.52	0.64
其他	5.32	5.81	3.96	1.27

表 7 - 27　　　　　　　　不同学历老年人保姆寻找渠道　　　　　　单位：%

	小学及以下	初中	高中	大专及以上
亲戚朋友	25.75	20.71	13.95	23.08
家政服务人员	44.03	38.89	57.56	63.74
养老机构人员	7.65	13.64	10.47	5.49
社区服务中心	21.64	24.75	17.44	7.69
其他	0.93	2.02	0.58	

表 7 - 28　　　　　　不同学历老年人与保姆同吃同住状况　　　　　单位：%

	小学及以下	初中	高中	大专及以上
是	39.46	30.30	15.07	41.67
否	60.54	69.70	84.93	58.33

表 7 - 29　　　　　　　不同学历老年人支付保姆平均费用　　　　　单位：元

Variable	Obs	Mean	Std. Dev.	Min	Max
小学及以下	307	2746.166	2708.584	1	6500
初中	70	946.7571	1990.995	1	6000
高中	41	2072.976	2586.512	2	6000
大专及以上	39	3555.333	2393.947	6	6000

　　不同户籍状态的老年人目前接受照料的状况并无太多差别，而在寻找保姆方面出现差异。外地户口的老年人寻找亲戚朋友做保姆的较少，并且几乎没有同住照料的情况，这与本市户口的老年人不同。

表 7 - 30　　　　　不同户籍类型老年人生活照料状况满意程度　　　　单位：%

	本市农业户口	本市非农业户口	外地户口
非常满意	29.23	43.46	38.74
比较满意	42.96	38.82	31.53
一般	25.70	17.35	27.03
不太满意	1.76	0.37	2.70
很不满意	0.35	0	0

表 7 - 31　　　　　　　　　不同户籍类型老年人照料状况　　　　　单位：%

	本市农业户口	本市非农业户口	外地户口
有	65.54	59.17	55.93
没有	34.46	40.83	44.07

表 7 - 32　　　　　　　　　不同户籍类型老年人照料身份差异　　　　单位：%

	本市农业户口	本市非农业户口	外地户口
配偶	54.31	49.16	58.41
儿子/儿媳	29.59	20.39	23.01
女儿	6.37	4.43	5.31
女婿	0.37	0.07	0
孙子女	0.75	0.07	0
保姆家政	0	16.03	5.31
养老机构人员	4.12	5.27	0.88
其他	4.49	4.57	7.08

表 7 - 33　　　　　　　　　不同户籍类型老年人保姆寻找渠道　　　　单位：%

	本市农业户口	本市非农业户口	外地户口
亲戚朋友	45.45	15.57	8.62
家政服务人员	13.22	57.12	31.03
养老机构人员	13.22	8.44	10.34
社区服务中心	25.62	18.21	48.28
其他	2.48	0.66	1.72

表 7 - 34　　　　　　　　　不同户籍类型老年人与保姆同吃同住状况　　单位：%

	本市农业户口	本市非农业户口	外地户口
是	47	19.73	6.67
否	53	80.27	93.33

表 7 - 35　　　　　　　　　不同户籍类型老年人支付保姆平均费用　　单位：元

Variable	Obs	Mean	Std. Dev.	Min	Max
本市农业	69	15.57971	9.417452	1	35
本市非农业	312	3606.946	2514.76	1	6500
外地户口	12	2093	2566.123	5	5000

不同宗教信仰的老年人的生活照料状况并无太多差异，仅在保姆的状况上有所区别。无宗教信仰的老年人在找寻保姆时更依靠家政服务人员，而有宗教信仰的老年人会更依靠社区服务人员。无宗教信仰的老年人中家住照料的比例也相对较大。

表7-36 不同宗教信仰老年人生活照料状况满意程度 单位：%

	有宗教信仰	无宗教信仰
非常满意	40.32	41.13
比较满意	40.32	39.72
一般	17.74	17.98
不太满意	1.61	1.06
很不满意	0	0.12

表7-37 不同宗教信仰老年人照料状况 单位：%

	有宗教信仰	无宗教信仰
有	55.84	61.18
没有	44.16	38.82

表7-38 不同宗教信仰老年人照料身份差异 单位：%

	有宗教信仰	无宗教信仰
配偶	56.39	49.13
儿子/儿媳	22.56	23.36
女儿	8.27	4.67
女婿	0	0.12
孙子女	0	0.12
保姆家政	0.75	13.49
养老机构人员	0.75	4.90
其他	11.28	4.21

表7-39　　　　　　不同宗教信仰老年人保姆寻找渠道　　　　　单位：%

	有宗教信仰	无宗教信仰
亲戚朋友	12.50	23.51
家政服务人员	17.86	48.75
养老机构人员	26.79	7.91
社区服务中心	42.86	18.74
其他	0	1.08

表7-40　　　　　不同宗教信仰老年人与保姆同吃同住状况　　　　单位：%

	有宗教信仰	无宗教信仰
是	14.29	36.54
否	85.71	63.46

表7-41　　　　　　不同宗教信仰老年人支付保姆平均费用　　　　单位：元

Variable	Obs	Mean	Std. Dev.	Min	Max
有宗教信仰	9	15.44444	9.709674	3	30
无宗教信仰	444	2596.234	2670.046	1	6500

　　尽管失独老年人对目前的生活满意程度相对较高，但失独老年人目前的照料状况并不乐观。仅有15%的失独老年人接受照料，且保姆多依靠社区服务中心，家住照料的比例也较小。

表7-42　　　　　不同失独情况老年人生活照料状况满意程度　　　　单位：%

	失独老年人	非失独老年人
非常满意	70.69	41.99
比较满意	12.07	40.68
一般	17.24	16.26
不太满意	0	0.95
很不满意	0	0.12

表 7-43　　　　　　　　　　不同失独情况老年人照料状况　　　　　　　　单位：%

	失独老年人	非失独老年人
是	15.71	62.49
否	84.29	37.51

表 7-44　　　　　　　　　不同失独情况老年人照料身份差异　　　　　　　　单位：%

	失独老年人	非失独老年人
配偶	10.71	50.67
儿子/儿媳	32.14	22.76
女儿	7.14	4.86
女婿	1.79	0.06
孙子女	0	0.12
保姆家政	1.79	13.58
养老机构人员	0	4.92
其他	46.43	3.04

表 7-45　　　　　　　　　不同失独情况老年人保姆寻找渠道　　　　　　　　单位：%

	失独老年人	非失独老年人
亲戚朋友	16.33	23.49
家政服务人员	10.20	48.02
养老机构人员	10.20	8.95
社区服务中心	63.27	18.72
其他	0	0.81

表 7-46　　　　　　　　不同失独情况老年人与保姆同吃同住状况　　　　　　单位：%

	失独老年人	非失独老年人
是	12.24	35.58
否	87.76	64.42

　　同住人数的增多并没有给老年人带来更好的照料结果。同住人数较多的老年人的生活满意度并不高，且在同住 5 人以上老年人中，大多都是由配偶照料，且保姆照料的比例相对较高。同住人数为 3 人时，对老年人的照料状况最好，70% 以上老年人均表示对生活照料的状况非常满意，大多

数老年人均有人照料，而照料者中主要是保姆或家政人员。

关于保姆的情况，同住人数越多，请亲戚朋友做保姆的情况越少，更多的是家政服务人员，且家住照料的比例更大。

表 7-47　　　　不同同住人数老年人生活照料状况满意程度　　　　单位：%

	0	1 人	2 人	3 人	4 人	5 人及以上
非常满意	87.36	41.78	22.31	71.16	44.23	48.88
比较满意	4.6	39.04	51.88	10.7	23.08	41.85
一般	8.05	18.26	24.12	18.14	28.85	7.99
不太满意	0	0.91	1.43	0	3.85	1.28
很不满意	0	0	0.26	0	0	0

表 7-48　　　　　　不同同住人数老年人照料状况　　　　　　单位：%

	0	1 人	2 人	3 人	4 人	5 人及以上
是	53.26	53.59	62.24	80.25	54.1	55.81
否	46.74	46.41	37.76	19.75	45.9	44.19

表 7-49　　　　　不同同住人数老年人照料身份差异　　　　　单位：%

	0	1 人	2 人	3 人	4 人	5 人及以上
配偶	2.00	48.94	65.97	11.39	23.33	56.42
儿子/儿媳	9.20	22.93	24.85	34.60	60.00	7.43
女儿	4.60	7.80	3.79	5.49	11.67	2.70
女婿	1.15		0.12	0.84	0	0
孙子女	0	0.24	0	0	0	0
保姆家政	1.15	8.98	3.06	39.66	1.67	26.35
养老机构人员	51.72	2.36	0.98	7.17		2.36
其他	29.89	8.75	1.22	0.84	3.33	4.73

表 7-50　　　　　不同同住人数老年人保姆寻找渠道　　　　　单位：%

	0	1 人	2 人	3 人	4 人	5 人及以上
亲戚朋友	59.49	12.75	29.97	17.24	9.09	7.58
家政服务人员	1.27	27.49	52.52	68.28	36.36	78.03
养老机构人员	7.59	19.92	5.31	2.76	15.15	4.55
社区服务中心	31.65	38.65	10.34	11.72	39.39	9.85
其他	0	1.2	1.86	0	0	0

表 7 - 51　　　　　　　**不同同住人数老年人与保姆同吃同住状况**　　　单位：%

	0 人	1 人	2 人	3 人	4 人	5 人及以上
是	0	18.97	56.48	16.13	27.27	30.77
否	100	81.03	43.52	83.87	72.73	69.23

与子女同住老年人的生活照料状况更好。与子女或孙子女同住老年人，被照料比例较高，老年人对生活照料的满意度也最高。此外，独居的老年人，大多靠子女照料，而与配偶居住的老年人，子女照料的比例较小。

表 7 - 52　　　　　**不同居住状况老年人生活照料状况满意程度**　　　单位：%

	独居	与配偶居住	与子女或孙子女同住
非常满意	35.29	31.47	53.06
比较满意	38.41	43.86	29.44
一般	24.57	23.25	16.11
不太满意	1.73	1.21	1.39
很不满意	0	0.22	0

表 7 - 53　　　　　　　**不同居住状况老年人照料状况**　　　　　单位：%

	独居	与配偶居住	与子女或孙子女同住
是	51.2	55.75	75.69
否	48.8	44.25	24.31

表 7 - 54　　　　　　**不同居住状况老年人照料身份差异**　　　　单位：%

	独居	与配偶居住	与子女或孙子女同住
配偶	11.32	78.79	9.04
儿子/儿媳	40.75	14.21	50.39
女儿	15.47	2.4	7.49
女婿	0.38	0.1	0.52
孙子女	0.38	0	0
保姆家政	5.28	2.51	24.55
养老机构人员	1.89	0.84	4.65
其他	24.53	1.15	3.36

第三节　不同城市老年人对长期护理保险的认知

不同城市的老年人在对长期护理保险的接受程度上差异很大。首先，与经济状况和文化等因素有关。例如：经济发达地区北京的中老年人对长期护理保险的关注度非常高，而长春的老年人对长期护理保险大多呈排斥态度。大多数老年人不愿接受的原因是经济上无法承受，而在经济较为发达的成都市武侯区的老年人，愿意支付的金额也较高，可见经济因素对老年人长期照料政策的决策十分重要。其次，对政策的了解程度也是影响老年人参加长期护理保险的一个重要因素，因此对于长期护理保险政策的宣传也尤为重要。

各地的老年人对完全失能状态人的关注度均较高，而对部分失能老年人的关注度较低；认为保险应支付与失能老年人相关所有费用的老年人较多，对由家人提供护理，政府现金补贴的关注也较多，然而老年人更愿意由家人来护理。

商业长期护理保险的推广状况并不乐观。目前，已投保商业保险的老年人较少，各地老年人对参加商业长期护理保险的意愿均较低，主要原因依旧是老年人自身的经济原因。同样，长期护理保险形式中，老年人均对现金或以现金为主的事宜较为关注。

表 7 - 55　　　　　　　　　　长期护理保险意愿　　　　　　　　　单位：%

	愿意	不愿意	不清楚
北京	85. 33	14. 33	0. 33
长春	15. 17	59. 88	24. 95
鄂尔多斯	74. 75	16. 16	9. 09
呼和浩特	45. 82	30. 93	23. 24
青岛	44. 09	22. 64	33. 28
成都郫都区	38. 15	29. 12	32. 73
成都武侯区	32. 1	14. 2	53. 69

表 7 - 56 不愿意的原因 单位：%

	经济上无法承受	还是更指望子女照料	对政策不了解	其他
长春	61.31	15.58	22.49	0.63
鄂尔多斯	25.00	22.58	50	2.42
呼和浩特	50.67	10.61	36.47	2.24
青岛	37.67	27.4	34.59	0.34
成都郫都区	61.03	20.34	18.62	0
成都武侯区	36.74	14.93	47.74	0.59

表 7 - 57 愿意承受的金额 单位：元

	Obs	Std. Dev.	Min	Max	Mean
长春市	1571	712.4825	1100.176	0	20000
鄂尔多斯	186	544.6237	860.6973	0	5000
呼和浩特	352	734.7017	834.2291	0	6000
青岛市	260	826.6731	1538.253	10	20000
成都郫都区	194	453.299	659.3791	20	4000
成都市武侯区	250	1200.76	1618.804	0	20000

表 7 - 58 长期护理保险关注对象 单位：%

	完成失能并失智老年人	完全失能老年人	部分失能老年人	不论年龄，所有完全失能的人
北京	15.17	7.83	2.17	74.83
长春	9.15	18.30	14.51	58.04
鄂尔多斯	30.72	19.00	13.00	37.41
呼和浩特	25.38	6.01	30.33	38.28
青岛	14.68	22.70	15.53	47.10
成都郫都区	20.56	15.56	3.33	60.56
成都武侯区	15.79	4.86	3.64	75.71

表 7 - 59　　　　　　　　　长期护理保险负责费用类型　　　　　　　单位：%

	居家老年人提供的专业人员入户服务的费用	由日间照料中心提供服务的费用	入住老年服务机构的费用	与失能老年人相关的所有费用	由家人提供料，政府给予现金补贴
北京	11.00	7.50	20.83	53.50	7.17
长春	21.97	9.55	23.89	18.21	57.51
鄂尔多斯	19.35	3.28	26.26	16.67	47.47
呼和浩特	3.74	17.75	16.54	46.13	43.26
青岛	19.75	10.5	22.95	26.65	27.22
成都郫都区	14.37	33.33	6.32	60.34	—
成都武侯区	20.16	8.06	25.4	52.82	21.09

表 7 - 60　　　　　　　　　商业保险投保比例　　　　　　　　单位：%

	商业养老保险	老年人健康医疗保险	意外伤害保险
长春	5.09	6.02	7.10
呼和浩特	0.81	1.31	1.47
青岛	3.11	6.31	10.54

表 7 - 61　　　　　　　　　商业长期护理保险意愿　　　　　　　单位：%

	愿意	不愿意	不清楚
北京	21.83	41.83	36.33
长春	20.12	55.42	24.46
鄂尔多斯	25.30	65.74	8.96
呼和浩特	7.89	75.25	16.86
青岛	18.15	43.87	37.98
成都郫都区	41.78	26.28	32.02
成都武侯区	21.84	25.62	52.55

表7-62　　　　　　　　不愿接受商业保险的原因　　　　　　　　单位：%

	经济上无法承受	自己有积蓄	由子女赡养	不信任商业保险	其他
北京	41.50	15.17	15.00	11.00	0.33
长春	72.94	4.12	0.52	21.91	0.52
鄂尔多斯	63.26	1.96	3.14	25.74	1.38
呼和浩特	78.83	1.73	3.95	30.40	1.24
青岛	70.13	4.62	4.95	27.06	1.16
成都郫都区	46.91	4.12	2.06	28.35	0.52
成都武侯区	53.02	12.09	8.99	8.58	0.65

表7-63　　　　　　　　商业长期护理保险保障形式　　　　　　　　单位：%

	长春	呼和浩特	青岛市	成都武侯区
现金补偿	52.04	31.73	36.82	10.79
提供护理服务的实物补偿方式	9.18	7.10	15.06	32.91
现金为主＋服务为辅	28.23	25.77	27.20	28.42
服务为主＋现金为辅	10.54	35.40	20.92	27.88

第四节　不同特征老年人对长期护理保险的认知

不同性别的老年人在对加入长期护理保险的认知方面差距不大。对提供服务的对象等的认知均较相似，对于商业保险的认知也无明显差异。性别应不会对老年人参加长期护理保险的认知有所影响。

表7-64　　　　　　　不同性别老年人目前是否已享受到

政府提供的长期护理服务　　　　　　　　单位：人，%

	男性	女性
是	111	140
	11.73	11.15
否	835	1116
	88.27	88.85
总计	946	1256
	100	100

表 7 - 65 　　　不同性别老年人是否愿意政府通过保险方式提供长期
　　　　　　护理服务，政府、单位、个人共同负担费用　　　单位：人，%

	男性	女性
愿意	1035	1359
	43.20	43.59
不愿意	697	859
	29.09	27.55
不清楚	664	900
	27.71	28.86
总计	2396	3118
	100	100

表 7 - 66 　　　　　　不同性别老年人不愿意的最主要原因　　　　单位：人，%

	男性	女性
经济上无法承受	566	736
	40.78	42.45
还是更指望子女照料	275	287
	19.81	16.55
对政策不了解	530	695
	38.18	40.08
其他	17	16
	1.22	0.92
总计	1388	1734
	100	100

表 7 - 67 　　　　　　如果政府要为其提供资金支持不同
　　　　　　　　老年人觉得用哪种方式更好　　　　　单位：人，%

	男性	女性
社会救助	109	202
	7.76	11.01
政府和社会共同筹款的补贴	830	1091
	59.07	59.49
社会保险	346	409
	24.63	22.30
不清楚	120	132
	8.54	7.20
总计	1405	1834
	100	100

表7-68　　　　　不同性别老年人认为政府的长期护理
保险应该对哪类社会群体负责　　　　单位：人，%

	男性	女性
完全失智并失能老年人	560	672
	24.18	22.51
完全失能老年人	353	415
	15.24	13.90
部分失能老年人	329	480
	14.21	16.08
不论年龄，所有完全失能的人	1074	1418
	46.37	47.50
总计	2316	2985
	100	100

表7-69　　　　不同性别老年人觉得对完全失能老年人提供
长期护理哪些费用应该由社会保险支付　　　　单位：人，%

	男性	女性
向居家老年人提供的专业人员入户服务的费用	430	525
	15.43	14.62
由日间照料中心提供服务的费用	312	412
	11.20	11.48
入住老年服务机构的费用	506	648
	18.16	18.05
与失能老年人相关的所有费用	822	1075
	29.50	29.94
由家人提供照料，政府给予现金补贴	716	930
	25.70	25.91
总计	2786	3590
	100	100

表7 – 70　　　　　　**不同性别老年人是否愿意购买由商业保险**

公司为其提供长期护理保险　　　　单位：人，%

	男性	女性
愿意	463	545
	19.31	17.48
不愿意	1179	1615
	49.17	51.81
不清楚	756	957
	31.53	30.70
总计	2398	3117
	100	100

表7 – 71　　　　　　　　　**不同性别老年人不愿意的原因**　　　　单位：人，%

	男性	女性
经济上无法承受	1577	2085
	63.44	65.34
自己有积蓄	213	246
	8.57	7.71
由子女赡养	173	220
	6.96	6.89
不信任商业保险	499	608
	20.07	19.05
其他	24	32
	0.97	1.00
总计	2486	3191
	100	100

表7 – 72　　　　　**不同性别老年人最喜欢下面哪一种保障形式**　　　　单位：人，%

	男性	女性
现金补偿	492	637
	37.10	36.55
提供护理服务的实物补偿方式	219	247
	16.52	14.17
现金为主 + 服务为辅	341	444
	25.72	25.47

	男性	女性
服务为主+现金为辅	274	415
	20.66	23.81
总计	1326	1743
	100	100

年龄越大的老年人对长期护理服务的接受度越高。随着年龄的增长，老年人享受长期护理服务的比例也越高，参加的意愿也更高。在年龄较大的老年人中，不愿加入长期护理保险的大多是对政策的不太了解，而并非经济原因。对长期护理保险的对象和提供资金的方式，不同年龄段老年人的认知较为相似。

对商业的长期护理保险，各个年龄段的老年人之间无明显差异，接受程度较低。

表7-73　　　　　　　　不同年龄阶段情况老年人目前是否已
享受到政府提供的长期护理服务　　　　单位：人，%

	60—69岁	70—79岁	80岁及以上
是	37	58	162
	5.39	9.57	17.25
否	649	548	777
	94.61	90.43	82.75
总计	686	606	939
	100	100	100

表7-74　　　　不同年龄阶段情况老年人是否愿意政府通过保险方式
提供长期护理服务，政府、单位、个人共同负担费用　　　单位：人，%

	60—69岁	70—79岁	80岁及以上
愿意	748	680	983
	39.74	43.07	46.59
不愿意	618	474	484
	32.84	30.02	22.94

续表

	60—69 岁	70—79 岁	80 岁及以上
不清楚	516	425	643
	27.42	26.92	30.47
总计	1882	1579	2110
	100	100	100

表 7 - 75　　　　不同年龄阶段情况老年人不愿意的最主要原因　　　单位：人,%

	60—69 岁	70—79 岁	80 岁及以上
经济上无法承受	528	409	394
	45.67	43.19	36.93
还是更指望子女照料	180	185	206
	15.57	19.54	19.31
对政策不了解	439	344	453
	37.98	36.33	42.46
其他	9	9	14
	0.78	0.95	1.31
总计	1156	947	1067
	100	100	100

表 7 - 76　　　　　如果政府要为其提供资金支持不同

老年人觉得用哪种方式更好　　　单位：人,%

	60—69 岁	70—79 岁	80 岁及以上
社会救助	88	81	144
	8.43	8.56	10.88
政府和社会共同筹款的补贴	677	612	687
	64.85	64.69	51.89
社会保险	233	200	338
	22.32	21.14	25.53
不清楚	46	53	155
	4.41	5.60	11.71
总计	1044	946	1324
	100	100	100

表7-77　　　　不同年龄阶段情况老年人认为政府的长期
护理保险应该对哪类社会群体负责　　单位：人，%

	60—69 岁	70—79 岁	80 岁及以上
完全失智并失能老年人	535	469	568
	27.65	27.60	24.58
完全失能老年人	320	279	392
	16.54	16.42	16.96
部分失能老年人	299	275	299
	15.45	16.19	12.94
不论年龄，所有完全失能的人	781	676	1052
	40.36	39.79	45.52
总计	1935	1699	2311
	100	100	100

表7-78　　　　不同年龄阶段情况老年人觉得对完全失能老年人
提供长期护理哪些费用应该由社会保险支付　　单位：人，%

	60—69 岁	70—79 岁	80 岁及以上
向居家老年人提供的专业人员入户服务的费用	283	270	427
	13.02	14.58	17.68
由日间照料中心提供服务的费用	258	212	259
	11.87	11.45	10.72
入住老年服务机构的费用	374	345	443
	17.21	18.63	18.34
与失能老年人相关的所有费用	617	543	752
	28.39	29.32	31.14
由家人提供照料，政府给予现金补贴	641	482	534
	29.50	26.03	22.11
总计	2173	1852	2415
	100	100	100

表7-79　　　　不同年龄阶段情况老年人是否愿意购买由
商业保险公司为其提供长期护理保险　　单位：人，%

	60—69 岁	70—79 岁	80 岁及以上
愿意	343	286	403
	18.26	18.09	19.01

续表

	60—69 岁	70—79 岁	80 岁及以上
不愿意	1040	857	916
	55.38	54.21	43.21
不清楚	495	438	801
	26.36	27.70	37.78
总计	1878	1581	2120
	100	100	100

表7-80　　　　　不同年龄阶段情况老年人不愿意的原因　　　单位：人,%

	60—69 岁	70—79 岁	80 岁及以上
经济上无法承受	1294	1075	1335
	66.98	64.72	62.38
自己有积蓄	111	107	244
	5.75	6.44	11.40
由子女赡养	106	114	173
	5.49	6.86	8.08
不信任商业保险	405	347	365
	20.96	20.89	17.06
其他	16	18	23
	0.83	1.08	1.07
总计	1932	1661	2140
	100	100	100

表7-81　　　　不同年龄阶段情况老年人最喜欢下面哪一种保障形式　　　单位：人,%

	60—69 岁	70—79 岁	80 岁及以上
现金补偿	518	318	301
	44.62	36.14	28.56
提供护理服务的实物补偿方式	123	125	228
	10.59	14.20	21.63
现金为主＋服务为辅	280	236	273
	24.12	26.82	25.90
服务为主＋现金为辅	240	201	252
	20.67	22.84	23.91
总计	1161	880	1054
	100	100	100

　　少数民族老年人的目前加入长期护理服务的比例与汉族老年人较为相似，但表现为更愿意参加长期护理保险。不愿意参加的汉族老年人更注重的是经济问题。对长期护理保险的保障项目，不同民族的老年人有所不同，汉族老年人更倾向于依靠家人护理，由政府提供费用，而少数民族老年人更倾向于支付失能老年人的所有费用。

　　不同民族的老年人对参加商业长期护理保险的意愿较为相似。相比而言，少数民族的老年人参加的意愿更高一些。对于不愿参加的原因、保障形式等则无太大差别。

表 7 – 82　　　　　　不同民族老年人目前是否已享受
**　　　　　　　　　　到政府提供的长期护理服务**　　　　单位：人，%

	汉族	少数民族
是	218	39
	11.15	13.88
否	1738	242
	88.85	86.12
总计	1956	281
	100	100

表 7 – 83　　　　不同民族老年人是否愿意政府通过保险方式提供
**　　　　　　　长期护理服务，政府、单位、个人共同负担费用**　　　单位：人，%

	汉族	少数民族
愿意	1773	654
	38.48	66.33
不愿意	1411	169
	30.62	17.14
不清楚	1424	163
	30.90	16.53
总计	4608	986
	100	100

表 7 - 84　　　　　　　不同民族老年人不愿意的最主要原因　　　　单位：人，%

	汉族	少数民族
经济上无法承受	1175	157
	42.31	39.45
还是更指望子女照料	502	70
	18.08	17.59
对政策不了解	1073	165
	38.64	41.46
其他	27	6
	0.97	1.51
总计	2777	398
	100	100

表 7 - 85　　　　　如果政府要为其提供资金支持不同

老年人觉得用哪种方式更好　　　　单位：人，%

	汉族	少数民族
社会救助	279	37
	9.43	10.05
政府和社会共同筹款的补贴	1757	224
	59.38	60.87
社会保险	697	78
	23.56	21.20
不清楚	226	29
	7.64	7.88
总计	2959	368
	100	100

表 7 - 86　　　　　不同民族老年人认为政府的长期护理

保险应该对哪类社会群体负责　　　　单位：人，%

	汉族	少数民族
完全失智并失能老年人	1072	193
	24.29	19.88
完全失能老年人	702	76
	15.90	7.83

续表

	汉族	少数民族
部分失能老年人	728	92
	16.49	9.47
不论年龄，所有完全失能的人	1912	610
	43.32	62.82
总计	4414	971
	100	100

表7-87　　　　　不同民族老年人觉得对完全失能老年人提供
长期护理哪些费用应该由社会保险支付　　　　单位：人，%

	汉族	少数民族
向居家老年人提供的专业人员入户服务的费用	827	154
	15.35	14.30
由日间照料中心提供服务的费用	623	111
	11.57	10.31
入住老年服务机构的费用	999	167
	18.55	15.51
与失能老年人相关的所有费用	1468	453
	27.26	42.06
由家人提供照料，政府给予现金补贴	1469	192
	27.27	17.83
总计	5386	1077
	100	100

表7-88　　　　　不同民族老年人是否愿意购买由商业
保险公司为其提供长期护理保险　　　　单位：人，%

	汉族	少数民族
愿意	804	236
	17.44	23.79
不愿意	2423	400
	52.56	40.32
不清楚	1383	356
	30.00	35.89
总计	4610	992
	100	100

表 7 - 89　　　　　　　　不同民族老年人不愿意的原因　　　　　单位：人,%

	汉族	少数民族
经济上无法承受	3180	539
	65.36	60.77
自己有积蓄	349	115
	7.17	12.97
由子女赡养	318	77
	6.54	8.68
不信任商业保险	971	146
	19.96	16.46
其他	47	10
	0.97	1.13
总计	4865	887
	100	100

表 7 - 90　　　　　不同民族老年人最喜欢下面哪一种保障形式　　　　单位：人,%

	汉族	少数民族
现金补偿	1012	128
	36.92	35.16
提供护理服务的实物补偿方式	412	64
	15.03	17.58
现金为主 + 服务为辅	704	89
	25.68	24.45
服务为主 + 现金为辅	613	83
	22.36	22.80
总计	2741	364
	100	100

　　不同文化程度的老年人对加入长期护理保险的认知方面差异较大，文化程度越高的老年人愿意参加长期护理保险的比例越高，并且目前已享受政府长期护理服务的比例也越高。在不愿意加入长期护理保险的老年人中，文化程度较低的老年人不愿加入的原因主要是经济问题，而文化程度较高的老年人不愿参加的原因主要是对政策的不了解。

　　不同文化程度的老年人对商业长期护理保险的加入意愿及认识同样差距不大，参加意愿均较低。

表7-91　　　　　不同文化程度老年人目前是否已享受
到政府提供的长期护理服务　　　　单位：人，%

	小学及以下	初中	高中	大学（大专）及以上
是	85	56	44	63
	9.64	10.65	10.53	18.48
否	797	470	374	278
	90.36	89.35	89.47	81.52
总计	882	526	418	341
	100	100	100	100

表7-92　　　不同文化程度老年人是否愿意政府通过保险方式提供
长期护理服务，政府、单位、个人共同负担费用　　　单位：人，%

	小学及以下	初中	高中	大学（大专）及以上
愿意	1098	574	371	294
	41.99	45.92	40.46	47.04
不愿意	748	337	292	154
	28.60	26.96	31.84	24.64
不清楚	769	339	254	177
	29.41	27.12	27.70	28.32
总计	2615	1250	917	625
	100	100	100	100

表7-93　　　　　不同文化程度老年人不愿意的最主要原因　　　单位：人，%

	小学及以下	初中	高中	大学（大专）及以上
经济上无法承受	702	307	198	70
	45.85	45.15	35.48	23.26
还是更指望子女照料	284	110	100	65
	18.55	16.18	17.92	21.59
对政策不了解	533	255	256	157
	34.81	37.50	45.88	52.16
其他	12	8	4	9
	0.78	1.18	0.72	2.99
总计	1531	680	558	301
	100	100	100	100

表7－94　　　　　　　　　　　　如果政府要为其提供资金支持

不同老年人觉得用哪种方式更好　　　　　单位：人，%

	小学及以下	初中	高中	大学（大专）及以上
社会救助	165	83	34	26
	11.40	10.78	6.13	6.06
政府和社会共同筹款的补贴	804	472	351	276
	55.56	61.30	63.24	64.34
社会保险	370	153	124	98
	25.57	19.87	22.34	22.84
不清楚	108	62	46	29
	7.46	8.05	8.29	6.76
总计	1447	770	555	429
	100	100	100	100

表7－95　　　　　　　　不同文化程度老年人认为政府的长期

护理保险应该对哪类社会群体负责　　　　单位：人，%

	小学及以下	初中	高中	大学（大专）及以上
完全失智并失能老年人	743	321	256	196
	27.10	24.37	25.83	27.76
完全失能老年人	514	219	140	89
	18.75	16.63	14.13	12.61
部分失能老年人	390	198	157	110
	14.22	15.03	15.84	15.58
不论年龄，所有完全失能的人	1095	579	438	311
	39.93	43.96	44.20	44.05
总计	2742	1317	991	706
	100	100	100	100

表7－96　　　　　　　不同文化程度老年人觉得对完全失能老年人

提供长期护理哪些费用应该由社会保险支付　　单位：人，%

	小学及以下	初中	高中	大学（大专）及以上
向居家老年人提供的专业人员入户服务的费用	445	204	163	138
	14.91	14.14	14.93	18.83
由日间照料中心提供服务的费用	342	180	121	64
	11.46	12.47	11.08	8.73

续表

	小学及以下	初中	高中	大学（大专）及以上
入住老年服务机构的费用	571	269	162	131
	19.14	18.64	14.84	17.87
与失能老年人相关的所有费用	844	412	346	231
	28.28	28.55	31.68	31.51
由家人提供照料，政府给予现金补贴	782	378	300	169
	26.21	26.20	27.47	23.06
总计	2984	1443	1092	733
	100	100	100	100

表7-97　　　不同文化程度老年人是否愿意购买由商业
保险公司为其提供长期护理保险　　　单位：人,%

	小学及以下	初中	高中	大学（大专）及以上
愿意	472	259	145	112
	17.97	20.90	15.86	17.81
不愿意	1373	627	478	280
	52.26	50.61	52.30	44.52
不清楚	782	353	291	237
	29.77	28.49	31.84	37.68
总计	2627	1239	914	629
	100	100	100	100

表7-98　　　　　　不同文化程度老年人不愿意的原因　　　单位：人,%

	小学及以下	初中	高中	大学（大专）及以上
经济上无法承受	1729	861	615	392
	67.94	65.73	60.35	57.14
自己有积蓄	173	98	92	86
	6.80	7.48	9.03	12.54
由子女赡养	230	64	57	37
	9.04	4.89	5.59	5.39
不信任商业保险	392	277	242	162
	15.40	21.15	23.75	23.62
其他	21	10	13	9
	0.83	0.76	1.28	1.31
总计	2545	1310	1019	686
	100	100	100	100

表 7 - 99　　　　不同文化程度老年人最喜欢下面哪一种保障形式　　单位：人，%

	小学及以下	初中	高	大学（大专）及以上
现金补偿	506	256	222	124
	36.51	35.61	39.71	34.07
提供护理服务的实物补偿方式	205	108	90	55
	14.79	15.02	16.10	15.11
现金为主 + 服务为辅	373	181	131	90
	26.91	25.17	23.43	24.73
服务为主 + 现金为辅	302	174	116	95
	21.79	24.20	20.75	26.10
总计	1386	719	559	364
	100	100	100	100

未婚老年人中，目前已享受政府长期护理服务的比例较高，但有配偶的老年人更愿意加入政府的长期护理保险。对长期护理保险的认知方面，不同婚姻状况老年人的差异并不大。

表 7 - 100　　　　　不同婚姻状况老年人目前是否已
享受到政府提供的长期护理服务　　单位：人，%

	未婚	有配偶	离婚	丧偶
是	10	94	5	138
	25.00	7.90	10.87	15.90
否	30	1096	41	730
	75.00	92.10	89.13	84.10
总计	40	1190	46	868
	100	100	100	100

表 7 - 101　　　不同婚姻状况老年人是否愿意政府通过保险方式提供
长期护理服务，政府、单位、个人共同负担费用　　单位：人，%

	未婚	有配偶	离婚	丧偶
愿意	22	1598	35	682
	29.33	46.07	38.89	39.17
不愿意	20	999	22	480
	26.67	28.80	24.44	27.57

续表

	未婚	有配偶	离婚	丧偶
不清楚	33	872	33	579
	44.00	25.14	36.67	33.26
总计	75	3469	90	1741
	100	100	100	100

表 7 – 102　　　　不同婚姻状况老年人不愿意的最主要原因　　　单位：人，%

	未婚	有配偶	离婚	丧偶
经济上无法承受	22	782	26	427
	46.81	42.16	49.06	39.32
还是更指望子女照料	2	343	3	204
	4.26	18.49	5.66	18.78
对政策不了解	22	710	24	444
	46.81	38.27	45.28	40.88
其他	1	20	0	11
	2.13	1.08	0.00	1.01
总计	47	1855	53	1086
	100	100	100	100

表 7 – 103　　　　　　如果政府要为其提供资金支持不同

老年人觉得用哪种方式更好　　　单位：人，%

	未婚	有配偶	离婚	丧偶
社会救助	8	155	1	129
	15.38	8.48	1.82	10.73
政府和社会共同筹款的补贴	29	1158	23	658
	55.77	63.35	41.82	54.74
社会保险	10	419	21	283
	19.23	22.92	38.18	23.54
不清楚	5	96	10	132
	9.62	5.25	18.18	10.98
总计	52	1828	55	1202
	100	100	100	100

表 7 - 104　　　　　　不同婚姻状况老年人认为政府的长期

护理保险应该对哪类社会群体负责　　单位：人，%

	未婚	有配偶	离婚	丧偶
完全失智并失能老年人	27	953	26	482
	31.40	26.12	26.53	25.65
完全失能老年人	19	622	16	287
	22.09	17.05	16.33	15.27
部分失能老年人	10	513	20	295
	11.63	14.06	20.41	15.70
不论年龄，所有完全失能的人	30	1561	36	815
	34.88	42.78	36.73	43.37
总计	86	3649	98	1879
	100	100	100	100

表 7 - 105　　　　不同婚姻状况老年人觉得对完全失能老年人

提供长期护理哪些费用应该由社会保险支付　　单位：人，%

	未婚	有配偶	离婚	丧偶
向居家老年人提供的专业人员入户服务的费用	19	565	26	323
	18.10	14.40	21.31	15.57
由日间照料中心提供服务的费用	13	437	14	249
	12.38	11.14	11.48	12.00
入住老年服务机构的费用	29	671	30	391
	27.62	17.10	24.59	18.84
与失能老年人相关的所有费用	22	1200	24	608
	20.95	30.58	19.67	29.30
由家人提供照料，政府给予现金补贴	22	1051	28	504
	20.95	26.78	22.95	24.29
总计	105	3924	122	2075
	100	100	100	100

表 7 - 106　　　　　不同婚姻状况老年人是否愿意购买由商业

保险公司为其提供长期护理保险　　单位：人，%

	未婚	有配偶	离婚	丧偶
愿意	16	631	21	297
	21.33	18.22	23.86	17.01

	未婚	有配偶	离婚	丧偶
不愿意	24	1826	40	852
	32.00	52.71	45.45	48.80
不清楚	35	1007	27	597
	46.67	29.07	30.68	34.19
总计	75	3464	88	1746
	100	100	100	100

表7-107　　　　　不同婚姻状况老年人不愿意的原因　　　　单位：人,%

	未婚	有配偶	离婚	丧偶
经济上无法承受	40	2298	62	1174
	74.07	63.25	69.66	66.22
自己有积蓄	5	281	11	156
	9.26	7.73	12.36	8.80
由子女赡养	1	275	4	105
	1.85	7.57	4.49	5.92
不信任商业保险	8	740	11	322
	14.81	20.37	12.36	18.16
其他	0	39	1	16
	0.00	1.07	1.12	0.90
总计	54	3633	89	1773
	100	100	100	100

表7-108　　　　不同婚姻状况老年人最喜欢下面哪一种保障形式　　　　单位：人,%

	未婚	有配偶	离婚	丧偶
现金补偿	13	744	22	324
	26.00	40.46	35.48	30.51
提供护理服务的实物补偿方式	15	226	16	201
	30.00	12.29	25.81	18.93
现金为主+服务为辅	8	468	16	278
	16.00	25.45	25.81	26.18
服务为主+现金为辅	14	401	8	259
	8.00	21.81	12.90	24.39
总计	50	1839	62	1062
	100	100	100	100

非失独的老年人更加愿意加入政府的长期护理保险。失独老年人不愿加入的原因主要是经济上无法承受。对长期护理保险的负责对象和提供资金方式方面差异并不大。此外，失独老年人与非失独老年人对商业保险的加入意愿和认知方面差距也不大。

表7-109 失独与非失独老年人目前是否已享受到政府提供的长期护理服务 单位：人，%

	失独	非失独
是	14	207
	11.67	12.40
否	106	1463
	88.33	87.60
总计	120	1670
	100	100

表7-110 失独与非失独老年人是否愿意政府通过保险方式提供长期护理服务，政府、单位、个人共同负担费用 单位：人，%

	失独	非失独
愿意	81	2038
	31.52	46.55
不愿意	90	1128
	35.02	25.77
不清楚	86	1212
	33.46	27.68
总计	257	4378
	100	100

表7-111 失独与非失独老年人不愿意的最主要原因 单位：人，%

	失独	非失独
经济上无法承受	85	881
	48.30	38.19
还是更指望子女照料	23	455
	13.07	19.72

续表

	失独	非失独
对政策不了解	67	941
	38.07	40.79
其他	1	30
	0.57	1.30
总计	176	2307
	100	100

表 7-112　　　　　　　如果政府要为其提供资金支持不同

老年人觉得用哪种方式更好　　　　　单位：人，%

	失独	非失独
社会救助	17	225
	9.44	9.39
政府和社会共同筹款的补贴	100	1380
	55.56	57.57
社会保险	53	582
	29.44	24.28
不清楚	10	210
	5.56	8.76
总计	180	2397
	100	100

表 7-113　　　　　　　失独与非失独老年人认为政府的长期

护理保险应该对哪类社会群体负责　　　　单位：人，%

	失独	非失独
完全失智并失能老年人	56	1233
	20.44	26.31
完全失能老年人	42	800
	15.33	17.07
部分失能老年人	54	669
	19.71	14.27
不论年龄，所有完全失能的人	122	1985
	44.53	42.35
总计	274	4687
	100	100

表 7 - 114　　　　　失独与非失独老年人觉得对完全失能老年人
提供长期护理哪些费用应该由社会保险支付　　　单位：人，%

	失独	非失独
向居家老年人提供的专业人员入户服务的费用	38	781
	11.52	15.34
由日间照料中心提供服务的费用	48	584
	14.55	11.47
入住老年服务机构的费用	88	940
	26.67	18.46
与失能老年人相关的所有费用	103	1516
	31.21	29.78
由家人提供照料，政府给予现金补贴	53	1270
	16.06	24.95
总计	330	5091
	100	100

表 7 - 115　　　　　失独与非失独老年人是否愿意购买由商业
保险公司为其提供长期护理保险　　　单位：人，%

	失独	非失独
愿意	39	793
	15.54	18.11
不愿意	141	2159
	56.18	49.29
不清楚	71	1428
	28.29	32.60
总计	251	4380
	100	100

表 7 - 116　　　　　　失独与非失独老年人不愿意的原因　　　单位：人，%

	失独	非失独
经济上无法承受	180	2853
	65.45	63.68
自己有积蓄	18	374
	6.55	8.35

续表

	失独	非失独
由子女赡养	19	339
	6.91	7.57
不信任商业保险	57	864
	20.73	19.29
其他	1	50
	0.36	1.12
总计	275	4480
	100	100

表7-117　　　　失独与非失独老年人最喜欢下面哪一种保障形式　　　单位：人,%

	失独	非失独
现金补偿	53	877
	33.76	35.38
提供护理服务的实物补偿方式	22	388
	14.01	15.65
现金为主＋服务为辅	38	639
	24.20	25.78
服务为主＋现金为辅	44	575
	28.03	23.19
总计	157	2479
	100	100

不同生育情况的老年人之间，对长期护理保险的认知和意愿方面差异不大。

同住人数不同的老年人享受政府提供长期护理服务比例的差异较大。无人同住和同住人数较多老年人的加入比例较高。而同住人数不同的老年人加入长期护理保险的意愿方面无明显差异。

同住人数越多的家庭，参加商业长期护理保险的意愿越强，并且更倾向于现金补偿。

表 7-118　　　　　不同同住人数老年人目前是否已享受

到政府提供的长期护理服务　　单位：人，%

	0 人	1 人	2 人	3 人	4 人	5 人及以上
是	72	29	35	27	23	71
	27.27	5.65	5.25	11.16	16.79	17.15
否	192	484	632	215	114	343
	72.73	94.35	94.75	88.84	83.21	82.85
总计	264	513	667	242	137	414
	100	100	100	100	100	100

表 7-119　　　不同同住人数老年人是否愿意政府通过保险方式提供

长期护理服务，政府、单位、个人共同负担费用　　单位：人，%

	0 人	1 人	2 人	3 人	4 人	5 人及以上
愿意	157	436	765	227	115	727
	42.20	40.52	44.14	42.27	38.46	46.10
不愿意	70	369	558	181	89	313
	18.82	34.29	32.20	33.71	29.77	19.85
不清楚	145	271	410	129	95	537
	38.98	25.19	23.66	24.02	31.77	34.05
总计	372	1076	1733	537	299	1577
	100	100	100	100	100	100

表 7-120　　　　　不同同住人数老年人不愿意的最主要原因　　单位：人，%

	0 人	1 人	2 人	3 人	4 人	5 人及以上
经济上无法承受	110	350	438	122	86	236
	35.37	48.68	45.72	36.75	41.35	35.92
还是更指望子女照料	38	106	158	68	50	152
	12.22	14.74	16.49	20.48	24.04	23.14
对政策不了解	160	255	351	140	72	260
	51.45	35.47	36.64	42.17	34.62	39.57
其他	3	8	11	2	0	9
	0.96	1.11	1.15	0.60	0.00	1.37
总计	311	719	958	332	208	657
	100	100	100	100	100	100

表 7 – 121　　　　　　　如果政府要为其提供资金支持不同

老年人觉得用哪种方式更好　　　　单位：人,%

	0 人	1 人	2 人	3 人	4 人	5 人及以上
社会救助	11	76	76	30	15	108
	4.10	13.24	10.09	10.99	6.58	8.77
政府和社会共同筹款的补贴	132	397	488	139	138	687
	49.25	69.16	64.81	50.92	60.53	55.81
社会保险	31	81	151	72	56	384
	11.57	14.11	20.05	26.37	24.56	31.19
不清楚	94	20	38	32	19	52
	35.07	3.48	5.05	11.72	8.33	4.22
总计	268	574	753	273	228	1231
	100	100	100	100	100	100

表 7 – 122　　　　　　不同同住人数老年人认为政府的长期

护理保险应该对哪类社会群体负责　　　　单位：人,%

	0 人	1 人	2 人	3 人	4 人	5 人及以上
完全失智并失能老年人	71	331	477	174	92	433
	18.07	29.82	26.47	29.79	27.96	24.74
完全失能老年人	81	145	337	77	67	286
	20.61	13.06	18.70	13.18	20.36	16.34
部分失能老年人	63	224	289	56	45	198
	16.03	20.18	16.04	9.59	13.68	11.31
不论年龄，所有完全失能的人	178	410	699	277	125	833
	45.29	36.94	38.79	47.43	37.99	47.60
总计	393	1110	1802	584	329	1750
	100	100	100	100	100	100

表 7 – 123　　　　不同同住人数老年人觉得对完全失能老年人

提供长期护理哪些费用应该由社会保险支付　　　　单位：人,%

	0 人	1 人	2 人	3 人	4 人	5 人及以上
向居家老年人提供的专业人员入户服务的费用	103	131	303	95	64	285
	18.20	9.65	16.24	14.22	18.55	17.17
由日间照料中心提供服务的费用	94	178	145	67	46	204
	16.61	13.11	7.77	10.03	13.33	12.29

续表

	0 人	1 人	2 人	3 人	4 人	5 人及以上
入住老年服务机构的费用	113	237	266	90	58	402
	19.96	17.45	14.26	13.47	16.81	24.22
与失能老年人相关的所有费用	141	433	445	230	99	573
	24.91	31.89	23.85	34.43	28.70	34.52
由家人提供照料，政府给予现金补贴	115	379	707	186	78	196
	20.32	27.91	37.89	27.84	22.61	11.81
总计	566	1358	1866	668	345	1660
	100	100	100	100	100	100

表 7 - 124　　　不同同住人数老年人是否愿意购买由商业
保险公司为其提供长期护理保险　　　单位：人，%

	0 人	1 人	2 人	3 人	4 人	5 人及以上
愿意	46	113	255	78	58	490
	12.40	10.43	14.76	14.50	19.46	30.93
不愿意	193	729	970	238	141	552
	52.02	67.31	56.13	44.24	47.32	34.85
不清楚	132	241	503	222	99	542
	35.58	22.25	29.11	41.26	33.22	34.22
总计	371	1083	1728	538	298	1584
	100	100	100	100	100	100

表 7 - 125　　　　不同同住人数老年人不愿意的原因　　　单位：人，%

	0 人	1 人	2 人	3 人	4 人	5 人及以上
经济上无法承受	313	883	1161	344	197	821
	67.31	65.70	67.07	66.03	63.34	59.49
自己有积蓄	22	84	106	32	25	195
	4.73	6.25	6.12	6.14	8.04	14.13
由子女赡养	13	56	72	61	32	161
	2.80	4.17	4.16	11.71	10.29	11.67
不信任商业保险	115	310	368	82	54	188
	24.73	23.07	21.26	15.74	17.36	13.62
5 人及以上	2	11	24	2	3	15
	0.43	0.82	1.39	0.38	0.96	1.09
总计	465	1344	1731	521	311	1380
	100	100	100	100	100	100

表7-126 不同同住人数老年人最喜欢下面哪一种保障形式 单位：人,%

	0人	1人	2人	3人	4人	5人及以上
现金补偿	27	257	525	121	64	146
	10.63	31.77	46.54	42.31	35.16	32.74
提供护理服务的实物补偿方式	93	90	140	36	34	83
	36.61	11.12	12.41	12.59	18.68	18.61
现金为主+服务为辅	48	194	304	84	52	111
	18.90	23.98	26.95	29.37	28.57	24.89
服务为主+现金为辅	86	268	159	45	32	106
	33.86	33.13	14.10	15.73	17.58	23.77
总计	254	809	1128	286	182	446
	100	100	100	100	100	100

无宗教信仰的老年人已参加长期护理服务的比例更高，并且愿意加入政府长期护理保险的比例也比有宗教信仰的老年人要高。不愿加入长期护理保险的原因、保险的负责对象和保险提供资金的方式，在有无宗教信仰的老年人之间并无明显差异。对商业长期护理保险的加入意愿和认知方面，在有无宗教信仰的老人之间也基本无差异。

表7-127 不同宗教信仰情况老年人目前是否已
享受到政府提供的长期护理服务 单位：人,%

	有宗教信仰	无宗教信仰
是	15	48
	8.57	15.34
否	160	265
	91.43	84.66
总计	175	313
	100	100

表7－128　　不同宗教信仰情况老年人是否愿意政府通过保险方式
提供长期护理服务，政府、单位、个人共同负担费用　　单位：人，%

	有宗教信仰	无宗教信仰
愿意	185	1167
	41.02	48.46
不愿意	139	685
	30.82	28.45
不清楚	127	556
	28.16	23.09
总计	451	2408
	100	100

表7－129　　　　不同宗教信仰情况老年人不愿意的最主要原因　　单位：人，%

	有宗教信仰	无宗教信仰
经济上无法承受	126	600
	44.37	44.31
还是更指望子女照料	55	271
	19.37	20.01
对政策不了解	94	469
	33.10	34.64
其他	9	14
	3.17	1.03
总计	284	1354
	100	100

表7－130　　　　　如果政府要为其提供资金支持不同
老年人觉得用哪种方式更好　　单位：人，%

	有宗教信仰	无宗教信仰
社会救助	22	41
	7.53	6.38
政府和社会共同筹款的补贴	186	400
	63.70	62.21
社会保险	78	142
	26.71	22.08

续表

	有宗教信仰	无宗教信仰
不清楚	6	60
	2.05	9.33
总计	292	643
	100	100

表7-131　不同宗教信仰情况老年人认为政府的长期护理保险应该对哪类社会群体负责　　单位：人，%

	有宗教信仰	无宗教信仰
完全失智并失能老年人	117	682
	24.48	26.88
完全失能老年人	83	440
	17.36	17.34
部分失能老年人	109	309
	22.80	12.18
不论年龄，所有完全失能的人	169	1106
	35.36	43.59
总计	478	2537
	100	100

表7-132　不同宗教信仰情况老年人觉得对完全失能老年人提供长期护理哪些费用应该由社会保险支付　　单位：人，%

	有宗教信仰	无宗教信仰
向居家老年人提供的专业人员入户服务的费用	66	328
	13.17	11.55
由日间照料中心提供服务的费用	65	410
	12.97	14.44
入住老年服务机构的费用	68	478
	13.57	16.84
与失能老年人相关的所有费用	160	942
	31.94	33.18
由家人提供照料，政府给予现金补贴	142	681
	28.34	23.99
总计	501	2839
	100	100

表 7 - 133　　　　不同宗教信仰情况老年人是否愿意购买由商业
保险公司为其提供长期护理保险　　　　单位：人，%

	有宗教信仰	无宗教信仰
愿意	73	403
	16.15	16.78
不愿意	262	1246
	57.96	51.87
不清楚	117	753
	25.88	31.35
总计	452	2402
	100	100

表 7 - 134　　　　　　不同宗教信仰情况老年人不愿意的原因　　　　单位：人，%

	有宗教信仰	无宗教信仰
经济上无法承受	306	1573
	63.49	63.61
自己有积蓄	34	218
	7.05	8.82
由子女赡养	27	211
	5.60	8.53
不信任商业保险	108	442
	22.41	17.87
其他	7	29
	1.45	1.17
总计	482	2473
	100	100

表 7 - 135　　　不同宗教信仰情况老年人最喜欢下面哪一种保障形式　　　单位：人，%

	有宗教信仰	无宗教信仰
现金补偿	85	486
	34.98	38.73
提供护理服务的实物补偿方式	30	213
	12.35	16.97
现金为主 + 服务为辅	72	275
	29.63	21.91

	有宗教信仰	无宗教信仰
服务为主 + 现金为辅	56	281
	23.05	22.39
总计	243	1255
	100	100

对不同养老方式的老年人来说，居家养老的老人目前几乎未能享受到政府的长期护理服务，且意愿不高，同样对商业长期护理保险相比其他养老方式也较低。影响这部分老年人参加意愿的主要因素，是经济上无法支持。

依托社区养老的老年人参加政府长期护理保险的意愿非常高，若政策宣传到位，预计这一比例可更高。而且，这部分老年人对商业长期护理保险的参加意愿也相对较高。可见依托社区养老的老年人对长期护理保险的需求相对较大。

表 7 - 136　　　　　　不同养老方式老年人目前是否已享受
到政府提供的长期护理服务　　　　单位：人,%

	居家养老	依托社区养老	养老机构	其他
是	60	6	167	11
	3.78	30.00	32.18	35.48
否	1526	14	352	20
	96.22	70.00	67.82	64.52
总计	1586	20	519	31
	100	100	100	100

表 7 - 137　　　不同养老方式老年人是否愿意政府通过保险方式提供
长期护理服务，政府、单位、个人共同负担费用　　　单位：人,%

	居家养老	依托社区养老	养老机构	其他
愿意	1727	125	491	7
	40.18	80.65	56.57	15.91
不愿意	1395	12	100	9
	32.46	7.74	11.52	20.45

续表

	居家养老	依托社区养老	养老机构	其他
不清楚	1176	18	277	28
	27.36	11.61	31.91	63.64
总计	4298	155	868	44
	100	100	100	100

表7-138　　　　　**不同养老方式老年人不愿意的最主要原因**　　　单位：人,%

	居家养老	依托社区养老	养老机构	其他
经济上无法承受	1138	9	93	22
	44.06	36.00	24.41	44.90
还是更指望子女照料	491	3	42	12
	19.01	12.00	11.02	24.49
对政策不了解	928	13	240	15
	35.93	52.00	62.99	30.61
其他	26	0	6	0
	1.01	0	1.57	0
总计	2583	25	381	49
	100	100	100	100

表7-139　　　　　**如果政府要为其提供资金支持不同**

老年人觉得用哪种方式更好　　　单位：人,%

	居家养老	依托社区养老	养老机构	其他
社会救助	231	6	64	1
	9.76	10.17	9.20	2.86
政府和社会共同筹款的补贴	1511	34	294	25
	63.81	57.63	42.24	71.43
社会保险	515	18	211	2
	21.75	30.51	30.32	5.71
不清楚	111	1	127	7
	4.69	1.69	18.25	20.00
总计	2368	59	696	35
	100	100	100	100

表 7 - 140　　　　　不同养老方式老年人认为政府的长期护理
保险应该对哪类社会群体负责　　　　　单位：人，%

	居家养老	依托社区养老	养老机构	其他
完全失智并失能老年人	1230	55	220	8
	26.99	26.57	24.15	16.00
完全失能老年人	760	44	144	8
	16.68	21.26	15.81	16.00
部分失能老年人	738	34	65	12
	16.19	16.43	7.14	24.00
不论年龄，所有完全失能的人	1829	74	482	22
	40.14	35.75	52.91	44.00
总计	4557	207	911	50
	100	100	100	100

表 7 - 141　　　　不同养老方式老年人觉得对完全失能老年人
提供长期护理哪些费用应该由社会保险支付　　单位：人，%

	居家养老	依托社区养老	养老机构	其他
向居家老年人提供的专业人员入户服务的费用	685	28	191	23
	13.93	18.18	17.85	35.94
由日间照料中心提供服务的费用	579	10	111	10
	11.78	6.49	10.37	15.63
入住老年服务机构的费用	795	52	278	9
	16.17	33.77	25.98	14.06
与失能老年人相关的所有费用	1469	49	308	8
	29.88	31.82	28.79	12.50
由家人提供照料，政府给予现金补贴	1389	15	182	14
	28.25	9.74	17.01	21.88
总计	4917	154	1070	64
	100	100	100	100

表 7 - 142　　　　　不同养老方式老年人是否愿意购买由商业
保险公司为其提供长期护理保险　　　　单位：人，%

	居家养老	依托社区养老	养老机构	其他
愿意	629	62	279	4
	14.62	40.00	32.18	9.52

续表

	居家养老	依托社区养老	养老机构	其他
不愿意	2373	47	295	14
	55.16	30.32	34.03	33.33
不清楚	1300	46	293	24
	30.22	29.68	33.79	57.14
总计	4302	155	867	42
	100	100	100	100

表7-143　　　　　　不同养老方式老年人不愿意的原因　　　　单位：人，%

	居家养老	依托社区养老	养老机构	其他
经济上无法承受	2981	63	472	37
	65.10	55.75	61.54	68.52
自己有积蓄	336	18	92	7
	7.34	15.93	11.99	12.96
由子女赡养	313	15	51	3
	6.84	13.27	6.65	5.56
不信任商业保险	907	16	140	6
	19.81	14.16	18.25	11.11
其他	42	1	12	1
	0.92	0.88	1.56	1.85
总计	4579	113	767	54
	100	100	100	100

表7-144　　　不同养老方式老年人最喜欢下面哪一种保障形式　　　单位：人，%

	居家养老	依托社区养老	养老机构	其他
现金补偿	1006	13	59	10
	41.31	37.14	12.02	27.78
提供护理服务的实物补偿方式	290	7	157	4
	11.91	20.00	31.98	11.11
现金为主＋服务为辅	632	11	114	15
	25.95	31.43	23.22	41.67
服务为主＋现金为辅	507	4	161	7
	20.82	11.43	32.79	19.44
总计	2435	35	491	36
	100	100	100	100

不同户籍类型的老年人，对加入政府和商业的长期护理保险的认知和意愿方面均无明显的差异。本地户口和外地户口的老年人对长期保险认知方面未见差异。

表7-145　　　　不同户籍类型情况老年人目前是否已
享受到政府提供的长期护理服务　　　单位：人，%

	本市户口	外市户口
是	226	22
	11.37	11.64
否	1762	167
	88.63	88.36
总计	1988	189
	100	100

表7-146　　不同户籍类型情况老年人是否愿意政府通过保险方式
提供长期护理服务，政府、单位、个人共同负担费用　　　单位：人，%

	本市户口	外市户口
愿意	2165	137
	43.29	37.85
不愿意	1410	117
	28.19	32.32
不清楚	1426	108
	28.51	29.83
总计	5001	362
	100	100

表7-147　　　不同户籍类型情况老年人不愿意的最主要原因　　　单位：人，%

	本市户口	外市户口
经济上无法承受	1170	110
	42.09	38.87
还是更指望子女照料	507	40
	18.24	14.13
对政策不了解	1075	129
	38.67	45.58

续表

	本市户口	外市户口
其他	28	4
	1.01	1.41
总计	2780	283
	100	100

表7-148　　　　如果政府要为其提供资金支持不同
老年人觉得用哪种方式更好　　　　单位：人,%

	本市户口	外市户口
社会救助	293	14
	9.76	5.91
政府和社会共同筹款的补贴	1788	148
	59.58	62.45
社会保险	706	39
	23.53	16.46
不清楚	214	36
	7.13	15.19
总计	3001	237
	100	100

表7-149　　　　不同户籍类型情况老年人认为政府的长期
护理保险应该对哪类社会群体负责　　　　单位：人,%

	本市户口	外市户口
完全失智并失能老年人	1412	113
	26.39	29.05
完全失能老年人	887	51
	16.58	13.11
部分失能老年人	759	91
	14.18	23.39
不论年龄，所有完全失能的人	2293	134
	42.85	34.45
总计	5351	389
	100	100

表 7 - 150　　　不同户籍类型情况老年人觉得对完全失能老年人
提供长期护理哪些费用应该由社会保险支付　　单位：人，%

	本市户口	外市户口
向居家老年人提供的专业人员入户服务的费用	875	65
	15.27	13.46
由日间照料中心提供服务的费用	630	75
	10.99	15.53
入住老年服务机构的费用	1023	92
	17.85	19.05
与失能老年人相关的所有费用	1741	131
	30.38	27.12
由家人提供照料，政府给予现金补贴	1462	120
	25.51	24.84
总计	5731	483
	100	100

表 7 - 151　　　　不同户籍类型情况老年人是否愿意购买由
商业保险公司为其提供长期护理保险　　单位：人，%

	本市户口	外市户口
愿意	936	55
	18.70	15.11
不愿意	2480	203
	49.55	55.77
不清楚	1589	106
	31.75	29.12
总计	5005	364
	100	100

表 7 - 152　　　　不同户籍类型情况老年人不愿意的原因　　单位：人，%

	本市户口	外市户口
经济上无法承受	3294	258
	64.10	70.30
自己有积蓄	436	23
	8.48	6.27

续表

	本市户口	外市户口
由子女赡养	363	21
	7.06	5.72
不信任商业保险	991	63
	19.28	17.17
其他	55	2
	1.07	0.54
总计	5139	367
	100	100

表 7 - 153　　不同户籍类型情况老年人最喜欢下面哪一种保障形式　　单位：人,%

	本市户口	外市户口
现金补偿	1016	66
	36.92	30.28
提供护理服务的实物补偿方式	426	34
	15.48	15.60
现金为主 + 服务为辅	703	60
	25.55	27.52
服务为主 + 现金为辅	607	58
	22.06	26.61
总计	2752	218
	100	100

第 八 章

中国城乡老年服务实践：
成都市郫都区精准化服务

　　围绕"建设什么样的全面体现新发展理念的国家中心城市"这个时代课题，成都市郫都区秉承"以民为本，为民服务"的工作理念，积极推动老年服务业与社会经济的同步发展，加快构建与建设国家中心城市相适应的老年服务体系，有效应对人口老龄化带来的挑战，根据《四川省养老与健康服务业发展规划（2015—2020）》《成都市国民经济和社会发展第十三个五年规划纲要》《成都市养老服务业发展"十三五"规划》等相关文件精神，中国社会科学院人口与劳动经济研究所城乡老年服务体系研究课题组与成都市郫都区人民政府民政局携手共建国情调研基地，自2014年至2019年开展《郫都区老年人生活现状问卷调查》《郫都区老年人养老意愿调查》《郫都区老年人长期照护服务需求问卷调查》《郫都区失能失智老年人长期照护服务需求个人问卷调查》一系列问卷调查，涉及居家社区养老服务、机构养老服务、医养结合发展、养老服务产业等方面的内容。近年来成都市郫都区的城乡老年服务业创新发展，成为四川省内的先行者，实施社区居家养老服务综合改革。按照"政府主导、公建公助、专业运营、多元参与、智慧运行"的服务模式，构建以社区居家养老为主导、机构养老为支撑的区、街道、村（社区）三级嵌入式社区居家养老服务体系，成都市郫都区老年服务实践对探索城乡老年服务体系、老年长期护理服务具有积极的借鉴意义。

第一节　成都市：政府购买，提升老年服务质量

一　成都市老年人口大数据

成都市人口老龄化水平维持高位。近年来，成都市老年人口占户籍人口的比重逐年上升，2015 年、2016 年、2017 年、2018 年分别为 21.17%、21.41%、21.18% 和 21.34%。截至 2018 年，成都市常住人口为 1633 万人，其中城镇常住人口为 1194.05 万人，成都市户籍人口为 1476.05 万人。城镇化率为 73.12%。成都市户籍人口 1476.05 万人，比 2017 年增加 40.72 万人，增长 2.84%。其中，老年人口（60 岁及以上）为 315.06 万人，比 2017 年增加 11.08 万人，增长 3.64%，占户籍人口的 21.34%。在老年人口中，60—69 岁有 174.90 万人，占 55.51%；70—79 岁有 94.60 万人，占 30.03%；80—99 岁有 45.41 万人，占 14.41%；全市 100 岁及以上人口 1560 人，占 0.05%，比 2017 年增加 552 人。成都市城镇化率达 71.9%①（见图 8 - 1 和 8 - 2）。

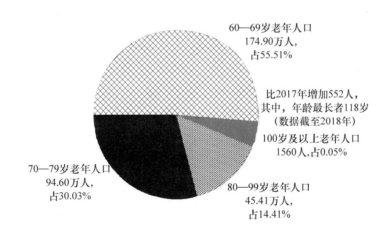

图 8 - 1　2018 年成都市各年龄段老年人口构成

资料来源：《成都市 2018 年老年人口信息和老龄健康事业发展状况报告》，《成都日报》2019 年 10 月 19 日。

---

① 《成都市 2018 年老年人口信息和老龄健康事业发展状况报告》，《成都日报》2019 年 10 月 19 日。

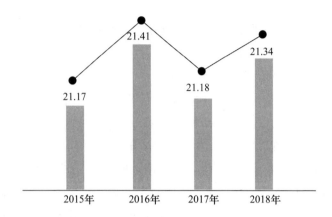

图 8 - 2　2015 - 2018 年成都市老年人口占比（%）

资料来源：《成都市 2018 年老年人口信息和老龄健康事业发展状况报告》，《成都日报》
2019 年 10 月 19 日。

　　成都市老龄化程度高于全国平均水平。2018 年，成都老年人口占比
高于全国 3.44 个百分点，与其他城市相比，成都老龄化水平略高于武汉，
低于天津与上海（见图 8 - 3）。

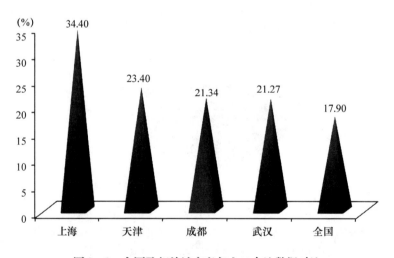

图 8 - 3　全国及相关城市老年人口占比数据对比

二　成都市长期护理保险制度实施

成都市是全国 15 个长期护理保险的试点城市之一。2016 年 4 月启动

筹备，2017 年 7 月 1 日启动长期护理保险试点工作。成都的长期护理保险制度补齐了社会保障制度体系的短板，体现了政府的责任，有效地减轻了失能人员家庭的经济负担。在经济效益方面还建立了护理员长效培训机制，培育了长期护理的社会服务体系，新增了大量稳定、长期的就业岗位。长期护理保险是一项独立的保险制度，未来可单独运行。成都市从筹资、覆盖对象、保障内容、基金运行及管理都是专门设置，在试点之初与医保基金有牵挂。主要定位是保障长期失能人员享有基本生活照料和与基本生活相关的日常护理等服务，也由此称为"长期护理保险制度"。这项保险制度覆盖范围从城镇职工基本医疗保险参保人员，逐步扩大到城乡居民基本医疗保险参保人员。截至 2019 年 6 月 30 日，成都市城镇职工基本医疗保险参保人员有 707 万人，按照 2016 年的数据测算，筹资规模大概为 12 亿元。

（一）成都市长期护理保险制度的特点

筹资机制采用的是责任共担、多元筹资。缴费标准与失能风险挂钩，分年龄段按比例筹资，个人、单位、财政、社会捐赠共同分担的形式，基本是借鉴了日本的经验。日本的护理保险是将年龄分为两段，成都市的做法是将年龄分为三段，即 40 岁以下为一个年龄段，40 岁至退休为一个年龄段，退休以后为一个年龄段。筹资比例个人按照 0.1、0.2、0.3 进行缴费，单位对 40 岁以下和退休之前人员按 0.2 的比例缴费，财政对退休人员的补助为 0.1，个人缴纳为 0.3。[①]

成都市长期护理保险制度实施，遵循责任共担、互助共济的原则，突出个人缴费的责任主体，体现政府的责任。这里值得关注的是个人缴费主体的责任和退休人员的烦费问题。

失能评定，资格认定，四化结合。为实现组织管理协同化，成立资格评定委员会。成立评定委员会的目的主要是为了规避风险，由多部门协调解决复杂的问题。（1）国际标准本土化。成都市把国际通用量表本土化，制成 ABCD 四个表，互为补充，共同构建了本土化失能评级量表。（2）运行操作社会化。成都市组织基层卫生站、医院医生、护士作为评估专家进行评估。（3）流程制定科学化。重点考量"评定标准"的认同感。这个

标准的出台后为得到业内专家的认同，还要本土化、具有通用性以及评定标准的可操作性。科学的标准很好制定，但既科学又客观，且便于操作的很难。此外，评定流程的合理性，以及避免工作人员的重复劳动，申请人员的烦琐手续，尽量减少社会矛盾。

服务供给。亲情优于专业，专业提升品质。因为80%是居家，如何提升品质将是所面临的一个重大挑战。根据失能等级定额支付，支付标准向居家标准倾斜。护理级别共分为三级：1级、2级、3级，分别按成都市2015年城镇全部单位从业人员月平均工资的50%、40%、30%进行确定，与工伤保险相一致。

选择机构。按照70%的标准确定支付标准购买服务，标准是机构从低到高，分别是1005元、1341元、1776元，居家是1077元、1437元和1776元。为鼓励持续参保，缴费满15年后每增加2年提高1%，最高不超过100%。经测算，基金每年可为每位重度失能人员提高保障，最高为21552元。

服务方式。共有三种：①在机构接受照料。②机构提供护理员入户照料。③居家，基金向其亲属、邻居，向具备护理能力的个体购买服务。

服务项目。我们委托成都市的两家医院进行研究，最后通过四个步骤，首先对国内外统一进行梳理，梳理出70多项，针对成都方案梳理出31个项目，在机构里我们采取11+N的模式，11个项目是每个人都需要的，根据不同级别可以选7项、4项、1项。这是A包，上面还有B包。之后则是信息化融合，"一库、一平台、多应用"。

运行机制，科学测算，合理分区。将成都分成5个区，重点考量、厘清政府和市场的责任，探索由政府主导、社会经办的新模式，充分发挥商保公司的优势，商保公司在人财物创新以及激励机制方发面都具有相当的优势。

(二) 长期护理保险制度的效益

补齐社会保障制度体系的短板，织密筑牢社会保障安全网，完善政府管理社会制度的安全体系。社会效益方面，截至2018年2月，成都长期护理保险受理18341人，评估通过12408人。其中居家护理的占享受待遇人数的84.44%，享受机构护理的占享受代悦人数的15.56%。签约协议机构53家，其中养老机构36家，医疗机构17家。体现政府责任，回应社会诉求，有效减轻失能人员家庭的经济负担，最多一年可以提供2万多元的服务，享受待遇人群的满意度达 98% 以上。经济效益方面，长期护理保险试点直接或间接增加 15000 多个护理服务岗位。在制度实施的同时，储备护理人才，建立护理员长效培训机制，培育长期护理社会服务体系，新增大量稳定、长期的就业岗位。①

第二节　郫都区老年服务发展实践

成都市郫都区原称郫县，2017 年 1 月 22 日由"郫县"改为"郫都区"正式挂牌。郫都区，下辖 7 个街道和 3 个镇、191 个村（社区），常住人口 108 万。2019 年全区 GDP 实现 631.9 亿元，位列"全国综合实力百强区"第 43 位、经济综合实力连续 21 年进入四川省"十强"。郫县是中国农家乐发源地，文化旅游资源丰厚。

截至 2019 年年底，全区 60 岁及以上老年人 12.15 万人，占全区总人口的 19.21%，预计到 2023 年郫都区户籍老年人口将达到 14 万人，2030 年将达到 20 万人，占户籍人口比例的 25%，预计 2050 年户籍老年人口将达到峰值 30 万人以上，占总人口比例的 35% 以上。2014—2018 年郫都区人口老龄化进程（见图 8-4）。

截至 2019 年年底，郫都区辖 9 个街道、3 个镇，分别是郫筒街道、合作街道、西园街道、犀浦街道、红光街道、安靖街道、团结街道、安德街道、德源街道、唐昌镇、三道堰镇、友爱镇，共有 155 个行政村（社区）；合作街道、西园街道由成都高新区托管；3 个镇政府同时增挂街道办事处牌子。

一　郫都区老年服务业发展现状

近年来，郫都区认真贯彻落实国家、省、市养老服务业有关规定，2015 年出台了《郫县人民政府关于加快养老服务业创新发展的实施方案》（郫府发〔2015〕10 号），明确提出坚持党委领导、政府主导、政策扶持、社会主体、多元发展的思路，不断完善郫都区老年服务水平，逐步满足多层次、多样化的养老服务需求。

---

① 张苗：《成都样本》，《中国社会保障》2018 年第 5 期。

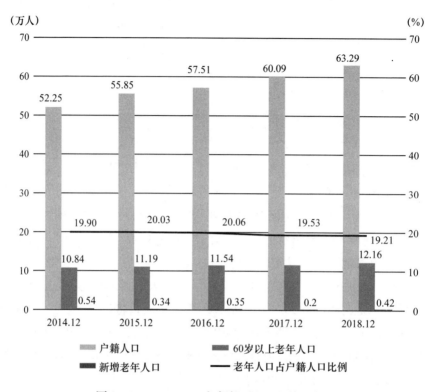

图 8 - 4 2014—2018 年郫都区人口老龄化进程

资料来源：李长根：《成都市郫都区养老服务业发展工作报告》，2019 年。

（一）探索"嵌入式"社区居家养老服务

2017 年以来郫都区按照民政部居家和社区养老服务改革试点要求，聚焦老年人养老服务需求，率先在四川省、成都市开展社区嵌入式社区居家养老服务，探索出"政府主导、公建公助、专业运营、多元参与"的社区居家养老服务模式，形成了以社区居家养老为主导、机构养老为支撑的嵌入型养老服务体系。引导各类社区居家养老服务机构向"专业性、功能性"服务机构转变，完善各类专业服务项目，实现了服务提供的精准化。通过嵌入各类服务功能，实现了服务产品的专业化。全区 191 个村（社区）中建成 142 个社区居家养老服务设施，其中 15 处按照嵌入式养老服务设施标准打造，计划建成 3 个社区养老综合体，嵌入式养老服务设施将达到 20 个以上。同时，截至 2019 年年底郫都区购买居家社区老年服务的老年人已达 30000 人以上。[①]

（二）公办养老服务发展现状

郫都区现有公办养老机构 6 个，分别为：郫筒、唐昌、安德、友爱、新民场中心敬老院和颐养居公建民营养老机构。五所中心敬老院总占地面积 90.2 亩、总建筑面积 19276 平方米、总床位数 685 张，现入住特困供养对象 354 人、社会寄养老人 108 人。颐养居公建民营养老机构始建于 2015 年，建筑面积 5885 平方米，床位数 200 张，现入住老人 84 人。[②]

（三）民办养老服务发展现状

郫都区现有民办养老机构 17 个，分布在：郫筒、唐昌、安靖、三道堰、友爱、安德 6 个镇，总建筑面积 76887 平方米，总床位数 2411，入住老人 1579 人。以基本保障型为主、介助介护型为辅，收入人群以成都市主城区老年人为主，郫都区老年人为辅。[③]

二 专业精准，创新服务

构建以社区居家养老为主体的格局。近年来嵌入型养老模式逐渐兴起，将成为社区居家养老的主要形式。郫都区在试点初期发现绝大多数社区嵌入化程度不够，缺乏养老服务设施，且服务功能不足、服务水平不高。2016 年 191 个村（社区）中，居家社区养老服务设施仅 32 处，购买居家社区养老服务的老年人不足 500 人，服务设施覆盖率、服务接受度和满意度不乐观。结合发达地区经验和老年服务需求实际情况，郫都区把完善服务格局作为重点和难点摆在首要试点位置，让社区居家养老服务工作常态化、长效化，抓重点、破难题、补短板。

（一）科学布局建设

试点初期郫都区 60 岁及以上老年人 11.4 万人，占郫都区总人口的 20.01%，养老机构 16 个、床位 3037 张。在确定社区居家养老服务设施布点时，根据村（社区）老年人口数量 1000 人以上、800 人以上、500

---

① 李长根：《成都市郫都区养老服务业发展工作报告》，成都市郫都区人民政府民政局，2019 年。

② 同上。

③ 同上。

人以上、500 人以下四个等级确定养老服务设施建设指标和建设时间节点。通过三年的试点建设，全区 191 个村（社区）中建成 142 个社区居家养老服务设施，设施覆盖率将达到 70%。[①]

（二）建立组织体系

2017 年率先在四川省组建由第三方专业机构负责的区养老服务运营指导中心，负责全区社区居家养老的管理、指导、培训、评估工作，构建社区居家养老服务体系的枢纽和核心，开展社区居家养老服务设施指导和评估 400 余次、专业培训 6 次，提高服务的专业服务水平。

（三）细化相关标准

联合大学、研究机构和专业运营机构组建研发团队，开展社区居家养老服务项目、服务标准、服务内容、评估标准、培训教案等方面的研发和制定，制定《郫都区社区养老服务管理办法》《郫都区居家和社区养老服务设施考评标准》《郫都区居家和社区养老服务标准》等政策管理制度，进一步夯实了全区嵌入型养老服务发展的基础。

三 分层分类推进，实现精准专业

嵌入式养老服务的核心是以服务为导向，引导各类居家社区养老服务机构向"专业性、功能性"转变。通过完善各类专业服务项目实现服务提供的精准化，通过嵌入各类服务功能实现服务产品的专业化，解决居家社区养老服务的不足。

（一）完善设施功能

家庭养老是中国传统养老方式，老年人既不愿意离开熟悉的生活环境，又希望得到功能完善的养老服务提供。根据服务需求和地域环境等特点，将社区居家养老服务设施分为综合养老服务中心、日间照料中心、社区养老驿站、家庭养老驿站、社区养老院，通过提升不同功能的服务水平，形成功能完善的社区养老服务生活圈。

（二）精准确定对象

服务品质决定服务效果和市场接受度，而精准确定服务对象是决定服

---

① 王勇：《积极老龄化导向的郫都居家和社区养老服务实践》，2018 年郫都中日社会经济国际研讨会，2018 年 9 月 13 日。

务品质的核心。社区居家养老服务设施的功能定位和老年人不同的身体状况，确定各服务设施的精准服务对象：综合养老服务中心为活力老年人提供服务；日间照料中心为日常照顾需求老年人服务；社区养老驿站为养生看护需求老年人服务；家庭养老驿站为照料护理老年人服务；社区养老院为医疗康复老年人服务。

（三）确保运营专业

满足老年人多层次、多样化、个性化的服务需求，在于运营机构的专业能力。按照区域化、连锁化运营的思路，通过培育本土连锁企业成都天佑等本地品牌机构、引入互联网＋养老企业北京清檬等外埠品牌机构参与郫都社区居家养老服务设施运营，有效带动和提升居家社区养老服务水平。

四　形成创新特色，初见试点成效

通过近3年的改革试点探索，郫都区居家社区养老服务成效明显，形成了郫都特色社区居家老年服务管理，四川省农村养老服务体系建设试点基地，中国社会科学院人口与拉动经济研究所国情调研基地。

（一）城乡标准统一

郫都区所有居家社区养老服务设施均选址国有资产和集体资产建设，并按照建设统一、VI视觉识别系统统一、设施设备统一的"三统一"原则，统一做到七有：有管理场所及基本功能室；有稳定的专业服务队伍及相适宜的服务项目；有老年人基本信息台账、服务项目及收费台账等；有健全的管理、服务制度，上墙公示；有郫都区统一标识、标牌；有各类活动开展的记录档案；有服务指南，上墙公示接收社会监督。

（二）社会多元参与

借助郫都区完善的分级救助体系，将关爱中心引入社区日照中心，形成"社工＋志愿者"的养老服务志愿团队并链接公益慈善资源参与养老服务，组建"社工＋志愿者"的为老服务志愿团队14支，开展志愿者活动约100次，服务人次约7000人。根据老年人兴趣爱好，建设社区老年大学辅导点建设60处，开展音乐类、舞蹈类、球类、书画、养生保健、科普法律知识等课程约200次，参与老人5000人次。建立四川省首家适老化体验中心,全面展现适应老年人生活特点和安全需要的家庭住宅装修、家具设施、辅助设备等特点,推进适老化改造,完成 500 户居家适老化改造。[①]

第三节 郫都区老年服务社会化现状调查与分析

2019 年,郫都区民政局履行民政工作最底线的民生保障、最基本的社会服务、最基础的社会治理和专项行政管理职责,实心干事、科学作为,推进民政事业发展,修订区《养老服务设施(机构)布局规划(2018—2035)》。荣获"全国民政系统先进集体"称号。

2019 年,中国社会科学院人口与劳动经济研究所课题组与郫都区民政局合作,对进入该区接受社区居家养老服务的 60 岁及以上老人进行的抽样调查。调研对象是在郫都区(中心城区和乡村社区)居住的 60 岁及以上老人,具体包括老年人口、收入、经济状况分析,社会保障、健康医疗,养老与生活质量,养老意愿。

问卷设计内容为《老年人长期照护服务需求问卷调查(60 岁及以上老年人)》。问卷包括五个大项,共计 34 个问题。具体内容:第一项:个人及家庭基本情况;第二项:个人收入与家庭经济状况;第三项:健康状况与生活质量;第四项:养老意愿和需求;第五项:医养结合意愿和需求。调查数据进行了基本情况的总量汇集,800 份,实际回收 709 份,有效统计问卷 653 份。调查数据分析如下。

一 郫都区抽样老年人口基本情况

成都市郫都区抽样调查人口年龄主要分布在 60—90 岁,女性比例比较高,这符合当地养老院的实际情况(见图 8 - 5)。

在全部受访者中,男性受访者的比例为 35.26%,女性受访者的比例为 64.74%;从年龄段面来看,近一半的受访者为 65—75 岁(见图 8 - 6)。

---

① 王勇:《积极老龄化导向的郫都居家和社区养老服务实践》,2018 年郫都中日社会经济国际研讨会,2018 年 9 月 13 日。

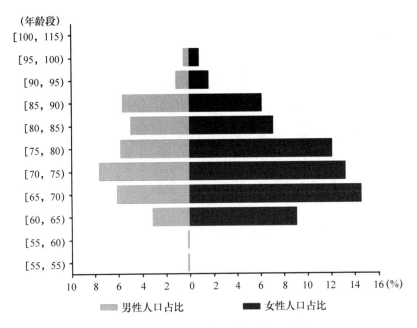

图 8 – 5　成都市郫县抽样调查人口结构

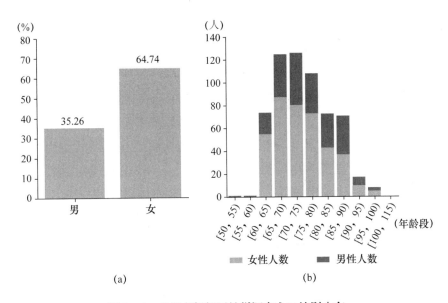

图 8 – 6　成都市郫都区抽样调查人口性别分布

在户籍方面，46.14% 的被调查者是非农业户口，49.57% 为农业户口，还有4.29%为外市户口（见图8-7）。

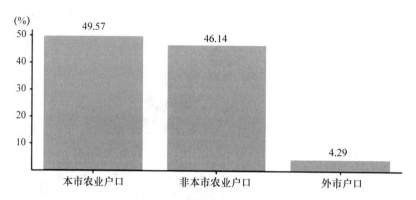

图8-7 成都市郫都区抽样调查人口户籍分布

教育程度方面，拥有高中及以上文化程度的人不足1/5，而初中及以下文化程度超过八成。其中大都集中在小学（24.63%）和初中（41.98%）程度，而大学程度只占3.97%。抽样人口中男女受教育程度总体较平衡，大专及以上文化程度中男性占比略高于女性（见图8-8）。

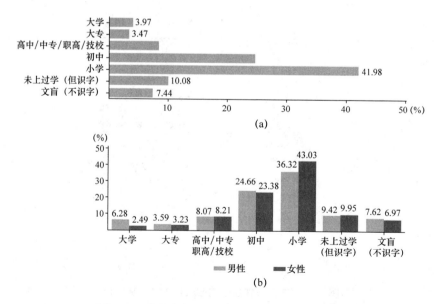

图8-8 成都市郫都区抽样调查人口受教育程度

　　在职业方面，受访者的职业最普遍的是工人和农民，均占到30%以上。国家机关和企事业单位负责人占8.23%，商业服务人员占8.05%，此外企业负责人、专业技术人员、办事人员、教师等职务也均有涉及，人数较少且分布得较为平均（见图8-9）。

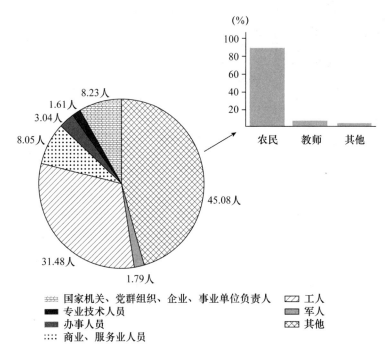

图8-9　成都市郫都区抽样调查人口职业分布情况

二　家庭情况

　　调查显示，郫都区所有的受访者都曾生育过子女，其包括19.36%的失独老人户。分年龄段来看，失独老人户与非失独老人户的比例在各年龄段都比较稳定［见图8-10（a）］。就生育子女情况而言，在60岁及以上的老人中，平均生育子女数在2个以上，而75岁以上的老年人平均生育子女数则超过3个［见图8-10（b）］。

三　收入情况及主要经济来源

　　调查显示，90%以上的受访者和其配偶中至少一方拥有退休金，而仍有6.02%的受访者夫妻双方都没有退休金（见图8-11）。

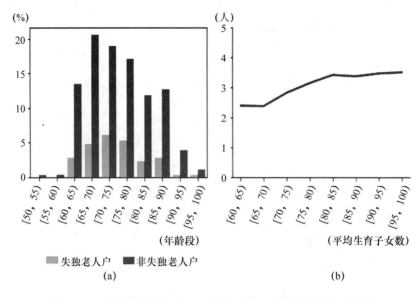

图 8 - 10   各年龄段老年人口"失独"情况及其平均生育子女数

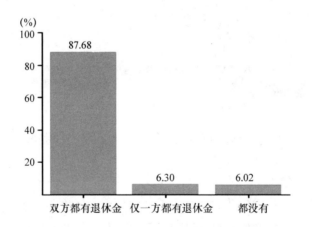

图 8 - 11   配偶双方退休金领取情况

受访者本人的退休金数额主要集中在 1000—4000 元,并且其金额大小与所领取的退休补贴类型有很大关系。1000 元以下的退休收入,以城乡低保补贴为主,这部分人占样本总量的 12.30%;1000—3000 元的收入则以城乡居民社会养老保险金为主,比例为 32.04%。而 3000—4000 元收入区间,城镇职工养老保险所占比重尤为突出,占总人口比例为

14.24%；领取4000元以上的退休收入的老人比重较低，并主要以城镇职工养老保险和机关事业单位离退休金为主要构成。虽然大多数老年人能领到1000—4000元的退休收入，但值得注意的是，仍有相当一部分人（17.48%）每月退休金在1000元以下，仅为几百元。因此，经济压力是他们主要的生活压力（见图8-12）。

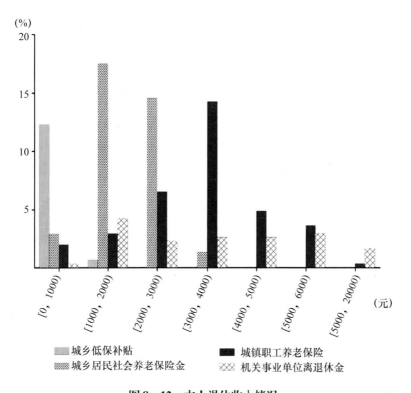

图8-12 本人退休收入情况

四 健康状况与医疗保险情况

自理情况。调查显示，在郫都区受访者中，绝大多数（80.33%）的老年人认为当前生活尚能自理，另外有13.55%的老年人生活部分不能自理，而剩下6.12%的老年人则生活完全无法自理（见图8-13）。

图8-13（b）基本从趋势上基本印证了，年龄与生活自理能力之间的关系：随着年龄增长，生活能自理的人数逐渐降低，而部分自理和不能自理的人数逐渐上升。同时，完全不能自理的人数变动滞后于能部分自理的人数变动。

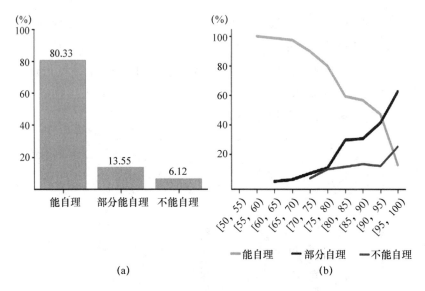

图 8 - 13   成都市郫都区抽样调查老年人口自理情况及其年龄分布

患病情况。图 8 - 14 显示，在受访者中仅有 28.51% 的人完全没有慢性疾病，其他人或多或少都受到疾病的困扰。其中，在已知患有慢性病的老年人中，高血压的发病概率最高，达到了 27.37%，其次，骨关节病也

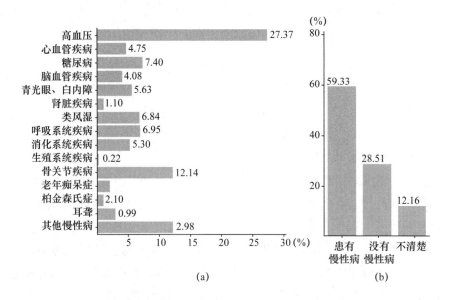

图 8 - 14   成都市郫都区抽样调查老年人口患病情况

是较为常见的慢性疾病，达到了 12.14%。除此之外，糖尿病（7.40%）、呼吸系统疾病（6.95%）、类风湿（6.84%）、消化系统疾病（5.30%）、心血管疾病（4.75%）、脑血管疾病（4.08%）、白内障（5.63%）、耳聋（2.98%）、肾脏疾病（1.10%）以及生殖系统疾病（0.22%）也较常见。

接受过哪些服务项目。调查显示，有 81% 的受访老年人在去年接受过至少一项养老服务，并且有 10.58% 的老年人接受过两种及两种以上服

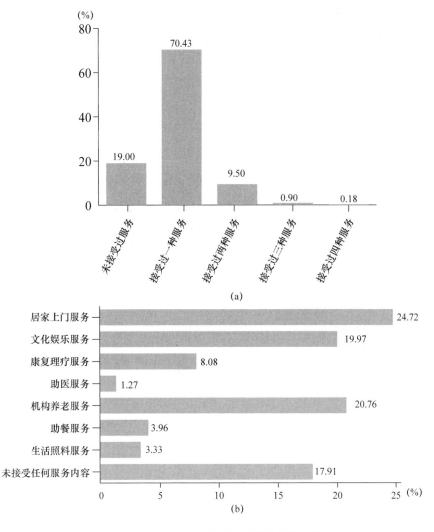

图 8-15 过去一年接受养老服务项目情况

务。在具体服务项目中，居家上门服务（24.72%）、机构养老服务（20.76%）、文化娱乐服务（19.97%）是三项最受欢迎的服务。其次享受过康复理疗服务、助餐服务、生活照料服务的老年人，也分别占8.08%、3.96%和3.33%，其中助医服务接受人数占比最低，仅有1.27%（见图8－15）。

　　医疗保险情况。调查显示，在全部受访者中，医保参保率接近99%，仅有0.17%的受访者没有任何医疗保险。其他受访者都已参加医保，并且有2.17%的受访者拥有两种医疗保险。在具体保险种类中，比例最高的是城镇居民医保，达到46.25%，城镇职工医保为24.10%，新农合为17.75%，其他例如城乡居民基本医保、公费医疗等等也均有涉及（见图8－16）。

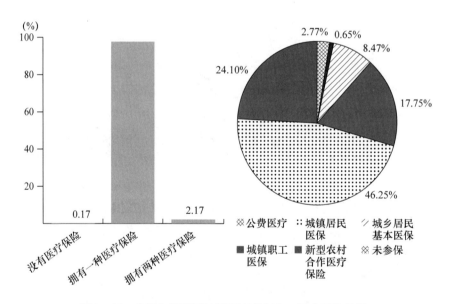

图8－16　成都市郫都区抽样调查老年人口医疗保险情况

五　护理情况与意愿

　　本人患病照料情况。调查显示，在患病的时候，25.32%的受访者是在家由配偶进行照料，27.12%的受访者在家由子女护理。这其中存在重合，即有一部分人由配偶和子女共同护理。除此之外，有20.07%的受访者去老年服务机构接受护理，其次15.55%的受访者还存在自我护理的情况。其他例如亲友、保姆护理，或者入住医院等情况也存在，只不过人数较少（见图8－17）。

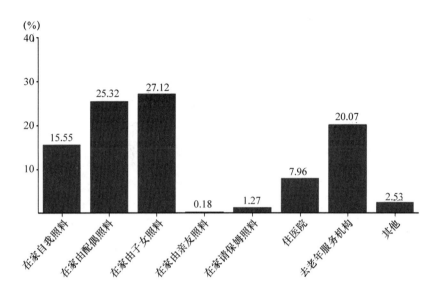

图8－17　成都市郫都区抽样调查老年人口医疗保险情况

意愿养老方式。调查结果显示，一半以上的受访者希望自己或与配偶单独居住生活（37.99%）或与儿女共同居住生活（29.80%），也即选择居家养老方式。此外，约有22.72%的受访者选择入住养老机构，另有7.26%的老年人选择社区养老服务。只有极少数（1.30%）受访者希望同孙子女共同居住生活［见图8－18（a）］。

为什么不选择养老机构。从上述意愿养老方式的统计结果来看，只有1/5左右的老年人希望入住养老机构。不难看出，老年人对机构养老有一定抵触，我们对此也做了深入分析：相当一部分老年人主要是不愿离开自己的家（29.28%），其次是认为养老机构收费太高（28.36%）。同时另有11.14%的受访老年人认为机构养老缺乏安全感，希望依靠儿女养老（11.14%）。此外，还包括儿女不赞成（10.22%）、养老服务机构服务水平低（7.81%），以及怕家人面对舆论压力（1.38%）。从中不难看出，老年人对养老机构的抵触是双方因素的共同影响，一方面是老年人自己更向往与子女同住，另一方面则是养老机构收费高而服务水平低［见图8－18（b）］。

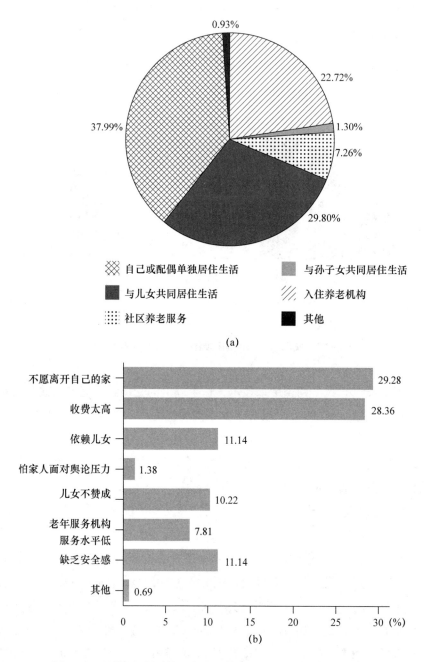

图 8-18　受访者意愿养老方式及其不愿意入住养老机构的原因

六　长期护理保险的需求与意愿

需要哪些护理服务。调查显示，1/4 以上的受访者（25.25%）从没有考虑过对于护理服务的需求，近五成的受访者（49.82%）明确表示不需要任何护理服务。而需要但未获得相关护理服务的受访者较少，最高的仅为 1.8% 左右。生活照料、心灵慰藉、康复护理等服务中，有一定比例受访者（5.12%、6.61%、4.34%）需要并且已经获得这种护理服务，而在长期卧床护理和其他医疗护理方面，需要并且已经获得这种护理服务的受访者则非常少（1.24%、0.62%）（见图 8 - 19）。

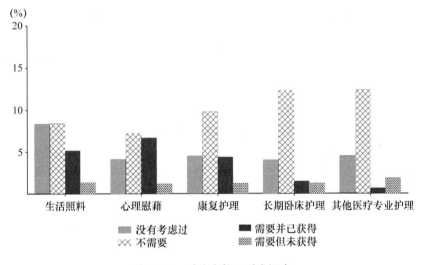

图 8 - 19　受访者护理需求调查

如果采用商业保险方式为本人提供长期护理服务，政府、单位、个人共同负担费用，是否愿意考虑及原因。调查显示，39.79% 的受访者愿意个人支付保险费，30.80% 的人不愿意支付 ［见图 8 - 20 (a)］。对于不愿意支付的原因进行调查，45.48% 的人不愿意支付的原因是经济上无法承受，这也是最主要的原因。19.68% 的人不愿意支付的原因是对政策不了解，另有 16.49% 的受访者不愿意支付的原因是不信任商业保险的人。此外，10.11% 指望子女进行照料、6.65% 的人因为自己有积蓄而不愿意个人承担保险费 ［见图 8 - 20 (b)］。

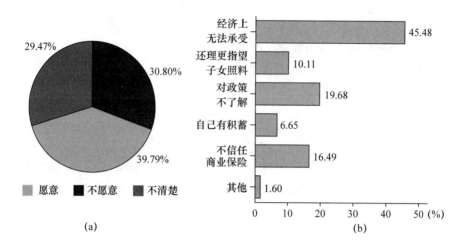

图 8 - 20 受访者是否愿意支付保费及其不愿意的原因

如果对完全失能老人提供长期护理，您认为哪些费用应该由社会保险支付。调查显示，30.98% 的受访者认为社会保险应承担与失能老人相关的所有费用，因此个人需要缴费更多；27.78% 的受访者支持由家人提供护理，政府给以现金补贴的方式，这既能减轻一部分家庭的经济压力，在一定程度上照顾到老年人的情感需要；16.50% 的受访者认为社会保险仅需承担向居家老人提供的专业人员上门服务的费用，个人缴费较少；

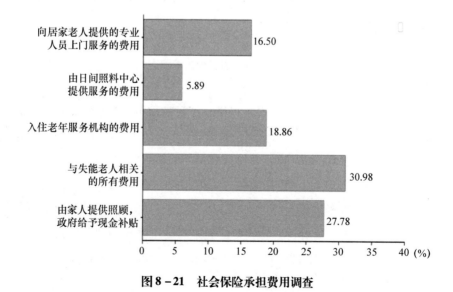

图 8 - 21 社会保险承担费用调查

18.86%的受访者认为社会保险应承担入住老年机构的费用，缴费会较多；还有5.89%的受访者认为社会保险应承担由日间照料中心提供服务的费用，缴费会略多（见图8-21）。

第四节　郫都区城乡老年服务发展空间

一　存在的问题

通过调研和调查，郫都区民部门发现总结有以下几点不足之处。①

（一）老年服务业发展规划有待提升

1. 是发展规划吸引力不强、布局不精准

现行养老服务业规划新增点位均选址国有建设用地且点位面积较小、分布不均、部分点位属空间规划。由于老年服务业投资较大、物业自持、回报周期长等特点，绝大多数投资企业更愿开发可持续性康养照料社区（住宅＋养老＋配套），而现有养老机构规划点位均不符合可持续康养照料社区建设要求。受此影响，郫都区养老服务机构"遍地开花"，却缺乏区域性标杆项目。

2. 社区规划功能不清晰、布局不完善

现行社区养老设施规划主要为综合养老服务中心和日间照料中心，规划均为空间布局且规划面积小、服务半径不规则、功能服务缺乏，造成社区养老服务专业性不强，不符合当前老年人养老服务需求和社区养老服务发展趋势。

3. 兜底规划设施不标准、布局不合理

现有6所中心敬老院均为2008年以前建设，建筑年代久远、设施设备陈旧，由于建设初期国家未发布养老机构强制性建设标准，造成公办机构建筑仅满足基本入住功能无配套功能服务设施。现有公办机构规划均为现状扩建，未考虑现有设施存在的问题和未来公办机构转型升级的实际。

---

① 李长根：《成都市郫都区养老服务业发展工作报告》，成都市郫都区民政局，2019年。

（二）老年服务业发展水平有待提高

1. 建筑水平不符合现有标准

绝大多数养老设施均为 2010 年之前建成，由于建设初期无强制性的国家标准和可参考示范项目影响，造成建设水平较低、建筑标准不高、配套用房不足，不符合新时代养老服务发展的要求以及老年人日益增强的服务需求。

2. 硬件设施配备不尽完善

由于郫都区养老机构均为基本保障型养老机构，专业化程度不足，造成硬件设施配备适老化不强、功能性不足、使用率低下，不利于老年人功能性维持和品质性养老的发展趋势。

3. 从业人员断层趋近老龄化

由于养老行业从业人员社会地位差、人员流动大、工资待遇低、工作标准高的实际情况，造成郫都区养老行业从业人员以年龄偏大、素质偏低、能力不足的 40—50 岁人员为主，无法满足养老机构功能性、专业性的发展。

（三）老服务业发展定位还需清晰

1. 社区居家养老服务定位偏离

当前社区居家养老服务主要是为活力老人提供精神文化生活，缺乏半失能、失能（失智）老人的照料护理服务。由于老年人消费观念和养老服务购买力低下的因素，出现供给和需求不匹配、服务和功能不健全、定位和配套不完善等问题，急需转型成为专业性、功能性和医养结合的嵌入式社区老年服务。

2. 公办养老机构托底定位不强

郫都区 6 所中心敬老院在满足特困对象集中供养的前提下，公办养老机构托底功能和示范作用的定位体现不足，创新基本养老公共服务供给机构的治理机制不健全，养老服务效率和公平度有待提高。公办机构应充分发挥作用，逐步向低收入群体、计划生育特殊家庭群体等失能半失能老人提供无偿或低偿的托养服务。

3. 社会养老服务机构功能定位缺乏

随着人口老龄化的不断加深和预期寿命的不断提高，失能老年人和具有认知障碍的老年人将逐步增加，养护型、护理型、护理型、临终关怀型等各类功能型养老机构需求将不断加，郫都区现有社会养老机构缺乏专业性和功能型定位，逐步将不适应行业发展的需要。

（四）老年服务业发展合力尚未形成

1. 养老服务的评估和监管机制不够完善

随着老年服务市场的不断发展，在加强老年服务提供的工作中对服务管理、服务标准、服务评估方面未加以重视，造成全区养老服务监管不足、标准不一、缺乏评估等实际问题，影响行业发展。

2. 长期护理保险制度制约养老服务发展

被称之为"养老发展助推剂"的长期护理保险制度由于规定居家报销比例高于机构保险比例，造成原本应当进入机构接受专业化、功能性服务的失能老人均放弃机构养老，不利于老年服务发展的体系建设。

二　构建社区居家老年服务体系及建议

未来郫都区养老服务业发展的目标：建筑设施规范标准、专业服务功能嵌入、连锁运营做强品牌、医养结合智慧运行，在 2023 年内形成政府引导、功能完善、专业运营、医养智慧的全新老年服务体系。

（一）夯实基础、完善规划

1. 编制老年服务业发展规划。

结合郫都区经营性集体建设用地可上市交易、优势医疗资源富集、轨道交通覆盖较广等全新特点，根据郫都区人口发展趋势和未来发展需求编制养老服务业发展规划，为老年服务业发展找准方向、明确定位、制定标准。

2. 加强社区老年服务设施布局规划

继续深化改革创新，推行社区嵌入式养老服务项目；确保每个镇（街道）建设面积不少于 750 平方米，具备老年便民服务、信息查询、文化休闲等综合性服务功能的综合养老服务中心；引导 59 个未建成社区居家养老服务设施的村（社区）利用逐步完成建设，实现城市社区老年服务设施覆盖率达 100%，农村社区（村）养老服务设施覆盖率 100%。

（二）出台标准、向重社区居家转变

1. 扭转以机构为重心的发展思路

以满足老年人医疗健康照料需求为主要任务，推动老年服务体系建设向重服务转变、向重社区居家转变、向重医疗、康复等刚性需求转变。结合"质量强区"行动，制定以绩效为导向的服务质量第三方评估及标准化工作制度和管理办法。

2. 突出重点精准服务

发展"医康养护"相结合的嵌入式养老服务，完善区、街（镇）、村（社区）三级养老服务网络，运用市场高智能、高素质的物质条件，满足不同人群老年人的个性化需求，打造养老服务业发展 2.0 版。

（三）培养人才、提升专业

1. 实施养老人才培训计划。

引导郫都区内高职、中职院校开设养老与健康服务业相关学科专业，建立人才培训和定向培养机制。落实养老护理员从业奖励政策和就业扶持奖励政策，探索开展养老护理员职业能力评价工作。

2. 强化专业性服务提升指导

通过精准指导和资源整合利用的方式，加强政府的主导地位和指导力度，精准定位各社区养老服务设施和养老机构服务功能，形成养生看护、中医门诊、康复理疗、专业护理的功能性服务体系，不断提升老年服务质量和精准度。

（四）标准规范、智慧发展

1. 加强老年服务标准化建设

完善养老服务行业规范，推动包含居家养老、社区养老、机构养老以及老年产品生活与消费在内的养老服务标准化建设，形成养老服务项目、服务价格和服务流程等标准体系。加强养老服务标准化政策体系建设，建立健全养老服务发展评估与检测指标体系，建立年度评估制度，科学、准确、及时反映养老服务发展状况。

2. 强化老年服务规范化管理

制定养老机构服务管理、社区居家养老服务管理等制度，着力做好养老机构与社区老年食堂、康复理疗等服务标准与设施标准建设。加强养老机构服务质量监督，通过建立信息披露制度强化养老机构的服务质量与运营情况监管。建立健全养老服务机构征信体系，实施第三方组织开展的养老机构信用评级，确立养老机构设施质量信息登记制度，促进养老机构设施质量、服务水平和信用信息公开。加强养老机构消防安全监管，建立分级分类的消防安全管理体系。

3. 推进养老服务信息化建设

以信息化技术为支撑，大力推动多功能电子呼叫系统、定位系统、健康监护系统等养老智能设备的开发与应用，重点做好高龄老年人及体弱多病等特殊老年人智能设备的普及应用。促进政府、养老服务机构、社区与居民养老信息资源的互通共享，有效整合市场和社会资源，实现养老服务供需平衡，促进老年服务信息公开透明与市场监督手段的现代化。

第 九 章

"嵌入式" 社区居家养老的新趋势

　　截至 2016 年年底，中国失能和半失能老年人口为 4063 万人，占老年总人口的 18.3%。[1] 预计到 2020 年，中国老年人口的数量将达 2.6 亿人，失能、半失能老年人口总数将达 4200 万人；2030 年，中国老年人口将达 3.71 亿人，失能、半失能老年人口总数将达 6168 万人；2050 年，中国老年人口将达 4.87 亿人，失能、半失能老年人口总数将达 9750 万人[2]（见图 9 - 1）。

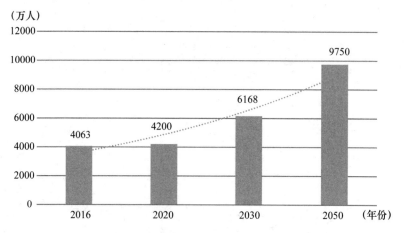

图 9 - 1　中国失能、半失能老年人口增长趋势

资料来源：根据李志宏《中国失能老人 4 年后达 4200 万，空巢老人将过亿》（2016 年）整理。

---

　　① 民政部、财政部、全国老龄办：《第四次中国城乡老年人生活状况抽样调查成果》，人民网，http：//society. people. com. cn/n1/2016/1010/c1008-28765589. html，2018 年 9 月 22 日。

　　② 李志宏：《中国失能老年人 4 年后达 4200 万，空巢老人将过亿》，腾讯网，https：//new. qq. com/cmsn/20161027/20161027001029，2018 年 1 月 18 日。

从图 9 - 1 可以看出,老龄化程度呈现日益加深的态势,2020 年开始便进入快速老化期。中国养老形成了"9073"格局,家庭料的老年人为90%,接受社区居家照料的老年人为7%,进入机构颐养天年的老年人占3%。随着老龄化程度的加剧,一种既适合居家老人又能得到社区照料服务的"嵌入式养老服务模式"正在兴起。"嵌入式养老服务"同时发挥了居家养老和机构养老的双重功能,其服务具有连续性、综合性、资源整合性、效率高等特点,可提供养老、护理、医疗、生活的一体化的服务。

第一节　嵌入式养老服务模式的基本理论

中国人口老龄化程度的持续加深,老年人尤其是失能、失智老年人的生活护理问题日趋突出。失能老人数量的增加,对医疗卫生、养老设施、护理人员、政策法规等方面都提出了挑战。妥善解决失能老人长期护理这一社会问题,具有极强的现实意义。随着近几年老龄化进程的不断加快,高龄化、空巢化、失能、半失能老年人占比也逐年攀升。中国的养老负担也日益加重。中国虽然面临老龄事业压力大的形势,但同时养老产业的发展潜力也十分巨大。

一　嵌入式养老服务模式的理论基础

经济学家卡尔·波兰尼(Polanyi)率先提出了"经济的社会嵌入"理论。格兰诺维特(Granovetter)将"嵌入理论"引入社会关系,即制度秩序嵌入、组织嵌入、人际嵌入。[1] 并将社会嵌入理论植入到"社区居家养老"的领域,呈现出养老制度秩序嵌入、养老组织嵌入、老年人交往嵌入的三种嵌入关系。

依据马斯洛需要层次理论,老年人的养老需求有五个方面,其从低到高的排列依次是"生理需求""安全需求""情感需求""尊重需求""自我实现需求"。当较低层次的需求得到满足后,才会向更高层次的需求发展。对于失能老人而言,首先需要满足的是生理需求和安全需求。鉴于中

---

① 解芳芳、朱喜钢:《中日社区居家养老模式对比研究——基于社会嵌入理论视角》,《中国名城》2016 年 11 期。

国目前的国情，失能老人出现在较低收入家庭的仍然较多，因此对大多数的失能老人而言，目前仍然需要满足较低层次的需求。而对较高收入的家庭而言，由于其理念及资源的不同，失能老人的基本生理及安全需求较容易得到满足，之后会追求高层次的需求，这是针对失能老人分层次构建长期护理体系的理论依据。"嵌入式"社区居家养老模式，是把家庭和机构养老的优点进行了融合，以满足老年人的各项需求，提供个性化、多样化的养老服务，同时也突出了居家养老的元素，使失能、半失能老人能获得专业水平的护理。

二　发展"嵌入式"社区居家养老的社会意义

"嵌入式"社区居家养老模式是集居家养老、社区养老、养老服务机构之优势，嵌入到社区、老人家庭里提供老年护理服务的模式。社区嵌入式服务以小微养老服务机构为依托，通过协同社会力量，形成连锁的模式，为社区居家老人提供非正式照料服务，并逐渐成为满足老年人多样化养老需求的新思路和新的养老模式。[1]"嵌入式"养老是我国新兴的养老模式，老人能在自己熟悉的社会关系和生活环境的"家门口"实现养老，是既不远离家人的亲情关怀，又没有围墙的小微养老设施，适合"空巢老人"、失能及半失能老人，有利于减轻家庭成员的护理负担，真正解决养老的社会现实问题。

第二节　"嵌入式"社区居家养老模式的优势

"嵌入式"养老模式是机构养老、社区养老和居家养老的整合与相互补充，通过政府购买服务，提高社区居家养老服务的功能。其主要服务对象是日常生活中能够半自理的老人，轻度失能、失智老人。

一　"嵌入式"社区居家养老模式比较

表9-1将"嵌入式"社区居家养老模式与传统居家养老、机构养老

---

① 刘亚晴：《社区嵌入式小微机构养老模式研究——以上海市A机构为例》，硕士学位论文，上海师范大学，2016年。

模式进行了对比,可以看出,与居家养老和机构养老模式相比,"嵌入式"模式具有明显优势,能维持老年人原有的生活状态,同时能让其获得专业的养老服务。而且,其小微的机构投资形式成本低见效快,政府的管控也比较容易。

表9-1　"嵌入式"社区居家养老模式与居家、机构养老模式对比

类型	居家养老	机构养老	嵌入式养老
居住方式	自己或者子女的住宅	专业养老院及老年公寓	"嵌入式"养护中心,同时纳入老年人的居所
特点	可保证老人与子女接触的机会,能够提供情感慰藉;政府不用承担养老费用; 加重子女负担,引发家庭纠纷	多个老人相伴生活,孤独感较弱;子女养老压力变小;老年生活有保障; 经营成本高;入住老年人缺乏归属感	维持原有生活状态,同时获得专业养老服务;投入成本低,政府比较容易管控; 缺乏监督机制

资料来源:康华:《"嵌入式"养老模式研究——以××为例》,硕士学位论文,天津工业大学,2016年。

二　"嵌入式"社区居家养老模式具有以下优势

(一)功能优势

"嵌入式"社区居家养老模式是对居家、社区、机构养老模式的整合,充分结合了家庭、机构养老的优势。就目前中国养老发展现状来看,"嵌入式"社区居家养老模式既可不改变老年人留恋原居的意愿,又能为老人就近提供专业化、个性化、便利化的养老服务,更容易获得政府和社会的普遍认同与支持。

(二)资源优势

"嵌入式"社区居家养老模式将闲置资源进行了有效整合和利用,大大降低了养老服务的成本,相应降低了老人需要支付的护理费用。由于"嵌入式"社区居家养老设施的规模小,市场准入标准不高,容易吸引更多的社会组织参与养老服务事业的建设。空闲资源:有社区空置房的老人把自己的房屋租给服务公司,在自家居所换得护理服务。实现政府与市场的良性互动,使这种小微型多功能养老服务模式稳定运营。

(三) 精准优势

"嵌入式"模式因规模小具有人性化服务,对轻度失能失智老人、半自理能力老人实施的精准护理,可促进护理人员的专业水平和服务能力。是从单纯的生活照料,发展成为集康复、心理慰藉、预防性护理为一体的照料方式,并可通过手机 APP 等方式采集老人的生理指标,掌握老人身体状况,做到提前护理。

(四) 运营优势

小规模嵌入式养老运营灵活,连锁店式经营,更降低了运营成本,运营快。

"嵌入式"社区居家养老模式的产生是对传统养老模式的创新和补充,是中国未来养老服务产业发展的方向之一。2020 年之后,"婴儿潮"时期出生的"60 后"开始加入老年人队列,老年人口总数将逐渐达到 2.6 亿的峰值,失能、半失能老年人口总数也将达 4200 万。随着老年人口总量的急剧增长,养老服务需求的总量也随之增大。为此,应大力发展"嵌入式"社区居家养老模式,发挥"嵌入式"养老服务模式在政策支持、有效资源利用、专业化服务、运营等方面的优势,为满足老年人的护理需求提供多功能、多层次的精准服务,"不断提升人民群众获得感、幸福感、安全感!"

第三节 打造"嵌入式"社区居家养老服务体系

不论从发达国家经验来看还是从我国实际来看,中国人口老龄化问题在未来很长一段时期内将持续存在。尤其是城市地区,在未来城镇化水平进一步提高的形势下,传统的养老模式将难以满足养老的需要,因此迫切需要养老模式的创新。

一 "嵌入式"模式的选择背景

随着人们步入老年阶段,人们对医疗保健和生活照料之类的服务需求自然会不断增长。此外,收入也对老年人口的需求具有直接的影响,高收入的老年人群对养老服务的要求表现得更高,要求服务的内容也更具多样性和个性化;而低收入人群似乎更关注医疗保健和生活照料等基本服务。

相关调查显示：超过50%的月收入在2000元以上的老年人群，有对家庭医生、急诊联络等医疗健康服务方面的需求，同时对文体、休闲类和家政类的服务需求也较高。相比之下，收入较低人群对以上各类服务的需求相对较小。再者，老年人群对生活照料类、医疗保健类服务以及精神和体力活动类服务的需求强度明显与自身年龄和身体状况强烈相关。

在政府的主导下，近年来养老服务设施的建设得到快速推进。但与快速增长的人口老龄化服务需求和国家的相关要求相比，还有一定的差距，养老服务的基础设施依然薄弱，养老服务供需的矛盾仍然较为突出。

（一）养老服务设施的缺口较大

按照《国务院关于加快发展养老服务业的若干意见》（国发〔2013〕35号）提出的要求，到2020年，养老服务体系应当更为健全，服务能力应大幅增强，"符合标准的日间照料中心、老年人活动中心等服务设施将覆盖所有的城市社区，90%以上的乡镇和60%以上的农村社区将建立包括养老服务在内的社区综合服务设施和站点。全国社会养老床位数将达到每千名老年人35—40张……"但就目前来看，以郑州市为例，其城市社区养老设施的覆盖率仅50%，每千名老人拥有养老床位只有32张，建设缺口还较大。

（二）政府购买养老服务的惠及面小

目前，中国有90%的老年人选择居家养老，由家庭成员和社会来负责相应的照料。其中，30%的孤寡、高龄、失能、失独和低收入等困难老年人需要提供老年饭桌、送餐助浴、家庭病床、料理家务和紧急救护等入户服务。近年来，市及各县（市、区）虽然为此都做出了努力和尝试，但服务对象大多局限于孤寡、三无等极特殊的老年人，服务内容也多为洗衣、做饭等日常生活的照料。从总体上看，还存在惠及面小、服务内容单一等问题，大多数老年人需要的助餐、助浴等问题还难以解决。

（三）养老护理人员不足，队伍不稳定

由于护理人员的工作时间长、劳动强度大、工资待遇低等原因，养老机构普遍存在护理员工难招、难留等现象，这不仅制约了养老机构的正常运营和发展，也导致整个行业缺乏竞争力和发展动力。

出现这些问题的原因主要有以下一些方面：一是养老机构用地政策落实难。目前，市规划设计院正在制定全市养老设施专项规划，但由于缺少养老预留用地，以及受市区内土地、房租价格高昂等因素影响，新建、改扩建养老机构显得十分困难。二是缺乏统一的社区养老用房建设和移交机制，使社区养老设施建设相关政策难以落实，用房无保障。即使有养老设施用房规划，但乡镇办、社区怕担责，积极性不高，不愿用于养老等，导致社区养老服务中心（托老站）等的发展速度缓慢，出现数量的严重不足。三是养老机构申请消防审核验收困难。《国务院关于加快发展养老服务业的若干意见》（国发〔2013〕35号）提出，"鼓励民间资本对企业厂房等可利用社会资源进行整合改造，用于养老"，"养老机构可以依法使用农民集体所有的土地"等。但是，申请消防设计和审核验收时，消防部门通常要求出具规划手续，而老旧房屋和农村集体土地建设的房屋无法办理养老的规划手续，消防部门按规定不予受理，无法取得消防验收报告。此外，养老工作人员的人手不足，力量薄弱，特别是县（市、区）、乡镇（办）力量配备较弱，多数民政部门从事养老工作的人员身兼数职，工作压力大，任务难以落实。

当前，在老龄化问题突出的城市中，"嵌入式"社区居家养老方兴未艾，代表性的有北京"清檬嵌入式社区居家护理之家"。清檬的养老方式被称为"家门口的养老院"，与其他养老模式相比，具有以下明显优势：针对传统养老院带来的亲情缺失问题，"清檬嵌入式社区居家护理之家"在地理位置上离家更近，且规模大小可根据实际情况进行调整；对老年人进行护理和照料服务的功能更为完备，服务资源对社区的辐射力更强；养老服务的内容更加多样化，有效地解决了老年人的餐饮、卫生打扫等问题，让老年人在"家门口"就得到了专业的服务和照料；同时，还有效地缓解了机构养老床位不足的问题。

因此，探索"嵌入式"社区居家养老建设，是一个可选的模式。与传统养老模式相比，"嵌入式"社区居家养老"嵌入"（资源嵌入社区）、"微型"（面积小）、"专业化"（人才和管理专业化）、"功能多元化"（兼备生活、医疗、健康服务）的特点，使其在未来的健康养老市场中独具优势，并获得巨大的发展潜力。

二　长期护理保险制度是发展的重心

近年来，国家积极出台了相关法律、法规和政策，以推进健康中国的建设，为逐步走向第六社会保险，正在积极地探索和建立长期护理的社会保险制度，并取得了一些实践经验。长期护理保险是一项综合性、系统性的服务，是能满足老年人回归家庭和社区、远离医院，在家门口的养老护理保险制度，是一项社会保障型的长期护理保险。当前的护理服务中，存在着重医疗和康复护理、轻生活护理和精神慰藉，服务内容清单不明确等问题。因此，提供长期护理服务首先要进行评估，这是分级护理、服务定价、护理保险给付的基础。目前，中国在护理等级的判断标准方面存在较强主观性，缺乏统一的需求评估体系和认定标准，阻碍了长期护理保险制度的落地。

日本政府用了 10 年的时间进行准备，在 1997 年颁布了《介护保险法》（长期护理保险法）。之后，经过 3 年的试行摸索，终于在 2000 年开始正式实施了长期护理保险制度。长期护理保险法规定了地方政府必须在管辖区域内建立一个居家养老支援中心（每 1 万人口），并向社区居家老人提供护理计划服务、社会福祉护理的评估鉴定、保健康复等多样助老服务。① 自 2006 年护理保险制度修改后，鉴定护理保险人数在 2006 年达 440 万人，到 2016 年增加到 618 万人；② 访问护理等居家服务机构在 2001 年有 3.3 万所，到 2016 年增加到 37.23 万所。③ 其中，民营企业运营机构的数量增长较快；护理人员在 2000 年为 54.9 万人，到 2005 年增加到 112.5 万人；通过考试取得国家级福祉师资格的人数成倍增加，护理保险制度开始实施的 2000 年为 19.83 万人，到 2016 年增加到了 176.96 万人，专业人才队伍的人数总量猛增近 9 倍，养老护理服务业为社会提供了广阔的就业市场。④

---

① 张俊浦：《日本养老经验对我国社会养老服务体系建设的启示》，《改革与战略》2014 年第 6 期。

② 日本厚生劳动省：《照护保险事业状况报告》，日本厚生劳动省网，2017 年，http://www.mhlw.go.jp/topics/kaigo/osirase/jigyo/m16/1601.html。

③ 日本厚生劳动省：《2016 年介护服务设施、事业所调查概况》，日本厚生劳动省网，2017 年，https://www.mhlw.go.jp/toukei/saikin/hw/kaigo/service16/index.html。

④ 郝志梅、田炜、邢凤梅：《日本介护保险制度的实施现状研究》，《中国卫生事业管理》2010 年第 8 期。

第四节　北京清檬养老服务有限公司的实践

　　北京市政府在分析了本市养老需求的基础上，制定出台了一系列配套政策，引导和扶持"嵌入式"养老服务模式的发展。2014 年，北京市颁发了《关于加快发展养老服务业推进社会养老服务体系建设的实施意见》，提出了兴办家庭化、小型化养老机构的实施政策。

　　北京清檬养老服务有限公司，是于 2014 年开始运营的一个国家级高新技术企业。该公司立足于本土文化，推行"互联网＋养老服务"的整体运营管理模式，运用现代信息和智能科技，构建了可持续发展的标准化体系、养老人才教育体系、服务研发体系、养老服务云及大数据平台。通过"清檬互联网＋养老平台"，整合了医疗、教育、老年食品、老年辅具、老年保险、老年旅游等资源，推动了养老整体的全面发展。同时，依托清檬标准化体系、护理员成长体系、清檬"i-LOVE 爱与智慧"护理体系，构建了社区营造与为老服务为一体的"嵌入式社区居家养老服务体系"。社区嵌入式小微机构的运作形式为连锁式，可为社区居家失能老人、失智老人、困难老人提供长期护理服务。

　　清檬"嵌入式社区居家养老模式"打造了集标准化、体系化、信息化、精准化为一体的养老服务模式。其优势如下所示。

　　第一，小规模多功能型家庭式。整合、改造社会闲置资源，租赁用于护理老人的空闲房屋，推行小规模、多功能的社区"嵌入式"连锁养老服务，实现"在家在地养老"，解决了老人的实际需要。并把以往的"居家""社区""机构"这三个独立的养老服务"板块"的服务功能，进行了"三合一"的整合。与医院病房式的养老机构、景色宜人但地处远郊的"高端大型养老社区"相比，"清檬"养老服务模式更接地气，更能感受居家一样的温暖与亲情，更容易让老人和家属拥有到亲近感，在真正意义上降低和减轻了政府及社会所面对的养老压力，是目前最接地气的养老模式之一。

　　第二，集约资源，便于形成连锁效应。清檬充分利用社会闲置资源改造养老服务设施；将有限的"轻资金"投入到机构运营，经过较短周期的快速转换实现回收，大大减少了投资的风险的同时，又宽松了养老机构的资金链；同时，也在运营中通过总结，形成可复制的运营管理模块，实现机构的良性运营，有利于形成品牌的连锁效应。

第三，以一流的医疗团队做后盾，夯实了养老服务质量。依托清檬的标准化体系、护理员成长体系、清檬"i-LOVE 爱与智慧"护理体系，通过对老年人的 2000 多项指标进行管理，提供精准化的服务，构建了社区营造与为老服务为一体的"嵌入式社区居家养老服务体系"。为老年人提供机体康复与老年慢性病医疗是养老服务中不可缺少的服务内容之一。"清檬"对被服务的老年人进行数据化管理，可随时在手机上操作的 2000 多个身体健康数据等，是由一个大型、一流水平的医疗团队，实时为老年人提供有关健康、养生、治疗等方案，形成了预防、养老、治疗的养老服务体系。通过这一案例的实证研究看出，养老机构必须让医疗做坚实的后盾，做到养老服务与医疗卫生的融合发展。

第 十 章

国外护理服务制度的发展与改革

  伴随着全球人口老龄化过程，西方发达国家的人口老龄化也都经历了人类社会发展的自然规律和必然趋势。发达国家老龄化进程长达几十年至1个世纪，如法国用了115年，瑞典用了85年，英国用了80年，美国用了60年，而日本只用了24年，中国将经历25年进入老龄化社会（见表10-1），中国和日本的老龄化速度都呈现了进程时间短。如何应对老龄化到来的挑战，一些国家从建立长期护理保险制度入手，构建新型社会保障体系。

表10-1 部分国家老龄化进程比较

	老年人口占总人口的比例（%）			经历时间（年）	
	7	14	20	7%—14%	14%—20%
日本	1970 年	1994	2006	24	12
韩国	2000 年	2018 年	2026 年	18	8
中国	2000 年	2015 年	2034 年	25	9
法国	1864 年	1979 年	2020 年	115	41
瑞典	1887 年	1972 年	2012 年	85	40
意大利	1927 年	1988 年	2007 年	61	19
英国	1929 年	1976 年	2021 年	47	45
德国	1932 年	1972 年	2012 年	40	40
美国	1942 年	2013 年	2028 年	—	—

数据来源：Health System Transition：Republic of Korea，European Observatory，WHO。

国际上最具代表性的长期护理保险制度有三种：美国商业保险模式、德国和日本的社会保险模式、瑞典社会丹麦的福利模式。这三种模式中的保险关系、覆盖范围、保障水平、支付方式、服务内容、组织管理等方面都有不同的特点。结合当前中国的人口形势、老年人的长期护理需求、老年服务产业的现状、社会保障的水平等具体实际情况，在现有社会保障体系下，建立一项独立的长期护理保险制度，是有效解决老龄化问题的最佳选择。

第一节　德国长期护理保险制度

一　德国长期护理保险制度的建立

影响德国长期护理保险制度的主要有社会因素、政治因素、经济因素三个方面。

第一，人口老龄化、长期护理服务需求的急剧增加等社会因素。1970年德国65岁及以上人口占总人口的比重高达13.2%，1980年为15.0%，1995年为15.2%。随着人口平均寿命延长、出生率下降，人口结构发生变化。德国老年人口发展趋势预测，2020年60岁及以上人口将占总人口的28.5%，2030年将有1/3以上的居民年龄超过60岁，2060年将有38.9%人口超过60岁。1995年制度推行时，有护理需求的人约164万人，其中60岁及以下有护理需求的人约为40万人（占该年龄段人口数的0.5%—0.7%），60—80岁有护理需求的人约为66万人（占该年龄段人口数的5%），80岁及以上有护理需求的人约为58万人（占该年龄段人口数的20%）。而164万有护理需求的人中，约40多万人须接受全天机构护理，约120多万人需要居家护理。德国1995年的统计数据显示，女性经济活动参与率为61.3%，[①] 而大约有75%的女性因承担居家护理重担，失去收入或减少收入，导致家庭经济负担加重。人口老龄化、长期护理服务需求的急剧增加，亟待出台长期护理保险制度。

第二，德国统一促进制度出台的政治因素。1989年德国政府颁布

---

① 陈诚诚：《德日韩长期护理保险制度比较研究》，中国劳动社会保障出版社2018年版，第47—48页。

《健康改革法》，在健康保险中增加了护理部分。1992 年《养老金改革法》规定了对于承担护理而放弃职业工作的人员，在养老金投保时间计算上给予特殊政策对待。德国各党派就长期护理保险制度的体系议论纷争，直到 1990 年 10 月 3 日，德意志民主共和国通过并入德意志联邦共和国的方式完成了德国重新统一。两德统一一度为德国的经济带来沉重负担，并使其增长在统一后数年持续放缓。两德统一后，德国加快了护理保险的立法日程，1992 年"社会保险"的解决方案得到认同，1993 年联邦内阁提出草案，1994 年 4 月 22 日联邦议会通过该草案，4 月 29 日联邦参议院也通过了该草案。1994 年 5 月 28 日公布《长期护理保险法案》终于正式出台，1995 年 1 月开始实施。德国长期护理保险制度确立了一个全民覆盖、不经家计调查的由雇员和雇主共同缴费的制度，从政策议题形成到制度实施经历了 20 年。

第三，经济因素。1994 年统计数据表示，德国社会保障总支出占GDP 的比例高达 24.4%。[①] 长期护理保险制度出台前，由于接受机构护理的需求者占比较高，需要社会救助进行护理补助，地方社会救助费用支出急速上升，导致地方财政负担加重。自 20 世纪 70 年代开始的 20 年间侧重改善护理条件，加强基础建设重点在提高设施和正式护理人员的专业人员的培养。1985 年出台《护士职业法》，其中规定护理的职业标准、教育训练、护士执业资格等。专业人才培养和配套设施的水准直接关联到制度覆盖的范围和服务质量，也是护理保险制度实施的必要的基础。

自 1974 年，德国老年人护理基金会发布的一个关于长期护理保险制度的报告引起了全社会对老年人长期护理需求的关注，直到 1994 年《长期护理法案》终于出台，确立了一个全民覆盖的、不经家计调查的、由雇员和雇主共同缴费的长期护理保险制度，于 1995 年 1 月 1 日起实施。经过近 20 年的研讨，1994 年德国颁布的《长期护理保险法案》，立法实施普遍的、强制的长期护理保险制度，对各年龄人口的家庭护理和护理院护理服务进行覆盖。1995 年 4 月先行覆盖家庭护理，1996 年 7 月覆盖护理院护理。德国的长期护理保险成为与健康保险、事故保险、养老保险、

---

① 陈诚诚：《德日韩长期护理保险制度比较研究》，中国劳动社会保障出版社 2018 年版，第 58 页。

失业保险并列的德国社会保障体系的第五大支柱。

二　德国长期护理保险制度的实施

德国选择社会保险与商业保险相结合，按照个人收入划分，执行不同的参保政策。低收入者必须加入强制性长期护理保险，高收入者可选择退出或购买强制性商业长期护理保险。长期护理保险基金的运行实行现收现付制，由参保人员和雇主交纳社会保险费，政府提供少量的财政补助。在接受服务时，个人仍然需承担1/3甚至更多的费用。

德国的长期护理保险体系有三个部分组成。一是社会长期护理保险制度（Social Long Term Care Insurance，SLTCI），2017年覆盖了86.7%的人群。二是私人长期护理保险制度（Private Long Term Care Insurance，PLT-CI），2017年覆盖了11.3%的人群。1994年，社会长期护理保险制度和私人长期护理保险制度在长期护理保险立法时确立。三是补充护理保险制度，建立于2013年，大约有2%—3%的人群参加了补充长期护理保险制度。[①] 社会长期护理保险制度的覆盖人群最广，是德国长期护理保险的主体制度（见图10-1）。

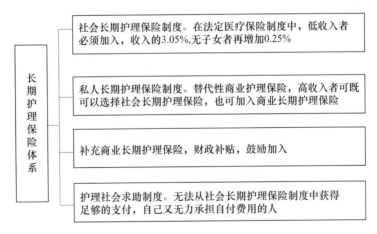

图10-1　德国长期护理保险体系

资料来源：笔者根据资料整理。

---

　　① 刘芳：《德国社会长期护理保险制度的运行理念及对中国的启示》，《德国研究》2018年第1期。

　　申请人需通过基金运营机构的资格审核，来确定护理需求的等级。德国将长期护理保险护理需求分为三个等级，即等级一（轻微护理需求者）、等级二（严重护理需求者）、等级三（最严重护理需求者），每个等级的支付标准是固定的，申请人可根据自身需求自由选择现金待遇的支付方式、实物待遇的支付方式或两者混合的方式。相同的护理需求等级，现金待遇标准要略低于实物待遇标准。德国长期护理保险制度的给付额度（见表10-2）。

表10-2　　　　　　　　　　德国长期护理保险制度给付额度　　　　　　　单位：欧元

		护理等级1	护理等级2	护理等级3（严重个案）
居家护理（每月）	服务给付	450	1100	1550（1918）
	现金给付	235	440	700
护理代理（四周）	近亲	235	440	700
	其他	1550	1550	1550
短期护理（四周）	护理费用	1550	1550	1550
全机构式护理（每月）	护理费用	1023	1279	1550（1918）
身心障碍协助机构	最高护理费用	机构费用×10%，最高每月256欧元		
技术性护理辅具与其他辅具	最高护理费用	100%费用，但在特定情况下每件辅具最高10%或不超过25欧元		
二手辅具	每月最高	31		
居家环境改善	每一措施	2557		

　　资料来源：Selected Facts and Figures about Long-Term Care Insurance, 2014，德国联邦卫生部官网，http：//www. bmg. bund. de/fileadmin/dateien/Englische_ Dateien/Selected_ Fact_ and_ Figures. pdf。

　　德国的长期护理服务类型分为居家护理和机构护理，为减少护理保险支出鼓励参保人选择居家护理方式，长期护理基金会以现金方式支付家庭成员居家护理的服务费，也会为因护理家中需要护理的人，而无法就业的人提供法定意外伤害保险和养老金。同时，参保人也可选择由专业护理人员提供的护理服务或非正式护理人员提供的服务。机构护理服务分为日间护理、夜间护理、全机构护理。长期护理基金会通过谈判的方式与护理服务供应第三方之间确定护理服务价格。德国护理服务资金总支出的组成如表 10 − 3 所示。

表 10 − 3　　　　　　　德国护理服务资金总支出的组成（2007 年）

	资金支出	金额（百万欧元）	占总支出的百分比（%）
公共支出	1. 公共护理保险金（包含现金给付）	17860	56.8
	2. 私人强制护理保险金	550	1.7
	3. 社会救助金	2610	8.3
	4. 战争受害人的福利金	590	1.9
	总计	21610	68.7
私人支出	1. 机构服务	7660	24.4
	2. 居家服务	2180	6.9
	总计	9840	31.3

资料来源：陈诚诚：《德日韩长期护理保险制度比较研究》，中国劳动社会保障出版社 2018 年版，第 131 页。

三　德国长期护理保险制度的改革

1995—2004 年，一方面居家护理服务价格年均增长 3.4%，机构护理服务价格年均增长 5.9%，长期护理服务的价格一直呈上涨趋势；另一方面，虽然物价不断提高，但长期护理待遇标准却一直没有调整。

2008 年 5 月通过《长期护理保险结构改善法》，并 7 月 1 日开始实施。主要改革内容有在五个方面。

1. 增设护理假。当受雇者需要护理来自亲人或家属的紧急护理需求时，可以向雇主请 10 天停薪假期（最长时间为 6 个月）。工资停发，由长期护理保险基金支付护理人员的健康、失业以及长期护理的保险费。

2. 重视康复服务。改革前康复需求的鉴定通过率只有 6%，低于实际需求。

3. 护理管理与咨询服务。设置护理网络，建立 600 个护理管理咨询服务点，由护理咨询顾问向咨询者提供与长期护理保险相关的咨询。

4. 长期护理保险的给付调整。[①] 确立保险给付调整机制，按照给付调整前 3 年平均物价指数，定期为每 3 年调整一次。一方面，分 2008 年、2010 年、2012 年的三个阶段实施调增，其中居家护理中的实物给付有较大的提高，等级一和等级二的年均增长率是 3.2% 与 3.6%；财务调整，提高了不同护理需求等级的最高支付标准。进入到 21 世纪后，德国长期护理社会保险基金开始出现赤字。因为高收入人群都选择了参加长期护理的商业保险，导致长期护理保险基金的收入不高，同时机构护理和正式护理比例逐渐提高，长期护理保险基金的支出不断增加，导致长期护理保险财务出现缺口，因此调高个人保险金缴纳比例，有、无子女者均调高保险费率。

5. 护理需求对象的调整。对于改革前没有列入护理需求鉴定及评估项目的"认知障碍""精神障碍"进行修改，增加对失智及类似患者的护理服务项目，2002 年开始实施。2008 年再次提高给付水准，改善对失智患者的护理服务。

2011 年 10 月，德国通过了《护理法修正案》，对"护理时间"进行了新的规定。为边要工作边要护理家属的人员提供支持，在最长 2 年内每周工作时间可缩短至 15 个小时，工资收入可得到 70% 的补偿。恢复正常工作后，短期内工资仍然领取 70%，直到把因护理家属损失的工作时间全部补偿完，再恢复领取全额工资。[②]

2014 年 10 月，德国通过了《亲属护理资助草案》，2015 年 1 月正式实施。根据规定，所有雇员可以享有 10 天的短期紧急护理假期，期间按工资额的 67% 领取工资。护理对象不仅是家属和直系亲属，还扩大到了旁系和远亲。

德国长期护理保险制度改革，为了应对正式护理人员短缺的状况，对非正式护理人员实施有社会保障一系列扶持政策。在完善护理水平专业化

[①] 陈诚诚：《德日韩长期护理保险制度比较研究》，中国劳动社会保障出版社 2018 年版，第 166—172 页。

[②] 夏可欣：《德国上班族将来可享长期护理假，雇主不得解聘申请者》，2014 年 10 月 17 日，http：china. cnr. cn/qqhygbw/201410/t20141017_ 516614883. shtm。

的同时，大力扶持非正式护理服务政策，改革显现出成效。2017 年德国法定长期护理保险参保人数为 7170 万人，占德国总人口的 86.7%，少数自雇人员、自由职业者、高收入者加入的商业护理保险占总人口的 11.3%，德国护理保险覆盖了总人口的 98%。长期护理保险收支逐渐平衡，2006 年到 2016 年的长期护理保险的年保费收入、年支出以及年财政结算来看，财政结算趋于收支平衡。

第二节　日本护理保险制度

日本是当今世界老龄化程度最高、最快的国家之一，早在 1970 年就开始进入老年化社会，现在 5 个人当中就有 1 个老人。日本于 2000 年推行护理保险制度，实施 20 年来，基本解决了老年人和年轻人的后顾之忧。目前，日本的养老产业已经发展得相当完善，这其中包括各方因素的原因，包括政府政策、民间倡导、企业参与等。多方的共同努力为老人们创造了一个较为完善的养老服务体系。由于同属东方文化，在养老服务领域，日本更有诸多经验值得深入学习和借鉴。

一　日本护理保险制度的建立

为了保障老年人的生活水平，日本政府建立了由国民年金、厚生年金和共济年金等组成的养老金保险制度。1922 年，以劳动者为对象建立了第一个社会保险制度——健康保险制度。1938 年，以农民、渔民为对象建立了《国民健康保险法》。1959 年，颁布了《国民健康保险法》。日本护理保险制度实施前的老年人保健福祉政策（见表 10 - 4）。

表 10 - 4　　日本护理保险制度实施前的老年人保健福祉政策

年代	老龄化率（%）	主要政策
20 世纪 60 年代老年人福祉政策启动	5.7（1960 年）	1961 年实现全民养老金制度 1963 年制定老年人福祉法 ◇创设特别养护养老院设施 ◇老人家庭服务员（保姆、家庭护理人员）的法制化

续表

年代	老龄化率（%）	主要政策
20 世纪 70 年代老年人医疗费增加	7.1（1970 年）	1973 年老年人医疗的免费
20 世纪 80 年代社会性的住院和卧床不起老年的问题社会化	9.1（1980）	1982 年制定老年人保健法 ◇导入老年人医疗费用部分报销的制度 1989 年制定黄金方案（老年人保健福利推进十年战略） ◇加紧完善设施维修和家庭福祉的推进
20 世纪 90 年代推进黄金计划	12.0（1990 年）	1994 年制定新黄金方案（新老年人保健福利推进十年战略） ◇充实居家护理服务内容
护理保险制度实施准备	14.5（1995 年）	1996 年联合执政三党在政策上达成一致 ◇有关设立护理保险制度的"执政党协议事项" 1997 年《护理保险法》颁布
21 世纪元年护理保险制度实施	17.3（2000 年）	2000 年实行护理保险制度

资料来源：根据《日本的老年人护理制度和最近的动向》整理，日本厚生省，2019 年。

1961 年确立了"全民保险全民年金"体制，《国民年金法》开始实施。《国民年金法》采取国家、行业、个人共同分担的办法，规定在日本拥有居住权的 20—60 岁的所有居民都必须参加国民年金体系。1963 年，日本政府推出了倡导保障老年人生活益的《老人福祉法》，推行社会化养老。20 世纪 70 年代老年人医疗费增加。1982 年又出台了全面推广老人保健设施的《老人保健法》，将日本老年福祉政策的重心开始转移到居家养老、护理照料的方向。1989 年社会性入院（无须治疗和住院，但仍因居家无人照顾或家人拒绝照顾等原因要求住院）和卧床老人问题的社会化，制定黄金方案（老年人保健福利推进十年战略），推动居家福利。日本社会对养老金、社会养老、雇佣、医疗、护理照料、教育、居住环境等问题非常关注，1995 年制定了《高龄社会对策基本法》，并根据《高龄社会对策大纲》实施对策。

伴随着老龄化的快速发展，日本需要护理服务的老年人增加，护理服务时间日趋长期化。家庭小型化的加剧，照顾老年人的家庭成员老龄化。伴随着经济增长，年轻人从地方涌向东京等大城市，导致地方上养老主力军的缺失，传统养老福利制度提供的服务有限。经过 10 年的准备，1997年 12 月制订了《护理保险法》（《介护保险法》），2000 年 4 月 1 日开始实施护理保险制度。

二　日本护理保险制度的实施

（一）护理保险费征收机制

1997 年日本颁布《护理保险法》（介护保险法），3 年后的 2000 年 4月 1 日开始实施护理保险制度。《护理保险制度》将 40 岁及以上的被保险人都纳入长期护理保险的范围。护理保险制度的财源以政府为主体，公费占 50%（其中国家负担 25%、都道府县负担 12.5%、市町村负担12.5%）；65 岁及以上的老年人为"第 1 号被保险者"，负担 22%，在养老金中扣除；40—64 岁的被保险人则是"第 2 号被保险者"，保险费每月在年金或工资等收入中按比例扣除，负担 28%。第 1 号和第 2 号保险费的比例，是根据各计划期的第 1 号被保险人和第 2 号被保险人的人口比例确定，本书是第 7 期（2018—2020 年）的比例，每 3 年根据人口比进行设定。该法规定，市町村及特别区、都道府县和医疗保险机构等为保险人，40 岁及以上的人为被保险人，被保险人为了今后得到护理服务，要缴纳一定的保险费。需要护理时，可提出申请，经"护理认定审查会"确认后，即可享受护理保险制度所提供的不同等级的护理服务，被保险人只需承担护理保险费用的 10%，其余部分由护理保险负担。老年人只要经专门机构体检认定，就可得到不同等级（共分 5 级，月额不等）的居家护理服务，也可选择入住护理疗养院、托老所、护理院和养老院等机构的设施服务。

第 7 期护理保险事业规划（2018—2020 年）全国平均保费为 5869 日元/月，全国 47 个都道府县平均值中保费最低为北海道 5617 日元/月，最高为冲绳县 6854 日元/月，全国各地差距较小。

表 10 – 5 　　　　　第 7 期（2018—2020）标准保费月额　　　　　单位：日元

地区	标准保费月额	地区	标准保费月额
全国平均	5869	三重县	6104
北海道	5617	滋贺县	5973
青森县	6588	京都府	6129
岩手县	5955	大阪府	6636
宫城县	5799	兵库县	5895
秋田县	6398	奈良县	5670
山形县	6022	和歌山县	6538
福岛县	6061	鸟取县	6433
茨城县	5339	岛根县	6324
栃木县	5496	冈山县	6064
群马县	6078	广岛县	5961
琦玉县	5058	山口县	5502
千叶县	5265	德岛县	6285
东京都	5911	香川县	6164
神奈川县	5737	爱媛县	6365
新潟县	6178	高知县	5691
富山县	6028	福冈县	5996
石川县	6330	佐贺县	5961
福井县	6074	长崎县	6258
山梨县	5839	熊本县	6374
长野县	5596	大分县	5790
岐阜县	5766	宫崎县	5788
静冈县	5406	鹿儿岛县	6138
爱知县	5526	冲绳县	6854

资料来源：厚生労働省：《第 7 期計画期間における介護保険の第 1 号保険料及びサービス見込み量等について》（2018 – 5 – 21）［2019 – 12 – 1］，https：//www.mhlw.go.jp/stf/houdou/0000207410.html。

日本护理保险制度设定了 7 项评估等级，其中"要预防护理"1—2 项，"要护理"1—5 项。

要预防护理 1—2 项的申请者，接受护理保险提供的服务主要有预防护理服务和社区嵌入型预防护理服务。其中预防护理服务有预防护理上门医护、预防护理通所康复、预防护理居家疗养管理指导等。社区嵌入型预防护理服务有预防护理小规模多功能性居家护理、预防护理认知症对应型通所护理等。两种服务由护理保险支付。

评估等级为要预防护理 1—2 项和评估不符合标准者可以通过到社区综合援助中心的预防护理健康管理，利用上门型服务、通所型服务、其他生活援助服务等预防护理服务，以及面向所有老年人的预防护理普及启蒙服务、社区预防护理活动援助服务、社区康复活动援助服务等一般预防护理服务。

护理评估等级要护理 1—5 项的申请者，可接受护理保险提供的机构服务、居家服务和社区嵌入型服务。机构服务分为特别养护老人院、护理老人保健机构、护理疗养型医疗机构。评估等级为要护理 1—5 项的申请者也可以选择接受居家养老服务，由居家护理援助机构根据申请者的身体情况、意愿以及当地的福利供给资源分布，制订居家服务计划。根据居家服务计划，可接受上门护理、上门医护、通所护理、短期入住等居家服务，还有定期巡访、随时对应型上门护理医护、小规模多功能型居家护理、夜间对应型上门护理、认知症对应型共同生活护理等社区嵌入型服务。上述的各类服务由护理保险支付。

针对不同的评估等级规定支付利用上限金额，超出支付上限标准额的服务费用，由利用者全额负担。具体规定：要预防护理 1 每月为 5003 单元，要预防护理 2 为 10473 单元，要护理 1 为 16692 单元，要护理 2 为 19616 单元，要护理 3 为 26931 单元，要护理 4 为 30806 单元，要护理 5 为 36065 单元。护理保险中服务的计算单位为单元，不同服务有全国统一标价的单元数，每单元对应的金额各地略有不同，1 单元的单价为 10—11.26 日元。日本护理保险制度服务利用的支付上限额如表 10－6 所示。

表 10－6　　　　　　**日本护理保险制度服务利用的支付上限额**　　　　　单位：单元

评估等级	身体状态	每月支付上限标准金额 （1 单元的单价 = 10－11.26 日元）
要援助 1	基本能独立如厕进食，部分社会不能自理	5003 单元

续表

评估等级	身体状态	每月支付上限标准金额 （1 单元的单价 = 10 – 11.26 日元）
要援助 2	能独立如厕进食，洗澡需要帮助，预测成为需要护理对象	10473 单元
要护理 1	部分生活不能自理，需要一定的帮助。排泄、洗澡、穿脱衣等需要一定护理	16692 单元
要护理 2	排泄、洗澡等需要部分或全面护理，穿衣等需要帮助	19616 单元
要护理 3	重度需要护理，伴有老年痴呆症等，排泄、洗澡、穿脱衣等均需要全面帮助	26931 单元
要护理 4	重度需要护理，伴有老年痴呆症加深等，进食、排泄、洗澡、穿脱衣等均需要全面帮助	30806 单元
要护理 5	卧床不起，日常生活所有能力需要帮助	36065 单元

资源来源：根据厚生労働省：《社会保障審議会介護給付費分科会第 103 回資料 1 区分支給限度基準額について》（2014 – 6 – 25）［2019 – 12 – 1］，https：//www. mhlw. go. jp/file/05-Shingi-kai-12601000-Seisakutoukatsukan-Sanjikanshitsu_ Shakaihoshoutantou/0000049257. pdf，以及《大阪府：关于护理保险制度》（2015 年中文修订版）整理。

运营护理保险所必需的财源，除利用服务者所支付的负担部分之外，公费负担一半左右，剩下的一半由护理保险加入人（被保险人）的保险费来承担。第 1 号被保险人和第 2 号被保险人的保险费负担比率，按人数比进行分配，护理保险制度的组成示意图如图 10 – 2 所示。

（二）护理保险制度的服务要点

第一，3 个主体——保险人、服务机构、被保险人（参保人）。

第二，护理保险金的财源构成：国家、都道府县、市町村的官方费用为 50%；被保险人（第 1 类、第 2 类）为 50%。

第三，3 个种类与多种多样的服务（※预防服务为其他途径）居家（上门、来所）服务、社区密切联系型服务、设施服务。

第四，护理服务提供主体原则上为民间企业。

第五，护理服务价格由国家决定，个人承担 10%，保险给付服务 90%。

参保人为 40 岁以上。其中，需要护理认定人自己选择要利用的服务，

介护保险制度的架构

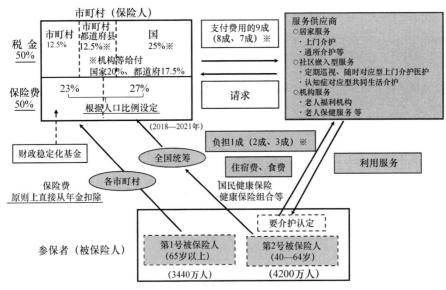

图 10 – 2　护理保险制度的组成示意

注：第 1 号被保险者的数量摘自《2016 年度介护保险事业状况报告年报》，为截止 2016 年度末的数值。第 2 号被保险者的数量摘自社会保险诊疗支付基金为了确定介护补贴费交纳金额而从医疗保险者领取的报告，为 2013 年度内的月平均值。自 2015 年起，关于一定金额以上的所得者，需支付 80% 费用或负担 20%。

资料来源：厚生劳働省：《公的介護保険制度の現状と今後の役割》（2017），https：// www. mhlw. go. jp/file/06-Seisakujouhou-12300000-Roukenkyoku。

认定科目通常为 74 项。护理保险制度为强制保险，这项制度是继"全民皆年金"和"全民皆保险"之后最重要的社会保障制度。是继医疗保险、养老保险、雇用保险、职工灾害补偿保险之后的第五项社会保险制度。实施 20 年来，65 岁及以上被保险人的数量增加了约 1.4 倍，利用服务的人数增加了 3 倍。

护理保险制度提供的服务为：护理服务和预防护理服务两个部分。护理服务有四个部分：居家服务、机构服务、社区嵌入型护理服务和居家护理支援。此外还有居家护理（预防护理）住宅改修、预防护理、日常生活援助综合事业等。

都道府县、政令市、中核市认定、监督的服务	市町村认定、监督的服务
给付的服务 ◎居家介护服务 【上门服务】 ○上门介护 ○上门入浴介护 ○上门医护 ○上门康复 ○居家疗养管理指导 【通所服务】 通所介护（口托） 通所康复 【短期入住服务】 短期入住生活介护 短期入住疗养介护 ○特定机构入住者生活介护 ○福祉用具租赁 ○特定福祉用具销售 ◎机构服务 　○介护老人福祉机构 　○介护老人保健机构 　○介护疗养型医疗机构 　○介护医疗院	◎社区嵌入型介护服务 　○定期巡护、随时应对型上门介护医护 　○夜间应对型上门介护 　○社区嵌入型通所介护 　○认知症应对型通所介护 　○小规模多功能型居家介护 　○认知症应对型共同生活介护（group home） 　○社区嵌入型特定机构入住者生活介护 　○社区嵌入型介护老人福祉机构入住者生活介护 　○复合型服务（医护小规模多功能型居家介护） ◎居家介护支援
预防给付的服务 ◎介护预防服务 【上门服务】 ○介护预防上门入浴介护 ○介护预防上门医护 ○介护预防上门康复 ○介护预防居家疗养管理指导 【通所服务】 ○介护预防通所康复 【短期入住服务】 ○介护预防短期入住生活介护 ○介护预防短期入住疗养介护 ○介护预防特定机构入住者生活介护 ○介护预防福祉用其租赁 ○特定介护预防福祉用具销售	◎社区嵌入型介护预防服务 　○介护预防认知症应对型通所介护 　○介护预防小规模多功能型居家介护 　○介护预防认知症应对型共同生活介护（group home） ◎介护预防支援

图 10 - 3　护理保险制度提供服务

资料来源：厚生劳働省：《公的介護保険制度の現状と今後の役割》（2018）［2019 - 12 - 1］，https：//www. mhlw. go. jp/file/06-Seisakujouhou-12300000-Roukenkyoku/0000213177. pdf；厚生劳动省（2018）《公共照护保险制度的现状及未来的作用》第 19 页。

三　日本护理保险制度的改革

护理保险制度规定每 3 年需进行一次护理报酬的调整，市町村每 3 年为一期对护理保险事业进行规划（只有 2000—2005 年 5 年为一期）。到目前为止，护理保险的改革共进行了 5 次，分别是 2005 年、2008 年、2011年、2014 年、2017 年，重点内容如下。

（一）2005 年护理保险制度改革

1. 侧重护理预防。将轻度（要护理 1 级）重新评估认定，细分为要支援 2 级和要护理 1 级，对于较轻的要支援 2 级，进行预防性给付。其目的是加强老年人的身体机能训练、预防老年痴呆、改善营养，防止疾病恶化等。就居家护理的预防性服务报酬，将原来每小时 291 单位（1 单位按照 10 日元 – 11.05 日元换算）每增加 1 小时其单价增加 83 单位的收费标准调整为超过 1 小时护理单价也不增加。

2. 调整机构给付比例。基于居家护理服务和机构护理服务利用者负担的公平性，护理保险的机构服务中伙食及住宿费用由利用者个人负担，保险不再支付。该项改革预计每年可节省 3000 亿日元的保险给付。但为减轻低收入者的负担，针对参保缴费档次第 1—3 档的低收入群体，仍由保险给付。

3. 新服务体系的建立。针对认知症老年人和独居老年人数量的增加，为使老年人能够不离开熟悉的生活环境也能享受多样化的服务。要求市町村构建社区嵌入型服务模式，将原来由都道府县指定护理保险服务机构，调整为都道府县、市町村都有权与护理服务机构签订服务协议，指定服务机构，共同为当地居民构建社区嵌入型服务网络。同时，重视发展小规模多功能型的居家护理机构，将特别养护老人机构（以认知症为对象的集体公寓）、日托机构（25 人规模会员制）、短期托老所等机构的功能综合到小规模多功能机构中，承担起居家护理服务的功能。另外，成立地域综合支援中心，配备社会福祉士、保健福祉师、护理管理师等专业工作人员。

4. 确保、提升服务质量。要求所有服务的提供者有义务公开护理服务相关信息。规定护理机构每 6 年进行更新，护理援助专员每 5 年进行一次更新，并增设主任护理援助专员资格。

5. 调整负担方式。将保险费的第 2 档，重新划分成新第 2 档和新第 3 档，将原来的 5 档变为 6 档。将保险费的特别征收对象，由原来的普通养老金领取者扩大到遗属年金和残障年金的领取者。

（二）2008 年护理保险制度改革

起因是 2007 年被曝光、撤销护理从业资格的护理行业领军企业 COM-SN（Community Medical Systems and Network），自 2000 年起多次伪造虚假业绩以获取护理报酬。此次改革的目的是为杜绝护理服务经营主体的不正当经营，实现护理事业的正规化，强化对护理机构的监督管理。

1. 完善护理机构管理体制。要求护理机构有义务完善业务管理体制，同时要将管理体制向厚生劳动省、都道府县及市町村负责人呈报。

2. 规定进入护理机构检查权限。对于疑有营私舞弊、不当经营行为的护理机构，都道府县、市町村有权到护理机构内部进行检查。

3. 加强对营私舞弊护理机构的处罚力度。为防止护理机构逃脱处罚，制定了护理机构撤销、停止营业的事先报备制度。护理机构的撤销由原来的事后申请改为事前申请。

4. 重新规定指定、更新护理机构的条件。重新规定了连带责任机制的适用范围。

5. 建立护理机构注销时应确保服务的政策。护理机构注销时有义务优先安排确保利用者的服务。护理机构应建立确保利用者服务的应对策略，一旦发生被撤销时，应保证利用者能够继续享受服务。

（三）2011—2012 年护理保险制度改革

目的是为让老年人能在熟悉的环境中继续安心生活，提供医疗、护理、预防、居住、生活支援等无缝衔接的地区综合护理服务体系。

1. 强化医疗与护理的融合。推动地域综合护理，打造老年人日常生活圈（30 分钟能到达），并从医疗、护理、预防、居住、生活支援（照料、购物、送餐这五个方面，提供综合、持续性的服务。调查日常生活圈的需求，确切把握并分析该区域的需求及存在的问题，制定护理保险事业发展规划。增设了 24 小时定期巡诊及随时对应型上门护理等复合型服务。市町村设立护理预防、日常生活援助综合事业，作为社区支援事业，综合实施护理预防、日常生活支援等服务。护理疗养型医疗病床逐步向老人保健机构转设，由 2006 年的 12.2 万张减少到 8 万张，但由于转设进度缓慢，将转设期又往后延长 6 年，即延长到 2018 年 3 月。2012 年以后不再新设护理疗养型医疗病床。

2. 由保险者推动的核心改革。在指定社区嵌入型服务时，设立公开招标机制及市町村单独的护理报酬机制。

3. 减缓保险费的上涨。都道府县将 2012 年度财政稳定基金的一部分用于护理保险，使第 5 期第 1 号被保险者保险费的全国平均额未超过

5000 日元。其间，2011 年 6 月 30 日"社会保障和税收的一体化改革方案"通过，将消费税增收中的 3.8 兆日元补贴到社会保障中，同时社会保障的改革也减少了 1.2 兆日元的给付支出；2012 年 8 月"社会保障改革推进法"通过，第 7 条规定护理保险的给付范围应适度，实现制度的效率化和核心化，同时需控制低收入者保费的上涨速度。

（四）2014 年护理保险制度改革

主要为应对"婴儿潮"一代人即将 75 岁，护理保险将迎来护理高峰而实施的。根据 2012 年出台的《社会保障改革促进法》，制定了"社会保障改革进程法"（实现可持续发展的社会保障制度的法律），目的是为确保地域医疗、护理综合服务。

1. 构建地域综合护理体系。为了让老人继续生活在熟悉的环境和区域，进一步充实服务，实现服务的核心化和效率化。调整预防给付。对于养老机构的入住者，原则上限定在要护理 3 级以上的参保者，护理等级为要护理 1 级和要护理 2 级的老人如有特殊情况，如在家养老困难的老人、老年痴呆症患者、精神疾病患者等可以申请入住，强化特别养护老人公寓的功能定位。

2. 费用负担的公平性。减轻低收入者保险费负担，将现行的收费标准从 6 段调整为 9 段。同时，为实现老年群体负担的公平性，对以往一律负担 10% 护理费用的做法进行了改革，根据利用者的负担能力，对一定收入以上的利用者提升至需自己负担 20%。

3. 调整机构利用者的补贴给付。关于机构利用者补贴给付制度，需根据利用者存款等资产状况进行筛选。

（五）2017 年护理保险制度改革

安倍内阁在 2015 年年初，将原定 2015 年 10 月开始将消费税提高到 10% 的计划推至 2017 年 4 月。2016 年 6 月，又将其推到 2019 年 10 月，导致护理保险改革的压力和难度增大。厚生劳动省根据社会保障审议会护理保险分会的意见，从推进地域综合护理服务体系和确保护理制度的可持续发展这两点出发，于 2017 年 2 月向国会提出修订法案，重点是强化护理保险的地域综合护理体系。该修订法于 2017 年 5 月经国会通过，2018 年 4 月起正式实施。

1. 援助老年人生活自立，防止护理状态进一步恶化，强化保险者的作用。为应对日益增加的慢性病医疗和护理需求，以及长期疗养的要护理人员，应设立新的护理保险机构——护理医院。以前的护理疗养病床的改革期延长到 2024 年 3 月。市町村应努力创造相互支援的氛围和区域融合的机制，创造护理保险和残疾人福利都能利用的新型融合服务，使老人和残疾儿童能在同一机构接受服务。地域综合支援中心有义务进行自我评价，各市町村也要对各机构的实施状况进行评价，促进地域综合护理的实施。

为了推进认知症对策，将认知症对策的新黄金计划与护理保险制度理念相融合。为促进小规模多功能事业，市町村保险者要有计划开展小规模多功能机构，有义务向都道府县推荐护理机构。努力实现共生型社会。

2. 确保护理保险制度的可持续发展。引入 30% 的费用负担机制，实行护理缴费总报酬比例制，调整护理疗养型病床数量，根据统计数据结果，缩小本地间护理认定率、人均护理费和全国平均值的差距，并对保险的范围的进行了再次讨论。

日本护理保险制度的改革取得了成就。作为日本独立险种运行的护理保险制度，始终保持着一个动态的变化。当政策制定者发现政策实践中出现偏离目标或未能达到预期效果时，就会不断做出调整。这种良好的调节机制要求护理政策要随着护理需求的变化及时作出相应的调整，同时也要求护理保险法需不断完善以应对制度带来的盲区，确保了制度的长期、有效运行。

第三节　德国、日本护理保险制度发展成效与启示

一　德国长期护理保险制度发展成效

德国是社会保险制度的发源地，第一个颁布长期护理保险法、实施长期护理保险制度的国家。自 1994 年推行《长期护理保险法案》以来，德国的长期护理保险体系日渐完善，动态的筹资机制趋于合理，服务评估流程比较成熟，"互助互济"理念特色鲜明。

（一）立法在先为制度实施护航

1994 年《长期护理保险法案》出台，确立了一个全民覆盖的、不经

家计调查的、由雇员和雇主共同缴费的长期护理保险制度，于 1995 年 1 月 1 日起实施。经过近 20 年的研讨，1994 年德国颁布的《长期护理保险法案》，立法实施普遍的、强制的长期护理保险制度，对各年龄人口的家庭护理和护理院护理服务进行覆盖。在长期护理法的护航下，德国的长期护理保险成为与健康保险、事故保险、养老保险、失业保险并列的德国社会保障体系的第五大支柱。

（二）实行"双轨制"全民覆盖

德国长期护理保险制度实行"双轨制"，社会长期护理保险制度（SLTCI），疾病基金协会的成员自动进入，配偶和儿童由制度自动进行覆盖；私人长期护理保险制度（PLTCI），私人医疗保险的参保人必须购买私人长期护理保险，也可以选择参加 SLTCI；其他自愿加入社会医疗保险制度的也自动进入 SLTCI。因此在制度的覆盖面上，德国 SLTCI 覆盖全体居民，尤其是纳入高收入的私人医疗保险的参保人。

2017 年德国社会护理保险参保人数为 7170 万人，占德国总人口的 86.7%，加上少数自雇人员、自由职业者或高收入者加入的私人长期护理保险（占总人口的 11.3%），德国护理保险覆盖了总人口的 98%，基本实现了国民全覆盖。在社会保险范围内，2016 年德国共有 274.9 万居民享受长期护理保险待遇，占总人口的 3.3%，其中居家护理人数占比为 72%，机构护理人数占比为 28%；在三个级别的护理服务中，失能等级越高的护理对象参加机构护理的倾向越大。①

（三）带动就业促进经济发展

长期护理保险制度实施，社会救助制度用于老年护理服务的支出减少了约 80%，接受社会救助的人数下降 50%，大大减轻地方财政负，促进服务产业发展。在 SLTCI 正式运行后的 3 年，社会救助中长期护理保险费用的支出从 1995 年的 174.73 亿欧元下降到 1998 年的 30.01 亿欧元，下降幅度达到 82.8%，与之同时，SLTCI 费用则开始快速增长。由于服务需求增加，1995 年、1996 年的老年长期护理行业提供了 67000 个岗位。到 2008 年末，可移动式护理服务机构发展到 236162 家，提供设施和家庭护

---

① 刘芳：《德国社会长期护理保险制度的运行理念及对中国的启示》，《德国研究》2018 年第 1 期。

理站达 573545 家。①

德国长期护理保险改革存在的主要问题包括：保险待遇给付无法完全满足失能者护理需求，长期护理保险质量监督机构缺失，长期护理忽视预防和缺乏常驻医师，依附医疗保险过于紧密。

二　日本护理保险制度发展成效

（一）注重法律，立法先行

日本护理保险制度建立之前，老年人护理主要由老年人福利制度和老年人医疗保健制度提供保障，这两种制度建立于 20 世纪六七十年代开始，从 80 年代开始，特别是 90 年代老龄化程度不断加深之后，制度显现出明显不足，出现了护理服务的基础设施不足、护理服务价格高于医疗服务价格等问题。为解决日益膨胀的护理需求，1997 年日本议会通过了《介护保险法》。该法的出台规范了中央政府、都道府县、市町村的职责，强制规定了参保人的范围和义务，划分了护理等级和认定标准，明确了护理服务体系，将原来分块的老年医疗和老年福祉整合到护理保险中，为护理保险的实施做了充分的法律保障。

（二）合理规划，护理专业人才培养

在护理服务人员方面，日本参与护理服务的专业人员有护理管理师、护理福祉士、访问护理员和社会工作者等。1989 年出台的 10 年黄金计划，要求 10 年期间培育 10 万名护理服务师，建设短期护理机构和居家服务中心各 1 万所，护理床位实现 30 万张等。1994 年时为进一步扩充护理人员和机构数量，调整了黄金计划的内容，颁布了"新黄金计划"，计划到护理保险实施前，护理服务师从 10 万增加到 17 万名，短期护理机构床位增加 6 万张，日托机构达到 1.7 万所，居家护理支援中心突破 1 万所，访问护理服务中心 0.5 万所，特别养护老人机构和保健型老人护理机构至少容纳 57 万人，护理人员和看护人员分别突破 20 万人和 10 万人。"新黄金计划"中有计划培育护理人员、规划护理机构的种类和数量，为护理保险的开展打下了基础。护理保险实施的同时制定了"21 世纪黄金计

① 刘芳：《德国社会长期护理保险制度的运行理念及对中国的启示》，《德国研究》2018 年第 1 期。

划",为护理保险的顺利实施培养人才。为确保护理服务的专业水平,在制度实施前护理准备进程中,加强护理机构的建设和护理人才培养,规划服务机构的数量和分布,构建居家和机构两大支柱的护理服务体系。

(三)制度与时俱进,定期改革机制

日本护理保险法的附则中明确了该法需要不断调整、完善的规定。日本金20年的实践各个阶段中,出现过服务供给不足、保险给付高于预期等。因此,日本护理保险制度从建立初期开始,每隔3年根据新问题、社会发展的需求和变化进行相应的改革调整。费用调整的同时需要根据各市町村的给付情况、人口动态,实施日常生活区域内的需求调查,并以市町村为单位召开地区护理会议,在探讨对策的同时制订护理保险事业计划。除每3年对保险费用进行定期调整外,日本还对个人负担比例不断进行调整,使用者中的高收入人群自我负担比从最初的10%提升至20%并从2018年开始最高负担比例提升至30%。同时,机构中的住宿费和餐饮费也逐步调整为个人负担项目。

三 德国日本护理保险制度的启示

德国日本护理保险制度对中国相关制度设计启示主要有加强顶层设计、整合多方资源、加快失能评估体系建设等方面。

(一)顶层设计

德国长期护理保险成为与健康保险、事故保险、养老保险、失业保险并列的德国社会保障体系的第五大支柱。日本护理保险与年金保险、医疗保险、涝灾保险、雇佣保险并列的第五社会保险。这一社会保险体系的建立对保障经济社会的稳定发展发挥了重要作用。

两国的长期护理保险制度均为强制性社会保险,德国实行全覆盖,日本主要覆盖范围为老年群体,两者都以立法的形式保障公民的福利权利,实行义务和权利对等,无论是退休人员和在职人员都必须缴纳保费才能享受到相应福利待遇。

(二)制度重心

"居家护理优于机构护理"是德国日本护理保险制度待遇支付重要原则。在延续这传统家庭护理观念的同时,更是重视家庭对失能失智人群所提供的关爱和情感慰藉,这是机构护理不能代替的。另外,家庭护理费用支付要少于机构护理费用。

（三）评估认定规范

德日两国的评估认定程序非常专业规范，由专业人员用专业评估方法进行审查，再由相关审查认定委员会对护理等级进行认定。日本的评估认定程序是调查员家访、计算机评分、主治医师诊断三结合，避免认定发生的纠纷。

（四）整合资源与管理

德日两国护理提供方实行市场化运作，采取"竞争机制"，对不合格的护理机构和护理人员采取取消护理资格或营业资格的手段。日本在对护理管理监督方面，与护理保险制度实施配套制定了一整套详尽具细的法规条文实务指南。2000 年正式实施护理保险制度，在管理监督方面，制定了《指定介护疗养型医疗机构人员、设备以及运营标准》等行业管理标准。日本厚生劳动省社会保险研究所，依据日本《护理保险法》编制的三册护理服务实操指南，每三年修订一次，即《护理报酬解读之一：单位数表篇》（2018）、《护理报酬解读之二：指定基准篇》（2018）、《护理报酬解读之三：QA 法令篇》（2018），这套管理细则手册为日本护日本护理保险制度的实施，对社会化养老服务业的推进起到重要影响。

（五）对我国老年长期护理制度发展的启示

我国与德国、日本等国家一样，面临老龄化程度急剧加深、传统养老功能弱化、老年人护理需求增长等亟待解决的问题。建立长期护理保险的一项重要内容，资格评定方案设计将决定这项社会保险制度的受益门槛和给付等级，影响到数千万由于各种原因失能或衰弱的老年人及其家人。所以，我们可以借鉴德国、日本的经验，构建适合中国国情的长期护理保险体系。2016 年 7 月，中国人社部出台《关于开展长期护理保险制度试点的指导意见》，确定了 15 个城市为试点城市。从近年试点实践的过程来看，中国的长期护理保险资格评估体系应该是单一指标为主，还是多指标综合评估，这个问题看似简单，实际上很复杂。这里的一个重要原因是，一些看似相近的不同概念和不同取向研究混杂在一起，不易理清研究思路。借鉴德日两国实践经验，对于中国的长期护理保险给付资格和等级而言，综合评估应是基本方向。建立综合评估体系，这是长期护理社会保险国家的普遍经验，没有例外。运用综合评估工具来广泛地识别给付对象，符合中国社会保障制度建设的广覆盖原则。通过综合评估来确定保险给付待遇，这是这项社会保险公平的基本保证。

对于长期护理服务试行而言，这一结论意味深长，那就是调整试点方针。选择试点城市展开长期护理服务试行是必要的。但是，目前这种单一指标和综合评估两种方案并存的局面带有盲目性，将导致资源和时间的浪费。建议尽快调整试点城市的指导方针，把试行重心调整到综合评估方案的选择、评价和比较上来，综合评估方案的试验与选择要与长期护理给付方式、给付机制等的因素联系起来，推进长期护理保险制度的总体建设。

第十一章

老年护理服务经营管理与经济效果

回顾日本护理保险制度近 20 年的实践发现，从立法到制度实施、服务运营直至形成产业化规模，始终都是以奉法为重，并以《护理保险法》为中心实施运行的。同时，还为其顺利实施制定了一整套详尽具细的法规条文实务指南。日本在 2000 年开始正式实施长期护理保险制度，并制定了《指定介护疗养型医疗机构人员、设备以及运营标准》等行业管理标准用于管理和监督。日本厚生劳动省社会保险研究所，依据日本《护理保险法》（日文《介护保险法》）编制了三册护理服务实操指南，即《护理报酬解读之一：单位数表篇》（2018）、《护理报酬解读之二：指定基准篇》（2018）、《护理报酬解读之三：QA 法令篇》（2018），每三年对其进行一次修订。这些剧透了功夫的手册推动了日本护理保险制度的稳步实施和顺利推进。日本护理保险制度的实施，对社会化养老服务业的发展和促进具有极其重要影响。

第一节　日本老年护理服务经营管理

一　老年护理服务标准及内涵

（一）居家护理基准总则

基本方针。符合指定居家服务的入户护理机构，应结合服务利用者的自理能力，对洗浴、大小便、进食等生活进行全方位的生活护理和辅助，尽可能地协助服务利用者在自己家中实现独自的日常生活。

（二）入户护理员等人员数量

经营指定上门护理事业机构的开设地点及上门护理员（适用于提供

指定上门护理服务的"护理福祉士"或法令规定者）的数量，根据"专职换算法"为 2.5 人以上。

（三）人员相关基准

1. 上门护理员数量

专职人员换算方法规定。指定上门护理机构入户护理员的数量为 2.5 人以上，这是考虑到职员的援助体制等因素而设定的最少人数，可根据各地区的服务利用状况或利用者人数，以及指定上门护理机构的业务量进行酌情考虑，以确保合理的职员人数。

工作日及工作时间为不定期的上门护理员等（以下简称"注册上门护理员"），其累计工作时间的计算方法如下。

（1）由注册上门护理员提供服务的机构，其注册上门护理员等的人均工作时间，为该机构注册上门护理员等人上年度周平均工作时间（指服务提供时间以及工作地点转换所用时间）。

（2）尚无注册上门护理员提供服务的机构或只有短期业绩等的机构，按照 1 的算法难以准确计算累计工作时间，只能将该机构注册上门护理员等实际可工作者的工作记录表中记载的工作时间算入累计工作时间中。在这种情况下，由于工作表中的工作时间数必须与提供服务的实际时间一致，因此在工作表上的工作时间与实际的工作时间（累计工作时间）出现乖离，此时需对工作表上工作时间进行合理、妥善的调整。

人员派遣机构，在利用专职人员换算法对机构的上门护理员等进行累计工作时间计算时，应包含在派出所的累计工作时间。

2. 服务提供责任人（居家基准第 5 条）

（1）利用者人数为 40 人或其尾数每次增加时，应规定 1 人以上的服务提供责任人，具体操作方法如下。此外，每个指定上门护理机构规定了最少的必要人员数量，需留意的是没有规定 1 位服务提供负责人所负责利用者人数的上限，因此需要根据业务的实际状态，进行必要的人数配置。

A. 管理者可以兼任服务提供责任人。

B. 有关利用者的数量，适用前 3 个月的平均值。此时的前 3 个月的平均值，为每个整月实际利用者数量的总和，之后再除以 3。此外，新开业机构或再次运营机构，可通过合理的方法对利用者的数量进行推定。

C. 该指定上门护理机构提供的指定上门护理中，对只利用陪伴医院就医等适用于上下楼的辅助时,其利用者的数量按照0.1人进行计算。

(2)允许根据利用者的数量进行专职换算方法进行计算,具体方法如下。此外,有关责任人可配置的非专职工作人员在该机构的工作时间,要求必须达到该机构规定专职上门护理员应工作的时间数(低于32小时的,以32小时为标准)的1/2以上。

A.利用者人数超过40人的机构,可使用专职换算方法。在这种情况下,需配置服务

提供责任人的数量应大于使用利用者人数除以40后的得数(保留小数点后1位)。

B.根据A的使用专职换算方法的机构,应配置下列人员数以上的专职服务提供责任人。

(a)利用者的人数大于40人、小于200人的机构不使用专职换算方法的情况下,应大于必要的服务提供责任人的人员数中减去1后的得数;

(b)利用者人数超过200人的机构不使用专职换算方法的情况下,应大于必要的服务提供责任人的人员数乘以2再除以3后的得数(保留到个位数)因此,使用专职换算方法的机构,需配置必要的专职服务提供责任人数以上的专职的服务提供责任人。

3. 管理者

指定上门护理机构负责人应在每个指定上门护理机构设置专业的专职管理人(正式员工)。但是,在不影响指定上门护理的管理业务时,可担任该指定上门护理机构的其他工作,或担任同一地区内其他机构等的工作。

指定上门护理机构的管理人为专职人员;且原则上应为专门从事该机构业务的管理人员。但是,下列在不影响该机构管理业务的情况下,可兼任其他职务。并且,管理者不需要一定是上门护理员等。

(1)从事该指定上门护理机构的上门护理员等职业

(2)在同一区域或虽因道路分隔但又相邻,特别是在可判定不影响该机构管理业务范围内的其他机构时。担任其他机构等的管理者或作为从业人员从业时(这种情况下,与其他机构等的业务内容无关,例如:由于管理机构的数量过剩需进行个别判断,作为合并的入住机构的兼职护理、护理人员对入住者提供服务等情况,可认为对管理业务带来影响。但

是，对在机构内的工作时间相当有限的职员，可通过具体判断进行特别认可）

4. 机构相关规定

（1）指定上门护理机构最好能设置有一定面积的专用办公室，以便业务的开展。但利用隔断能将其与其他业务进行明确区分的情况下，可以与其他的业务共用一室。并且，在这种情况下，即使不进行区分也不会对工作带来影响的情况下，只要明确划分指定上门护理业务开展的区域即可。

（2）在办公室或是工作区域的划分方面，应为受理利用服务的申请、咨询等工作的顺利开展提供充足的空间。

（3）指定上门护理机构，应确保指定上门护理所必要的设备（用具）及物品等。尤其是要考虑到配备能清洁手指的设备等，以预防交叉感染的发生。但是，与其他的机构在同一区域，不会对指定上门护理机构或者其他机构的经营带来影响时，可以使用其他机构配备的设施及物品等。有关办公室、区域划分或者设备及物品等，不要求一定是机构所拥有的必需品，允许进行租借。

5. 内容和手续说明

指定上门护理机构负责人，在开始提供指定上门护理之际，首先需向利用申请人或其家属就第29条规定的经营规程概要、上门护理员等工作性质以及利用申请人选择的可认可的服务等记载重要事项的文件进行交付并进行说明，有关提供服务的开始，需获得利用申请人的同意。

6. 经营相关基准

指定上门护理机构为了能为利用者提供合理的指定上门护理服务，在开始提供服务之前，首先要向利用申请人或其家属，就该指定上门护理机构经营规章的概要，上门护理员等的工作（性质及内容）信息，事故发生时的紧急应对措施，投诉处理等与利用申请人选择服务相关必要的重要事项，用简单易懂的说明书或宣传页等（该指定上门护理机构与其他的护理保险相关且共同经营的情况下，可一同制作该宣传页等）进行交付，并进行亲切细致的说明。同时，就该机构将提供指定上门护理服务一事征得同意。此外，为了维护利用者及指定上门护理机构双方的权益，应尽量采用书面同意的确认方式。

7. 禁止拒绝提供服务

原则上指定上门护理机构必须接受利用者的服务申请，尤其是禁止以需要护理的难易度或报酬的多少为由而拒绝提供服务。此外，禁止以利用者希望利用特定服务行为之外的上门护理服务为由拒绝提供服务。可拒绝提供服务的正当理由是，第一，服务利用者申请数量太多，由于该机构现有人员不足，导致不能提供服务；第二，由于服务利用申请者的居住地在该机构提供服务范围之外，导致不能对其他的服务利用者提供准确的指定上门护理服务的情况下。

8. 接受服务资格等的确认

（1）指定上门护理利用者的相关费用可获得保险金的给付，但只限于接受资格认定后的需要上门护理的被保险人。为此，上门护理机构在提供指定上门护理服务开始时，需对利用者出示的被保险证进行核查，对被保险人的资格、需要上门护理资格认定的有无，以及需要上门护理认定的有效期等进行确认。

（2）利用者的被保险证中，记载着与指定居家服务相关、合理且有效使用等，有关该被保险人需留意事项等认定审查委员会的意见时，指定上门护理机构应对此给予重视，积极地提供指定上门护理服务。

9. 身份证件的携带

为能使利用者放心地接受指定上门护理服务，指定上门护理机构应该为指定上门护理服务的提供人员等制作能明确该身份的证件或名片，让其携带，并规定在初次入户及接受利用者或其家属的申请时，出示给对方。在该证件中，应记载该指定上门护理机构的名称、该上门护理人员等的姓名，同时希望能在证件中粘贴该上门护理人员等的照片及标明其职能等。

10. 提供服务记录

（1）为了使服务利用者及服务提供机构能了解该时间点的支付限度额的余额及服务使用的状况，在提供指定上门护理之际，应将该指定上门护理的提供日、内容（如身体护理、生活辅助、陪伴看病等上下车辅助的区分）保险给付的额度以及其他必要事项在利用者居家服务计划报告或服务利用单据等中进行书面记录。

（2）在记录该指定上门护理的提供日、提供的具体服务内容、利用者的身心状态以及其他必要事项的同时，为提升服务机构相互间的协作，在利用者提出服务申请时，应通过文件交付的形式或其他合适的方式向服务利用者提供这些信息。该记录需保存 2 年。

11. 申请保险给付证明文件等的交付

为了便于利用者向市、街道、地区提交申请，指定上门护理机构，在接收了非法定代理接受服务的指定入户护理的相关利用费用时，应向利用者提交提供指定上门护理服务的内容、费用额度、利用者的保险给付申请之外，还需交付记载必要事项的提供服务证明书。

12. 指定上门护理的具体操作流程

（1）必须经常对所提供的护理服务，完成目标的程度以及利用者及家属的满意度等进行评价，同时不断对上门护理计划书进行修正和完善。

（2）在开展提供指定上门护理服务的过程中，需不断提升护理服务的水平，学习并掌握新技术、新方法，不断钻研业务，提供更贴切的服务。

13. 上门护理计划书的制作

（1）服务提供责任人必须制作上门护理计划书。在制作上门护理计划书时，应掌握并分析利用者的状况，明确上门护理可解决的问题及状况，并明确实施援助的方向和目标、明确担任上门护理员等人的姓名、上门护理员等提供服务的具体内容、所需时间、日程等。此外，有关上门护理计划书的格式可由各机构或各经营场所自行规定。

（2）上门护理计划书必须遵循居家服务计划书进行制作。

（3）上门护理计划书必须是在参照利用者的日常生活的整体状况及尊重个人意愿的基础上进行制作，有义务对其内容进行说明并征得利用者的同意，同时还需保障利用者对服务内容等反映意愿的机会。为此，服务提供责任人需将上门护理计划书的目标及内容等，通过简明易懂的方式向利用者或其家属进行说明，同时还应将其实施状况及评价等进行说明。

（4）上门护理计划书制订完成后，应尽快交付给利用者，并保存 2 年。

（5）服务提供责任人，需掌握和了解上门护理员等人实施的服务是否遵循了上门护理计划书的要求。同时，还应给予指导、建议等对其实施状况进行必要的管理。

14. 禁止向同居家属提供服务

不允许上门护理员等对其同居家属提供上门护理服务。

15. 有关向市、地区、街道的问题通报

指定上门护理机构，如接受的指定上门护理利用者在符合下列条件的情况下，应迅速附加意见书向市、地区、街道等进行通知。

（1）无正当理由违反指定上门护理利用的相关规定，并擅自提升需要护理状态的程度时。

（2）提供虚假信息或以不正当的手段接受保险给付，或正准备接受保险给付时。对提供虚假信息或以不正当手段接受保险给付者，以及由于自己的故意犯罪行为或重大过失等导致发生需要护理状态，或因这一原因导致事故发生者，市、地区、街道可以参照法规第 22 条第 1 项对已支付的保险给付进行征收，或根据第 64 条对保险给付进行限制，指定上门护理机构应向市、地区、街道等通知，并附加对该利用者保险给付的合理建议外，还需将通知的理由进行记录。

16. 紧急事态的应对措施

上门护理员等人在提供指定上门护理服务的过程中，利用者的疾病加剧或其他突发情况发生时，应根据经营章程中规定的紧急事态发生时的应对方法，迅速与主管医生进行联络，并采取必要的应对措施。

17. 管理者及服务提供责任人的职责

指定上门护理机构的负责人及服务提供责任人各自的职责，要求负责人对从业人员及业务进行一元化管理，同时要求从业人员需严格遵守相关规定。服务提供责任人应将该要求作为管理指定上门护理相关业务工作的重要部分，并认真完成规定的各项记录。在配置了复数的服务提供责任人的指定上门护理经营场所中，通过对服务提供责任人们实行业务分担，作为指定上门护理机构（经营场所）可以合理地开展该业务时，不需要由一位服务提供责任人负责该业务的全部工作。

此外，由于服务提供责任人，在为利用者提供合理的上门护理服务方面发挥着重要的作用，因此，该业务内容应根据该机构（经营场所）的状况或实施体制进行合理地安排和实施，对此点需留意的同时，还要求经常学习必要的知识，提升业务能力

二　上门洗浴护理人员与经营管理

（一）从业人员数量

开展指定上门洗浴护理服务机构负责人，应在每个经营场所配置符合提供指定上门洗浴护理服务要求的人员，具体的人员数量如下所示：（1）护师或准护师（以下称为护理人员）1 人以上。（2）护理人员 2 人以上。（3）前项的上门洗浴护理人员中的 1 人以上，必须为专职人员（正式员工）。（4）指定上门洗浴护理服务机构负责人，同时接受指定上门洗浴预防护理服务机构负责人，负责指定护理预防服务等机构的管理、设备（用具等）、机构运营，与指定护理预防服务有关有效、提升预防护理方法基准。指定上门洗浴护理业务与指定上门洗浴预防护理业务为同一经营场所，处在一体经营状态时，在满足指定预防护理服务等基准规定的有关人员基准之外，再增加护理人员 1 人，即可视为已满足前两项中规定的基准。

（二）管理者

指定上门洗浴护理机构的管理人为专职人员，且原则上应为专门从事该机构业务的管理人员。但是在不影响该机构管理业务的情况下，处于两种情况时，可兼任其他职务，并且管理者不需一定是上门洗浴护理从业人员等。

1. 从事该指定上门洗浴护理机构的上门洗浴护理从业人员等职业时携带

2. 在同一区域或虽因道路分隔但又相邻，特别是在判定为不影响该机构的管理业务范围内的其他机构担任其他机构的管理者或从业人员

这种情况下，与其他机构的业务内容无关，例如，由于管理机构的数量过剩需进行个别判断，作为合并的入住机构的兼职的护理、护理人员对入住者提供服务等情况下，可认为对管理业务带来影响。但是，在机构的工作时间相当有限的职员，可通过具体判断进行特别认可。

（三）设备（用具）及物品等

1. 指定上门洗浴服务机构为便于业务的开展，最好设置有一定面积的专用经营场所

如果能通过隔断等方式明确划分其专用空间，可以与其他业务在同一

经营场所。此外，在这种情况下，如果即使不分割空间也不会影响业务开展时，只要将开展上门洗浴护理业务的区域进行明确特定即可。

2. 有关专用经营场所或划分的办公区域

需确保必要的空间以便于受理利用者的申请、咨询，此外还需设置保管浴盆等设备、用具及物品的必要空间。

3. 应确保可放置指定上门洗浴护理必备用具和辅具

有关专用经营场所或划分的办公区域，应确保可放置指定上门洗浴护理必备的浴盆等（供行动不便者洗浴）、车（搬运浴盆或洗浴设备配套部分）等设备及用具、物品等。尤其是要配备必要的清洁手指的设备，预防感染的发生。如果与其他的机构或经营场所在同一地区内，在不影响该指定上门洗浴护理的业务以及该所属其他机构、经营场所的运营时，也可使用该其他机构，经营场所配置的设备及用具、物品等。

（四）指定上门洗浴护理具体操作方针

1. 掌握服务对象的状态

提供指定上门洗浴护理时，根据服务利用者的身心状态，在入户实施全身洗浴困难的情况下，可根据利用者的意愿实施擦洗或部分清洗（头、脚、阴部等），努力提供合理的服务。

2. 服务提供责任人，是指具备洗浴护理相关知识和技能的人

在提供卫生管理及洗浴服务时，可对其他从业人员的操作顺序等进行正确的指导，同时应重视如何让服务利用者放心地接受服务。此外，同号规定的有关（主管医生的意见确认），是指经营机构在获取服务利用者以及利用者的承诺后，应与主管医生进行确认，并对下次的需确认的时间及日期进行确定。

3. 有关提供服务所需设备、器具、物品等的卫生安全

（1）浴盆等是与利用者的身体直接接触的用具，因此要对每个利用者提供清洁和消毒后的用具，并在使用后进行清洁和消毒。在对该类物品及用具保管时，需保持其处在清洁状态。

（2）有关与皮肤接触的毛巾等物品，应对每个利用者进行更换，或使用个人专用物品需使用安全、清洁的物品。

（3）有关消毒方法，应制作操作流程守则，并让从业人员遵守。

（五）经营规章制度

指定上门洗浴护理机构负责人，应对每个营业场所制定以下的与经营相关重要事项的规章制度。

1. 经营目的及运营方针；

2. 从业人员职业种类、人员数量及职务内容；

3. 营业日及营业时间；

4. 指定上门洗浴护理的内容及利用费用，以及其他的费用；

5. 日常提供服务的区域；

6. 利用服务时的注意事项；

7. 紧急状况发生时的应对方法；

8. 其他的与经营相关的重要事项。

三 上门护理服务人员与经营管理

（一）护师等人员数量

1. 有关指定入户护理站

（1）有关指定入户护理站的保健师、护师或准护师（以下称护理人员）的人员数量，规定用专职换算法计算为 2.5 人以上。对此，考虑到从业人员援助体制等因素，设定了最少人员数，可根据各地区服务的利用状况及指定入户护理机构的业务量酌情考虑，确保合理的人员数量。

（2）对工作日及工作时间不定期的护师等人，累计工作时间的计算与指定上门护理的情况相同。

（3）心理学疗法士、操作疗法士及语言听觉士，可根据实际情况进行合适数量的配置。（有可能不需配置）

（4）有派出所等机构时，在用专职换算法计算在营业场所护师的累计工作时间时，应包含在派出所的累计工作时间。

2. 担任指定入户护理的医疗机构

每个指定入户护理营业机构（场所）应配置可提供指定入户护理服务的一定数量的护理人员。

3. 有关指定定期巡回、随时应对现上门护理或与指定复合型服务为一体的运营

指定入户护理机构，同时接受指定定期巡回、随时应对型上门护理机

构或指定复合型服务机构的指定，且与该机构的指定入户护理机构在同一场所、处在一体经营的状态时，在接受指定定期巡回、随时应对型上门护理机构或指定复合型服务机构的指定时，应配备必要的护理人员数量（专职换算法为2.5人），满足指定入户护理的护理人员基准即可。

此外，指定入户护理机构在满足了指定定期巡回、随时应对型上门护理机构等的护理人员配置基准时，可视为已满足指定入户护理人员配置基准。此时，因已满足了指定入户护理人员配置基准，可视为同时满足了其他的指定定期巡回、随时应对型上门护理机构的护理人员配备基准。

（二）管理者

1. 指定入户护理站的管理者为专职人员

原则上应为专门从事该指定入户护理站管理业务的人员。但是，在符合以下情况，不影响该指定入户护理站管理业务时，可以兼任其他职务。

（1）作为该指定入户护理站的护理人员从事护理工作时；

（2）该指定入户护理站为接受了保险法指定的入户护理站情况下，担任该入户护理站的管理者或护理人员的工作时；

（3）在同一地区内或因道路分隔但邻接等，特别是对该指定入户护理站的管理业务不带来影响范围内有其他机构、经营场所等，可以担任［此种情况下，与其他的机构、经营场所的经营内容无关。例如，兼任合并后的入住设施中的护理业务（包括管理业务）并不会对管理者的业务带来影响，对在机构内的工作时间非常少的工作人员来说，可以例外地得到认可。］该所属其他机构的管理者或职务。

2. 指定入户护理站的管理者

应是保健师或护师等具备与管理者相符的身份，因违反保健师护师助产士法规定，其保健师或护师的执业资格被停止，在执业资格停止时间结束后2年未满者，不适用该规定。

3. 管理者不能到岗工作情况

管理者因出现长期伤病或出差等不得已的理由时，如果有具备相当水平的与提高老年人福祉相关的知识、经验、热爱该事业者，通过对以往的工作经验等进行调查，认为适合担任指定入户护理站的管理者，且被都、道、府、县知事认可的人，可以作为非保健师以及护师身份的管理者。但在这种情况下，需尽快保证管理者为专职保健师或护师人员的身份。

4. 指定入户护理站的管理者

必须是从事过医疗机构的护理、入户护理或入户指导等有工作经验的人。特别是为了确保作为管理者的资质，建议能参加相关机构提供的研修活动。

（三）入户护理机构

1. 指定入户护理站

（1）应设置具有一定经营面积的专用经营场所。但当该指定入户护理站接受了健康保险法指定的入户护理站时，两者可以共同使用同一经营场所。此外，该指定入户护理站兼营其他机构的经营场所时，需对工作区域进行专用划分。在这种情况下，不划分区域并不会给工作带来影响时，则需将指定入户护理工作区域进行明确划分并特定。

（2）在经营场所内，要确保用于受理服务利用者的申请、咨询等接待工作所必要的空间。

（3）要确保指定入户护理所必需的用具及物品。特别是要采取必要的预防交叉感染的措施及物品。如果在同一区域内有其他的机构、经营场所等，对指定入户护理业务或对该其他机构、经营场所的运营不带来影响的情况下，可使用该其他机构、经营场所的用品或物品。

2. 承接指定入户护理的医疗机构

（1）为开展指定入户护理服务需设置必要的专用区域。此外，在不影响业务的情况下，可将指定入户护理业务的区域进行特定划分。

（2）需确保指定入户护理业务所必备的设备及物品等。有关设备及物品，可使用该医疗机构诊疗用的设备及物品。

（四）指定入户护理的具体方针

1. 指定入户护理是根据利用者的身心状态，通过妥善、贴切的服务以确保其生活质量，因此，应与其主管医生进行密切的合作，按护理理计划实施。

2. 有关指定入户护理服务的提供，要对达成目标的程度及效果等进行评价，同时还应不断对入户护理计划书进行修正，逐步提升服务。

3. 应向利用者及家属，就利用者的健康状况和既往状况、护理的目标及内容、具体的方法及其他的疗养上必要的事项，用通俗易懂的方式进行指导和说明。

4. 在指定入户护理服务的提供方面,应随着医学的进步和发展,掌握和运用新的技术和方法,为此应提升不断学习和钻研新护理技术,积累经验。

5. 应坚持医学的观点和立场,不得实施不被大多数人认可的护理行为。

（五）与主管医生的联络

1. 需按照利用者主管医生签发的入户护理指示手册或纸质证明,提供入户护理服务

指定入户护理机构的负责人,需按照利用者主管医生签发的入户护理指示手册或纸质证明,提供入户护理服务。为此,需对与主管医生联系方式的保持、对负责提供指定入户护理护师的监督机制等实施必要的管理。此外,主管医生是指由申请利用者选定,实施附加医疗的医生,不可接受主管医生以外复数的医生的指示。

2. 指定入户护理的利用对象只限于由其主管医生认定的有指定入户护理必要性者

指定入户护理的利用对象只限于由其主管医生认定的有指定入户护理必要性者。因此,指定入户护理机构在提供指定入户护理开始时,必须先受理指示文件,以确认服务利用者的资格。

3. 为与主管医生保持良好合作

指定入户护理机构的负责人,为与主管医生保持良好合作,提供合理的指定入户护理服务,应定期向主管医生提交入户护理计划书或入户护理报告等。

4. 护师等人单独工作的安全注意事宜

由于实施的指定入户护理服务是在医疗设施（医院）之外的场所,由护师等人单独进行,因此对其安全等需特别留意,要求对各种状况进行慎重地判断,且需与主管医生保持密切的协作关系。

5. 入户护理计划书以及入户护理报告书记录

保险医疗机构为指定入户护理机构（经营场所）的情况下,主管医生的指示文件可以记录在诊疗记录中。此外,可以将入户护理计划书以及入户护理报告书记录在诊疗记录中。

四　居家康复护理人员与经营管理

（一）人员相关基准

指定上门康复护理机构负责人，应在每个指定上门康复护理经营场所配置合适数量的能提供指定上门康复护理的心理学疗法士、操作疗法士或是语言听觉士。

（二）设备相关基准

有关指定上门康复护理机构（经营场所）如下：

1. 医院、诊疗所或者护理老人保健设施

2. 设置、划分为指定上门康复护理机构顺利运营

利用申请的受理、咨询等所需空间所需专用的必要区域。此外，在不影响业务的情况下，只要能将指定上门康复护理机构开展业务的区域进行特定、且明确划分即可。

3. 需要配备提供指定上门康复护理服务必要的设备及用品

4. 可以使用医院诊疗所设备

有关设备及用品，可以使用该医院、诊疗所或护理老人保健设施中用于诊疗用的设备及用品。

（三）指定上门康复护理的具体操作流程

1. 上门康复护理需利用者的身心状态及生活环境

指定上门康复护理，要求根据利用者的身心状态及生活环境，妥善合理地提供服务，以确保生活质量的提升。因此，需与其主管医生进行密切的协作，并遵照上门康复护理计划书的要求实施。

2. 要求对其目标的达成程度或其效果进行评价

有关指定上门康复护理服务的提供，要求对其目标的达成程度或其效果进行评价，同时还需要努力不断地对指定上门康复护理计划书进行修正和完善。

3. 向利用者及其家属进行说明和指导

在提供指定上门康复护理服务之际，应将利用者的身心状态，康复的内容以及提供服务的目的、具体方法、实施康复所必要环境条件的准备、疗养上必要的注意事项及疗养上必要的目标等有关疗养上的必要事项，用简明易懂的方式向利用者及其家属进行说明和指导。

在提供指定上门康复护理服务之际，该指定上门康复护理机构在接受其他医疗机构的医生提供的信息实施服务时，应与提供该信息的医疗机构的医生进行充分的合作。

4. 不断学习和掌握新的技术和方法

在提供指定上门康复护理服务方面，要求应跟随医学的进步，不断学习和掌握新的技术和方法，钻研业务、积累经验，提供更妥善、合理的服务。

5. 提供的指定上门康复护理服务的要点

在提供指定上门康复护理服务之际，应尽快将已提供的指定上门康复护理服务需要护理者的姓名、服务提供日期、提供的指定上门康复护理服务的要点以及服务提供者的姓名进行记录。

6. 康复会议的人员构成

康复会议的人员构成应为医师、心理学疗法士、操作疗法士、语言听觉士、护理辅助专业人员、居家服务计划书草案中指定的指定居家服务的提供者、护理预防、日常生活援助综合事业的服务提供者以及保健师等。

指定上门康复护理机构应举办康复会议，从康复专业的角度，将利用者的相关信息与该会议构成人员共享。

康复会议基本上要求利用者以及家属必须参加，但因家庭暴力等原因不愿意参加或家属居住地很远等实在不能参加的情况下，可不参加。

因康复会议的召开日程调整，或因服务提供者等事由导致构成成员不能出席康复会议时，应迅速将该会议的内容传递给会议缺席者，力求信息共享。

五　上门康复护理计划报告的制订

1. 指定上门康复护理计划书是根据每个利用者的身心状态、生活环境而制作的。需记载利用者的意愿、主管医生的指示及目标、具体的康复服务内容等。在居家服务计划书的制作已完成时，应按照该计划书制订上门康复护理计划书。

2. 就有关指定上门康复护理计划书的目标及内容，需向利用者或其家属用简单易懂的方法进行说明，同时还应将其实施状况及评价进行说明。

3. 上门康复护理计划书必须按照居家服务计划书的内容进行制作。

在上门康复护理计划书制订完成后，居家服务计划书才制作完成时，应对该上门康复护理计划书的是否遵循了居家计划的内容进行确认，并根据其必要性进行变更。

4. 上门康复护理计划书必须根据医生的诊断，并综合利用者的病状、愿望以及所处环境进行制作，为保障利用者对服务内容反映意向等机会，医师及理学疗法士、操作疗法士或语言听觉士在制作上门康复护理计划书之际，应就其内容进行说明，且必须征得利用者的同意。此外，还应将该上门康复护理计划书交付给利用者。

5. 指定上门康复护理机构在同时接受了指定养老设施（养老院等）康复机构的指定时，应通过召开康复会议等，对上门康复护理以及养老机构康复的目标及围绕该目标的通过康复的内容进行整合后制作上门康复护理计划书。

该计划书制订之际，需围绕各机构的目标，设定共通的目标。此外，要明确各机构为达成目标所担任的职责和要求，同时为了能向利用者提供系列的全方位的服务，应将每个康复的实施主体、目标以及具体的提供内容等作为单独的计划书进行记载。

6. 按照机构上门康复护理以及养老机构康复整合后的计划书提供康复服务的情况下，可根据相关规定，对诊疗记录进行统一管理。

第二节 老年护理服务社会化及经济效果

一 立法在先，护理保险制度严格有序实施

从国际上看，德国、日本是护理保险制度落地实施的国家，两国在实践中都积累了丰富的经验。日本是世界上老龄化速度最快的国家，进入老龄社会仅用了短短 26 年，到 2007 年发展成为世界上进入"超高龄社会"唯一的国家。2018 年，日本总人口达 1.26 亿人，比 2016 年减少 26.3 万人，并持续 8 年呈现人口减少态势。65 岁及以上老年人口为 3557 万人，比上一年增加 4 万人，占总人口的 28.1%。70 岁及以上老年人口占总人口的 20.7%，80 岁及以上老年人口占总人口的 8.7%，90 岁及以上老年

人口占总人口的 1.7%，连续 2 年超过 200 万人。百岁以上老年人达 7 万人。① 由此可见，日本的老龄化程度再次领跑世界之最。

基于日本老年人口急速递增的态势，从 20 世纪 50 年代到 2000 年，日本政府先后颁布了《国民年金法》《老人福利法》；期间的 1982 年，还出台了推广老年人保健设施的《老人保健法》等。日本政府用了 10 年的时间进行准备，于 1997 年出台了《介护保险法》。之后，用了 3 年的时间，制定了相应的配套制度、积极提高民众对其的认识、建设应对专业机构等，终于在 2000 年，正式实施了护理保险制度。在监督管理方面，还制定了指定疗养型医疗护理机构人员、设备以及运营标准等行业管理基准。2000 年起实施的以护理保险法为基础的长期护理保险制度，是日本继医疗、养老、雇佣、工伤保险之后的第五支柱型社会保险制度。

二 增加护理服务需求，推进老年服务业迅猛发展

伴随老年人护理和生活照料需求的不断扩大，直接或间接地带动着老年住宅、金融保险、医疗健康、大学教育等多行业需求的增长，拉动了经济发展。日本护理服务机构有两大类，为社区护理机构和专业护理机构。社区护理机构主要提供居家护理服务和日托服务；专业护理机构主要是收住失能老人的养老院、护理院。日本政府非常重视养老保险事业的发展与市场开发的相结合，根据老年人的需求进行市场培育。尽管护理保险制度存在财政负担过重等问题，但总体上还是保障了老年群体的养老服务需求。

（一）满足了护理服务需求，护理服务机构数量倍增

自 2000 年 4 月护理保险制度实施以来，参保人享受到了护理保险的服务，且人数逐年上升。在最初实施护理保险制度的 2000 年，参保人接受服务的只有 148.97 万人。到 2009 年，有 1276 万参保人接受了服务。其中，第一号参保人（65 岁及以上老年人）1186 万人，第二号参保人（40—64 岁）90 万人，2009 年比 2000 年接受服务人数增长了 2.6 倍②，

---

① 日本总务省统计局，2018 年日本人口统计，http://www.stat.go.jp/data/jinsui/2018np/index.html，2019 年 4 月 12 日公布，2020 年 3 月 1 日。

② 日本厚生劳动省，2001—2009 年厚生白皮书，2010 年。

2019 年比 2000 年接受服务人数增长了 3.8 倍。① 2000 年、2009 年、2019 老年人接受护理服务人数（见表 11 - 1）。

表 11 - 1　　　2000 年、2009 年、2019 年护理服务接受者的数量变化　　　单位：万人

护理服务类别	2000 年	2009 年	比 2000 年增长（倍数）	2019 年	比 2000 年增长（倍数）
居家服务（含预防护理）	97.15	278.28	2.9	388.9	3.9
社区嵌入型服务（含预防护理）	—	22.66	—	88.9	4.0
护理机构服务	51.83	82.58	1.6	95.2	1.8
合计	148.97	383.52	2.6	573	3.8

资料来源：日本厚生劳动省，2001—2009 年厚生白皮书，2020 年；日本厚生劳动省，护理保险事业状况报告摘要，令和二年一月暂定版。

随着护理保险参保人接受护理服务的需求急剧增加，护理保险管理机构的增设也逐年递增。2000 年至 2009 年，护理保险制度实施的 10 年间，养老机构如雨后春笋般地得到迅猛发展，一大批民间企业进入了老年护理服务市场，催生出相当数量的民间营利与非营利性养老机构。

护理保险实施初始的 2001 年，只有福利型设施 1463 所、保健型设施 1667 所、疗养型设施 1986 所。10 年后的 2009 年，福利型设施达到 8649 所、保健型设施达到 7852 所、疗养型设施达到 8375 所，分别比 2001 年增长了 4.9 倍、3.7 倍、3.2 倍%②。

从日本近 20 年来的实践，可以看出从原有单一的护理服务机构增至包括预防护理服务等六大类服务机构。根据 2018 年，日本厚生劳动省公布 "2017 年护理服务机构调查概况" 显示，日本六大类型老龄服务机构总数达 376861 所。在预防护理型服务机构中：上门预防护理服务机构 34160 所，通所预防护理服务机构 40870 所；护理服务型机构：上门护理

---

① 日本厚生劳动省，护理保险事业状况报告摘要，令和二年一月暂定版，2020 年。ht-tps：//www.mhlw.go.jp/toukei/saikin/hw/kaigo/service17/index.html，2020 年 3 月 10 日。

② 张腾：《日本介护保险制度介绍与效用评析》，《东南亚纵横》2010 年 7 月。

服务机构 35013 所、通所护理机构 23038 所；社区嵌入式服务机构：通所护理服务机构 21063 所；护理保险型服务机构；老年人福祉护理机构 7891 所、老年人保健护理机构 4322 所、疗养型医疗护理机构 1196 所①。2017 年日本老龄服务机构数及机构类别见表 11 – 2 所示。

表 11 – 2　　　　　2017 年日本老龄服务机构数及机构类别　　　　单位：所

护理服务机构类别	2017 年	2016 年	比前年增加的百分比（%）
预防护理型服务机构 上门预防护理机构、上门洗浴预防护理机构、上门预防医疗站、上门预防通所护理机构、通所康复预防护理机构、短期入住生活预防护理机构、短期入住疗养预防护理机构、指定机构入住者生活预防护理机构、预防护理福利辅具租赁公司、指定预防护理特定福利辅具销售公司	131465	130581	0.68（Δ884）
社区嵌入式预防护理服务机构 应对认知症型通所预防护理机构、小规模多功能型居家预防护理机构、应对认知症型共同生活预防护理机构	21643	21272	1.74（Δ371）
预防护理援助服务机构（包括社区援助中心）	5020	4873	3.02（Δ147）
居家服务型机构 预防护理机构、上门洗浴护理机构、上门医护护理服务站、通所护理机构、通所康复机构、短期入住生活护理机构、短期入住疗养护理机构、指定机构入住者生活护理、福利辅具租赁公司、指定福利辅具销售公司	116779	114546	1.95（Δ2233）
社区嵌入式护理服务机构 定期巡回、随时应对型上门护理及医护服务机构、夜间应对型上门护理机构、社区嵌入式通所护理机构、认知症应对型通所护理机构、小规模多功能型居家护理、认知症应对型共同生活护理机构、社区嵌入式指定机构入住者生活护理、复合型服务机构（小规模多功能型居家医护护理）、社区嵌入式老人福祉护理机构	47272	47049	0.5（Δ237）

① 日本厚生劳动省，平成二十九年护理服务机构调查概况，2018 年，https：//www. mhlw. go. jp/toukei/saikin/hw/kaigo/service17/index. html，2020 年 3 月 10 日。

续表

护理服务机构类别	2017 年	2016 年	比前年增加的百分比（%）
居家护理援助机构	41273	4068	1.44（Δ587）
护理保险服务机构 老人护理福利机构、老人保健护理机构、疗养型医疗护理机构	13409	13270	1.05（Δ139）
合计	376861	372277	1.23（Δ4584）

资料来源：根据日本厚生劳动省《平成二十九年护理服务机构调查概况》整理，https：//www. mhlw. go. jp/toukei/saikin/hw/kaigo/service17/index. html。

（二）推动老年服务社会化，老龄产业的迅猛发展。

日本护理保险制度实施不到一年时间，便获得了85%的民众支持率，大部分的保险对象享受到了应有的养老服务。从日本实施护理保险制度的经验来看，在应对老龄化问题、满足了老年人护理服务需求的同时，还带动了老龄产业开发，促进了经济的增长。

日本的老龄服务产业大致可分成三大类：核心产业、相关产业、衍生产业。[①]

核心产业：包括养老设施、养老机构、老年人房地产、老年人护理服务业，老年人服饰，老年人食品，老年人医疗等。

相关产业：包括养老机构相关供应链上的养老用品，如专业家具专业设施、专业易耗品等；老年人护理服务业供应链上的护理人员培训、劳务派遣、老年护理专业用品、治疗和康复器械等；以及来自于老年人深层需求的娱乐、老年大学、旅游、医疗保健、健康营养、心理咨询等。

衍生产业：包括老年储蓄投资理财产品、老年人地产、老年人融资等资本市场。

实例1：日本 NISHIKEN 株式会社[②]成立于1955年，最初只是专门从事道路建设业务。自护理保险法颁布后的1999年，开始增设养老服务业

---

① 王桥：《我国养老服务业发展进程、存在的问题及产业化之路》，《湘潭大学学报》（哲学社会科学版）2015年第6期。

② 日本 NISHIKEN 株式会社，日本福冈县久留米市，主要业务为护理辅具租赁及销售。

务，获取了护理保险实施资格，专门从事护理保险支付的老年护理辅具的销售和租赁业务。NISHIKEN 株式会社在日本西部地区签约了 1300 个养老服务设施，力图建立一个让利用者安心、诚信的运营管理体系。该公司的租赁销售额逐年增长，2011 年为 2216 亿日元，2018 年增加至 3366 亿日元，预计到 2020 年将达到 3641 亿日元。2011—2020 年 NISHIKEN 株式会社护理辅具业务销售额及预测如图 11 - 1 所示。

图 11 - 1　NISHIKEN 株式会社 2011—2020 年护理辅具业务销售额及预测

资料来源：笔者根据日本 NISHIKEN 株式会社资料整理，2019 年 4 月。

截至 2018 年年底，在日本注册并运营的类似 NISHIKEN 株式会社这样的护理辅具租赁销售公司，共有 7700 家。

实例 2：日本株式会社日医学馆创立于 1968 年 12 月。日本在 1961 年出台了日本全民保险制度，是一项强制性的国民健康保险。日医学馆的创始人瞄准保险结算业务这一巨大市场，开始承接医疗业务委托管理业务，创立了"医事研究中心"——日医学馆。1971 年，日医学馆为培养医疗业务委托管理的优秀人才，特开办了日本第一个走读制医疗事务讲座和家庭护理员的培训讲座。到 1996 年，开始承办健康护理业务，提供以居家护理服务为中心的护理服务。2000 年，开始尝试在全国范围内开办护理服务网点，终于在 2007 年正式开展团体之家、收费养老服务机构护理服务，建立了提供满足顾客需求的"全面护理服务"机制。

日医学馆的事业是与日本的医疗和护理保险制度一同成长起来的，是日本排名第一的养老服务公司。主要从事医疗相关事业、健康护理事业、护理教育等事业，在日本全国共设有 12321 个护理网点，300 多家养老院，为 14 万人老年人提供护理服务。2013 年，日医学馆的主营业务收入稳步增长，高达 2750 亿日元，净利润近 40 亿日元。在日本各地区开展着专业的家庭护理员 2 级讲座、护理福利士应试对策讲座、健康管理经理应试对策讲座完美型研究会、护理事务讲座、与老年人联络员讲座、福利居住环境协调员 3 级、2 级讲座、护理预防运动指导员培训讲座等，为日本的养老护理服务机构培养和输送了大批医疗、护理领域的优秀人才。

　　总之，随着社会整体老年护理服务水平和质量的不断提升，老年服务需求的日趋多样化，硅胶防褥疮床垫、自动感应支撑式马桶、感应手表、呼救手机、护理机器人、电动入浴车、远程医疗诊断、多功能智能电动床等高与老年人相关的高科技含量护理产品也应运而生，这不仅激活了老年消费市场，还拉动了社会经济的增长。

　　（三）夯实基础型老龄护理辅具，创新高端适老产品

　　日本护理保险制度实施后，对于认定需要护理者，老年护理辅具的购买或租赁纳入支付目录，给护理辅具生产企业带来了长足发展的机遇。生产企业纷纷在原有基础上提升自身技术含量，不断创新推出具有竞争力的新产品。如品牌企业 PARAMOUNT BED HOLDINGS CO.，LTD. 生产的智能系统床、PLATZCo.，LTD. 公司生产的多功能护理电动床、酒井公司生产的智能型洗浴护理器械等。

　　PARAMOUNT BED HOLDINGS CO.，LTD.，中文名为八乐梦床业床业厅室集团。该公司前身是 1947 年设立的"木村床具制作所"，专门生产医用病床。1950 年，创建了"八乐梦床"品牌，并开始了医用床的开发和研制。1962 年开发出了日本最早的电动医用床，之后开始研发面向医院及老年护理用的系列床具产品。在 2000 年 4 月日本开始实施护理保险制度以后，该公司依据需要护理者日益激增必将带来市场规模扩大趋势，首先在日本国内创新研发医用及老年用智能床具、福祉辅具等，增设护理辅具销售及租赁业务运营公司。向海外拓展业务，先后在印度尼西亚、中国、泰国、印度、墨西哥、越南、巴西等地开设了公司，生产面向医疗和护理机构提供的智能系统床具。据该公司中期经营计划（2016—2021 年）显示，到 2021 年 3 月，合计销售额预计可达 1000 亿日元，合

计利润 140 亿日元，海外营业额也将达 200 亿日元。①

八乐梦床业厅室集团，是由总公司及 15 家子公司（八乐梦床业株式会社、八乐技术株式会社、八乐梦照料服务株式会社、CS 宜居援助株式会社等）构成，主要经营医疗福祉用床、床褥垫、病房家具、医疗器具备品等的制造及销售；配套服务有床褥垫的检测、维修、消毒及保养租赁等服务；经营福祉用具的租借批发等业务。八乐梦床业厅室集团销售状况推移如表 11 –3 所示。

表 11 –3　　　　　　八乐梦床业厅室集团销售状况推移　　　　单位：百万日元

结算年度	2014 年	2015 年	2016 年	2017 年	2018 年
销售额	72.794	75.270	74.089	73.198	77.220
经常利润	12.357	11.553	9.830	11.778	12.161

资料来源：八乐梦平床业厅室集团，《平成二十九年度有价证券报告》，2018 年，http：// www. paramountbedhd. co. jp/cms/pdf/ir/reference/securities/securities2018_ 4. pdf。

近年来，日本的老年护理产业正在向的人工智能领域进军。随着老年人口的急剧增加，已出现了护理劳动力的短缺问题。为此，日本在不断引进外国的护理人员的同时，还致力于开发 AI 人工智能技术产品。

2013 年，日本政府开始积极资助为老年人、残疾人提供的人工智能系列研发项目。目前，日本机器人看护技术水平已超出只限于缓解护工严重短缺压力的范畴，多地老年护理机构正在试用可以提供各种社会关怀和身体保健服务的机器人。例如痴呆症患者护理伴侣，会发声音并肢体能够活动的海豹等等。丰田汽车公司生产的智能型汽车，为身体障碍者设计的自动可收纳轮椅的智能汽车，是高端技术老龄产业的领军产品。据统计，现在全球针对老年人的护理辅具有 4 万多种，其中日本研发生产 2 万多种。

三　护理服务拓宽就业渠道，带动"银发经济"发展

增加了就业机会，吸收了传统产业的富余劳动力。老年人护理服务业

---

① 日本八乐梦床业公司，https：//www. paramountbed-hd. co. jp，2020 年 4 月 25 日陆。

和机构养老服务业均属于劳动力密集型行业。有日本学者研究显示，"相当于每 100 亿日元的老年人护理方面的需求，所创出的就业机会可达 1785 个；而相当于 100 亿日元基础设施建设等公用事业方面的需求，所创造出的就业机会仅为 994 个"①。日本在应对老龄化问题、积极满足失能、半失能老年人护理服务需求的同时，还带动了养老服务产业的蓬勃发展，增加了就业机会，拓宽了就业空间。

护理保险制度实施后，护理人员的队伍规模得到迅速扩大。2000 年以后，被认定为需要护理（需要支援）的人数逐年快速增长，伴随着服务量的增加，护理人员数量在短短的 15 年里便增加了 3.2 倍。2000 年、2009 年、2019 年，护理保险实施后服务接受者的数量推移（见图 11 - 2）。

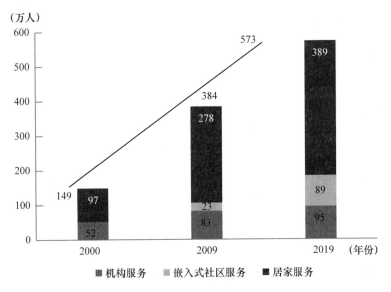

图 11 - 2　2000 年、2009 年、2019 年护理服务接受者数量推移

资料来源：笔者根据《日本护理保险事业状况报告》整理，2020 年 3 月。

日本的护理人员数量严重不足现象，说明了养老服务就业岗位的潜在需求很大。而补充和增加护理人员，也就是增加了就业人员的数量。2000—2025 年护理人员总数及其不足，见表 11 - 4 所示。

① 陈茗：《日本老龄产业的现状及其相关政策》，《人口学刊》2002 年第 6 期。

表 11 - 4   2000—2025 年护理人员总数及其不足   单位：万人

护理人员	2000 年	2013 年	2017 年	2020 年	2025 年
全体数	54.9	170.8	207.8	225.7	253.0
不足数	—	—	12.5	20	37.7

资料来源：笔者根据《日本护理保险事业状况报告》整理，2020 年 3 月。

由图 11 - 2 和表 11 - 4 可见，日本 2020 年护理人员约缺乏 20 万人，预计到 2025 年将缺乏 40 万人。根据护理保险制度的规定，一个护理机构需设置护理福祉士、社会福祉士，护理经纪师都、营养师等专业人员，且三名被护理者需配对一名护理福祉士等。日本护理保险制度实施后，依据护理保险制度实施与细则实务的规定，护理服务机构的从业员要严格按机构入住者的比例配置一定的护理人力，以确保护理服务的质量，并体现出运营的效益。

四　向高端护理人才培养转变

（一）中国高校率先建设老年福祉学科——东北师范大学人文学院

东北师范大学人文学院，早在 2009 年通过对欧洲、日本等等国家老年服务业发展状况考查，于 2010 年创办了国内首个社会福祉（老年服务）本科专业。东北师范大学人文学院，率先创办了社会服务产业紧缺的各类人才培养的专业集群，率先探索并实施了产教融合的发展模式。自 2011 年招生截至 2019 年已有 6 届毕业生，其中 66% 的毕业生在国内各地老年服务机构工作，早期的毕业生，多数人已成为老年服务机构的高层管理者。2013 年以来，先后创办了康复治疗学（老年康复方向）、护理学（老年护理服务方向）、中药保健与开发、健康服务与管理专业（老年健康方向）、应用心理学（老年心理方向）等社会服务领域人才紧缺的专业；2016 年成立了社会福祉学院、健康福祉学院、儿童福祉学院，包括了培养"家政、养老、育幼"等 10 个社会服务领域紧缺人才的专业。"大健康、大福祉、大融合"应对老龄社会的办学思路和学科构架与人才培养目标，

2019 年 9 月，国家发展改革委、教育部等 6 部门印发的《国家产教

融合建设试点实施方案》，结合教育部办公厅等 7 部门关于教育支持社会服务产业发展提高紧缺人才培养、培训质量的培训意见精神及国家发展和改革委员会印发的《促进健康产业高质量发展行动纲要（2019—2022年）》的通知。关于教育支持社会服务产业发展提高紧缺人才培养、培训质量的意见中提出，要完善学科专业布局，重点扩大技术技能人才培养规模，并具体规范了面向社区居民的家政服务、养老服务、中医药健康服务等紧缺领域，倡导有条件的学校积极增设老年护理方向、中医护理方向、中医养生保健、中医营养与食疗、中医康复技术、康养休闲等社会服务产业相关的专业。开启了中国高校建立老年服务学科的新篇章。

（二）日本高端护理人才体系的建设——日医学馆教室星罗棋布

近年来，日本政府致力于高端护理人才体系的建设，从追求补缺数量的"馒头型"向培养高端人才的"富士山型"转变。目前，学习护理的人员多来自未就业女性、中老年人等，由于他们对护理职业没有充分的认识和不具备相当专业的技能，常出现就业不稳定或离职现象。为解决这一问题，采取了促进参与、努力改善劳动环境并提高资质和待遇等措施。力求通过学习专业知识和技能，明确专业性，促进从事护理工作人员的长久化、固定化，保障护理人才队伍的成长和壮大。具体措施是人才培训机构、教育机构（大专、大学）等，纷纷设置"社会福祉"专业，护理福祉士、社会福祉士等均需参加国家考级，形成了教育与养老服务产业的对接。例如，日医学馆凭借 20 世纪 60 年代做医疗机构人才培训的基础和品牌信誉，在护理保险制度实施后，增加了养老护理、高端管理人才培训等业务，全国各地的日医学馆开设讲座"旗舰店"，星罗棋布地开设在各地的车站附近，既培养了人才又推动了养老产业的创新发展，同时还拉动了经济的增长。

中国是一个拥有 13 亿人口的大国，人口老龄化的发展态势正在日趋严重，而老龄化市场仍蕴藏着巨大的经济潜力，我们需要积极地借鉴适合中国国情的发展模式，充分挖掘中国的老龄化市场，推动老龄化经济发展的同时拉动中国的经济增长，实现双赢。

结　语

构建中国老年服务体系，
带动"银发经济"增长

　　当今社会的老龄化，成了一个世界性的课题。中国是世界上老年人口最多的国家，也是全球人口老龄化发展速度最快的国家之一。中国的老龄化发展速度、规模及数量是巨大的。有观点认为人口老龄化的快速发展会导致年金、医疗费用等社会福祉支出总量的增加，会降低经济的增速等。然而，在老年人福祉领域潜藏着可扩大内需的巨大市场。首先，老龄化事业涉及医疗、保险、护理、金融、房地产、老年产品等领域，大量的从业人员改善了劳动供给关系，其次在市场经济的环境下通过合理的竞争，产品质量及服务水平可有效地得到提高，将逐步发展成国民经济的重要产业，从而推动社会经济的增长。

一　老年护理服务社会化，有效扩大内需

　　近年来，随着老年人口数量的逐年增加，需要护理的老年人数量也同步增加。同时，经济的快速发展、生活水平、医疗水平的不断提升，老年人对生活的质量也有新的要求，护理需求的服务内容也呈现出多样化、具体化、个性化。为此，针对老年人开展的各项事业正在蓬勃发展。

　　为了应对老龄化带来的社会问题，国家相继出台各项规章制度，完善社会福祉的同时，大力扶持老龄事业的发展。各级政府也结合当地的具体情况，制定了具体的实施方案和计划，积极推广居家养老、社区养老等服务。民营养老设施、养老服务机构提供的养老服务的内容及水平在不断提升，通过合理的市场竞争，老年人的消费市场正在日趋成熟。政府养老机

构、民营的养老设施、老年公寓、老年人服务设施、护理服务设施以及医疗保险，商业保险等产业正如雨后春笋般蓬勃发展。

社会福祉的发展固然会增加财政的支出，增加政府的负担，但65岁及以上的老年人口正在每年以400万以上速度快速增长，其消费市场的潜力是巨大的。随着我国老年社会福祉事业的不断发展和完善，定会推动经济的快速增长。

中国的传统养老模式是由家庭成员负责对老人进行生活照料，并养老送终。独生子女政策的实施，导致家庭人口数量的骤降，到2010年已由中华人民共和国成立前的5.9人降至3.1人，尤其是伴随着城市化的不断发展，进城务工就业人群的大量增加，引发了大规模的人口流动，导致空巢家庭的数量急剧增多，由家庭成员对老年人实施护理的养老模式发生了根本性的转变。为此，通过社会力量对老年人的养老生活进行援助的行业应运而生。护理的社会化不是单纯地替代家庭护理，其目的是使老年人能享受更及时、更专业、更精准的护理服务，切实提高老年人的生活质量。

有统计显示，到2018年年底中国60岁及以上老年人口的数量已达2.42亿人，65岁及以上老年人口达1.58亿人。其中，完全失能的约有1000万人，部分失能的约有3000万人，重度失能的约有444万人，而且，90%的为居家养老状态。此外，作为民政部下属研究机构的中民社会救助研究院发布的《中国老年人走失状况调查报告》显示，全国每年走失的老年人约有50万人，平均每天约1370人，而失智和缺乏照料为老人走失的主要原因。仅从这一项就可以看出，需要护理人群的数量是何等庞大，护理市场的潜力是何等巨大。

日本用了近10年的时间，最终出台、实施了长期护理保险制度，总体上基本保障了老年人群的养老服务需求。护理保险制度的实施，扩大了市场的需求、带来了就业的机会、吸收了传统产业的剩余劳动力、促进了经济的增长。据统计，每100亿日元老年人护理方面的需求所创出的就业机会可达1785个，以老年人为主要对象的服务业便增加200%以上，大大地降低了日本传统产业减裁职员对社会经济带来的冲击。

近年来，中国个别地区也已启动或试行了护理保险制度，受到了广泛的好评，老年人传统的家庭养老观念正在悄然发生变化。对护理社会化的认可促进了护理服务市场的发展和繁荣，随着护理需求的日益多样化、个性化、具体化，护理服务的水平以及护理产品、设施的性能也将在激烈的市场竞争中不断地升级、完善，从而有效地扩大内需。

二　改善劳动供给关系，提升 GDP

护理机构的运营本身就是一种经济活动，从事护理服务人员的数量会随着护理社会化程度的上升而不断增加。同时，摆脱了家庭护理的负担，获取了更多自由时间的家庭成员可以重新进入社会就业。尤其是对那些为了照料家人不得不辞退工作的人来说，辞职不仅会给家庭经济带来影响，还会导致他们的工作技能及经验出现停滞或落后，给日后的再就业带来一定的不利影响。同时，对企业来说，辞职人员的工作需要新人接替，但新的人员很难在短期内胜任辞职人员的工作，这就会直接到公司的经济效益和发展。在日本，平均每年因护理家庭成员而离职的人数高达 98000 人，如果护理的社会化能够彻底减轻家庭成员的护理负担，不仅不会影响企业的经济发展，还会大大增加劳动的供给量。

日本是世界上老龄化程度很高的国家之一，在 20 世纪末，老年护理服务的社会化趋势开始显露。为推动老年人护理的社会化进程，完善制度措施，充实服务内容，出台了《老年人保健福祉十年规划》（简称黄金计划，1995 年开始为新黄金计划），是将基于社会保险制度提供服务以及财源调配进行了整合的护理保险。其目的是对需要护理老年人的自立生活进行必要的援助，使老年人能有尊严地生活；通过社会力量发展护理服务业，减轻家庭成员繁重的护理负担；通过提供更完善的社会化护理服务，消除全体国民对养老的不安，提升生活的质量。2000 年护理保险制度实施，护理新增劳动力护理人员总数 54.9 万人，2017 年发展到 207.8 万人，[1] 对 GDP 增长具有一定的促进作用。

三　构建多层次中国老年服务体系

中国的老年服务的方针是"居家为基础、社区为依托、机构为补

---

① 根据日本护理保险事业状况报告整理，2020 年 3 月。

充"，是符合中国基本国情，具有中国特色的战略决策。为了更好地贯彻和落实，需要各项相关政策、制度的大力配合。尤其是完善的护理保险制度是关系到每个家庭、每个人的生活，关系到整个社会的发展和稳定。护理保险制度有效的实施，不仅可减轻需要护理人员及家庭的经济负担，消除对养老生活的担忧，还能让需要护理人员的家庭成员从家庭护理工作中解脱出来，安心、愉快地进行生活、工作、学习，去创造更多的社会价值，使家庭生活和谐、圆满。同时，随着医疗及科技水平的不断提高，护理需求将会更加多样化、个性化、具体化。为此，市场竞争机制将推动护理服务水平的提升，推动相关产业的竞争及发展。这种相互的促进作用，将大大推动宏观经济的发展。因此，我们应立足于长远，重视对宏观经济带来的正面影响，不断地推进、改革、完善护理保险事业，创建一个真正可安心养老的社会，创建一个充满活力、可持续发展的社会。

长期护理抽样调查描述性统计分析

Q01：性别

性别	Freq.	Percent	Cum.
男	2358	43.32	43.32
女	3085	56.68	100
总计	5443	100	

Q02：年龄

年龄	Freq.	Percent	Cum.
60—69 岁	1911	34.58	34.58
70—79 岁	1615	29.23	63.81
80 岁及以上	2000	36.19	100
总计	5526	100	

Q03：民族

民族	Freq.	Percent	Cum.
汉族	4594	95.75	95.75
其他	204	4.25	100
总计	4798	100	

Q04：文化程度

文化程度	Freq.	Percent	Cum.
研究生	24	0.45	0.45
大学	258	4.82	5.27
大专	339	6.33	11.60
高中/中专/职高/技校	914	17.07	28.66
初中	1224	22.86	51.52
小学	1627	30.38	81.90
未上过学（但识字）	467	8.72	90.63
文盲（不识字）	502	9.37	100
总计	5355	100	

Q05：婚姻状况

婚姻状况	Freq.	Percent	Cum.
未婚	73	1.37	1.37
有配偶	3400	63.92	65.29
离婚	85	1.60	66.89
丧偶	1730	32.52	99.42
同居	24	0.45	99.87
分居	7	0.13	100
总计	5319	100	

Q06：失独老人户

失独老人户	Freq.	Percent	Cum.
是	253	5.55	5.55
否	4309	94.45	100
总计	4562	100	

Q07：子女情况

与配偶是否生育子女	Freq.	Percent	Cum.
从未生育	75	1.45	1.45
生育子女	5085	98.55	100
总计	5160	100	

Q07A 和 Q07B：

子女个数	Freq.	Percent	Cum.
0	1	0.03	0.03
1	70	2.41	2.45
2	1005	34.67	37.12
3	988	34.08	71.20
4	539	18.59	89.79
5	222	7.66	97.45
6	55	1.90	99.34
7	14	0.48	99.83
8	5	0.17	100
总计	2899	100	

Q08：子女情况

当前与您一起居住的家庭人口数	Freq.	Percent	Cum.
0	362	7.50	7.50
1	1080	22.37	29.87
2	1719	35.61	65.49
3	523	10.83	76.32
4	295	6.11	82.43
5	305	6.32	88.75
6	89	1.84	90.59
7	81	1.68	92.27
8	96	1.99	94.26
9	48	0.99	95.26

续表

当前与您一起居住的家庭人口数	Freq.	Percent	Cum.
10	49	1.02	96.27
11	69	1.43	97.70
12	22	0.46	98.16
13	29	0.60	98.76
14	20	0.41	99.17
15	10	0.21	99.38
16	4	0.08	99.46
17	4	0.08	99.54
18	5	0.10	99.65
19	2	0.04	99.69
20	3	0.06	99.75
21	2	0.04	99.79
22	5	0.10	99.90
25	2	0.04	99.94
28	1	0.02	99.96
30	1	0.02	99.98
32	1	0.02	100
总计	4827	100	

Q09：居住状况

居住状况	Freq.	Percent	Cum.
独居	900	17.49	17.49
与配偶同住	2523	49.02	66.50
与子女或孙子女同住	1156	22.46	88.96
其他	568	11.04	100
总计	5147	100	

Q10：养老方式

养老方式	Freq.	Percent	Cum.
居家养老	4267	80.69	80.69
依托社区养老	152	2.87	83.57
养老机构	824	15.58	99.15
其他	45	0.85	100
总计	5288	100	

Q11：是否有宗教信仰

是否有宗教信仰	Freq.	Percent	Cum.
有	449	8.75	8.75
无	4680	91.25	100
总计	5129	100	

Q12：户籍类型

户籍类型	Freq.	Percent	Cum.
本市农业	635	13.52	13.52
本市非农业	3717	79.15	92.67
外市户口	344	7.33	100
总计	4696	100	

注：剔除了 2016 年，因为 2016 年有 "4"，数据无法使用。

Q13：您是否已经领取离退休金、养老金

养老金	Freq.	Percent	Cum.
是	4700	87.67	87.67
否	661	12.33	100
总计	5361	100	

Q13A：您领取的是

本人领取的是	Freq.	Percent	Cum.
机关事业单位离退休金	703	16.72	16.72
城镇职工养老保险	2379	56.58	73.29
城乡居民社会养老保险金	1020	24.26	97.55
城乡低保补贴	103	2.45	100
总计	4205	100	

Q14：您现在每月领取到的离退休金、养老金

本人现在每月领取到的离退休金、养老金	Obs	Mean	Std. Dev.	Min	Max
金额（元）	2359	3107.185	2859.078	0	7000

Q15：您离退休前的职业类型属于

本人离退休前的职业类型属于	Freq.	Percent	Cum.
国家机关、党群组织、企业、事业单位负责人	1128	26.00	26.00
专业技术人员	453	10.44	36.45
办事人员	166	3.83	40.27
商业、服务业人员	244	5.62	45.90
工人	1541	35.52	81.42
军人	23	0.53	81.95
其他	783	18.05	100
总计	4338	100	

Q16：若您配偶健在，配偶是否已经领取离退休金、养老金

若您配偶健在，配偶是否已经领取离退休金、养老金	Freq.	Percent	Cum.
是	1293	86.03	86.03
否	210	13.97	100
总计	1503	100	

Q16A：您配偶领取的是

您配偶领取的是	Freq.	Percent	Cum.
机关事业单位离退休金	153	12.23	12.23
城镇职工养老保险	717	57.31	69.54
城乡居民社会养老保险金	366	29.26	98.80
城乡低保补贴	15	1.20	100
总计	1251	100	

Q17：配偶现在每月领取到的离退休金、养老金

配偶现在每月领取到的离退休金、养老金	Obs	Mean	Std. Dev.	Min	Max
金额（元）	668	3024.171	2655.456	0	63336

Q18：您认为您及您家庭的经济状况属于哪一种

您认为您及您家庭的经济状况属于哪一种	Freq.	Percent	Cum.
很宽裕	131	4.30	4.30
尚有结余	641	21.05	25.35
收支平衡	1500	49.26	74.61
入不敷出	691	22.69	97.31
不清楚	82	2.69	100
总计	3045	100	

Q19：过去一年您给您的子女及孙子女提供了多少经济支持（包括现金和实物）

过去一年您给您的子女及孙子女提供了多少经济支持（包括现金和实物）	Obs	Mean	Std. Dev.	Min	Max
金额（元）	1792	4401.563	26268.79	0	800000

Q20：过去一年您的子女及孙子女给您提供多少经济支持（包括现金和实物）

过去一年您的子女及孙子女给您提供多少经济支持（包括现金和实物）	Obs	Mean	Std. Dev.	Min	Max
金额（元）	1564	4196.486	11753.01	0	150000

Q21：您参保的医疗保障类型

本人参保的医疗保障类型	Freq.	Percent	Cum.
公费医疗	449	8.54	8.54
城镇职工医保	2880	54.77	63.31
城镇居民医保	1085	20.64	83.95
新型农村合作医疗	678	12.89	96.84
城乡居民基本医保（城镇居民与新农合合并）	50	0.95	97.79
商业医疗保险	23	0.44	98.23
未参保	93	1.77	100
总计	5258	100	

Q22：您过去一年一共去医院或诊所看过几次病

本人过去一年一共去医院或诊所看过几次病	Freq.	Percent	Cum.
0 次	1347	26.42	26.42
1—3 次	2537	49.76	76.19
4—6 次	779	15.28	91.47
7—9 次	148	2.90	94.37
10 次以上	287	5.63	100
总计	5098	100	

Q23：过去一年住过几次医院

本人过去一年住过几次医院	Freq.	Percent	Cum.
0	2241	49.94	49.94
1	1305	29.08	79.03
2	611	13.62	92.65
3	196	4.37	97.01
4	60	1.34	98.35
5	27	0.60	98.95
6	15	0.33	99.29
7	7	0.16	99.44
8	6	0.13	99.58
9	1	0.02	99.60
10	14	0.31	99.91
12	3	0.07	99.98
16	1	0.02	100
总计	4487	100	

Q24：本人过去一年花费看病/住院总费用

本人过去一年花费看病/住院总费用	Obs	Mean	Std. Dev.	Min	Max
金额（元）	2630	11668.34	46449.12	0	2000000

Q24A：其中，自费（不能报销）部分

其中，自费（不能报销）部分	Obs	Mean	Std. Dev.	Min	Max
金额（元）	1409	6424.771	64881.49	0	2400000

Q25：对于常见病或慢性病您通常采取的治疗方式

省级医院	Freq.	Percent	Cum.
否	4504	81.51	81.51
是	1022	18.49	100
总计	5526	100	

续表

市级医院	Freq.	Percent	Cum.
否	3661	66.25	66.25
是	1865	33.75	100
Total	5526	100	
区县级医院	Freq.	Percent	Cum.
否	4908	88.82	88.82
是	618	11.18	100
Total	5526	100	
社区卫生服务中心	Freq.	Percent	Cum.
否	4470	80.89	80.89
是	1056	19.11	100
总计	5526	100	
私人诊所	Freq.	Percent	Cum.
否	5294	95.80	95.80
是	232	4.20	100
总计	5526	100	
药店买药	Freq.	Percent	Cum.
否	4430	80.17	80.17
是	1096	19.83	100
总计	5526	100	
养老机构内设医疗门诊	Freq.	Percent	Cum.
否	5218	94.43	94.43
是	308	5.57	100
总计	5526	100	
自己找点儿药吃	Freq.	Percent	Cum.
否	5309	96.07	96.07
是	217	3.93	100
总计	5526	100	
不治疗不吃药	Freq.	Percent	Cum.
否	5474	99.06	99.06
是	52	0.94	100
总计	5526	100	
其他	Freq.	Percent	Cum.
否	5505	99.62	99.62
是	21	0.38	100
总计	5526	100	

Q26：若您配偶健在，配偶参保的医疗保障类型

若配偶健在，配偶参保的医疗保障类型	Freq.	Percent	Cum.
公费医疗	141	11.29	11.29
城镇职工医保	623	49.88	61.17
城镇居民医保	183	14.65	75.82
新型农村合作医疗保险	274	21.94	97.76
城乡居民基本医保（城镇居民与新农合合并）	13	1.04	98.80
商业医疗保险	1	0.08	98.88
未参保	14	1.12	100
总计	1249	100	

Q27：配偶过去一年（2017 年）一共去医院或诊所看过几次病

配偶去年共去医院或诊所看过几次病	Freq.	Percent	Cum.
0	451	40.52	40.52
1—3	581	52.20	92.72
4—6	62	5.57	98.29
7—9	5	0.45	98.74
10 次以上	14	1.26	100
总计	1113	100	

Q28：配偶过去一年（2017 年）住过几次医院

配偶去年住过几次医院	Freq.	Percent	Cum.
0	710	66.48	66.48
1	227	21.25	87.73
2	89	8.33	96.07
3	23	2.15	98.22
4	4	0.37	98.60
5	7	0.66	99.25
7	1	0.09	99.34
8	1	0.09	99.44
9	1	0.09	99.53
10	3	0.28	99.81
12	2	0.19	100
总计	1068	100	

Q2901：配偶过去一年（2017 年）花费看病/住院总费用

配偶去年花费看病/住院总费用	Obs	Mean	Std. Dev.	Min	Max
金额（元）	718	7813.231	20085.92	0	200000

Q2902：其中，自费（不能报销）部分

自费（不能报销）部分	Obs	Mean	Std. Dev.	Min	Max
金额（元）	610	4190.998	13225.58	0	155000

Q30：本人目前日常生活自理的能力

本人目前日常生活自理的能力	Freq.	Percent	Cum.
身体健康，还可以帮助别人	1205	22.54	22.54
能自理	2524	47.20	69.74
部分自理	1133	21.19	90.93
不能自理	485	9.07	100
总计	5347	100	

Q31：本人现在是否患有慢性疾病

本人现在是否患有慢性疾病	Freq.	Percent	Cum.
是	3921	78.73	78.73
无	1059	21.27	100
总计	4980	100	

Q32：本人患有下列哪些慢性病

高血压	Freq.	Percent	Cum.
否	2801	50.69	50.69
是	2725	49.31	100
总计	5526	100	

心血管疾病	Freq.	Percent	Cum.
否	4409	79.79	79.79
是	1117	20.21	100
总计	5526	100	
糖尿病	Freq.	Percent	Cum.
否	4547	82.28	82.28
是	979	17.72	100
总计	5526	100	
脑血管疾病病（含中风）	Freq.	Percent	Cum.
否	4773	86.37	86.37
是	753	13.63	100
总计	5526	100	
青光眼、白内障	Freq.	Percent	Cum.
否	5158	93.34	93.34
是	368	6.66	100
总计	5526	100	
肾脏疾病	Freq.	Percent	Cum.
否	5408	97.86	97.86
是	118	2.14	100
总计	5526	100	
类风湿	Freq.	Percent	Cum.
否	5295	95.82	95.82
是	231	4.18	100
总计	5526	100	
呼吸系统病	Freq.	Percent	Cum.
否	5252	95.04	95.04
是	274	4.96	100
总计	5526	100	
消化系统疾病	Freq.	Percent	Cum.
否	5285	95.64	95.64
是	241	4.36	100
总计	5526	100	
生殖系统疾病	Freq.	Percent	Cum.
否	5428	98.23	98.23
是	98	1.77	100
总计	5526	100	

续表

肿瘤	Freq.	Percent	Cum.
否	5474	99. 06	99. 06
是	52	0. 94	100
总计	5526	100	
骨关节疾病	Freq.	Percent	Cum.
否	4814	87. 12	87. 12
是	712	12. 88	100
总计	5526	100	
老年痴呆症	Freq.	Percent	Cum.
否	5283	95. 60	95. 60
是	243	4. 40	100
总计	5526	100	
帕金森氏症	Freq.	Percent	Cum.
否	5403	97. 77	97. 77
是	123	2. 23	100
总计	5526	100	
耳聋	Freq.	Percent	Cum.
否	5346	96. 74	96. 74
是	180	3. 26	100
总计	5526	100	
血液病	Freq.	Percent	Cum.
否	5518	99. 86	99. 86
是	8	0. 14	100
总计	5526	100	
其他慢性病	Freq.	Percent	Cum.
否	5182	93. 77	93. 77
是	344	6. 23	100
总计	5526	100	

Q33：根据您近期下列日常事件，选择合适的选项

Q3301：上厕所

上厕所	Freq.	Percent	Cum.
自己完全可以做	3821	71. 46	71. 46
有困难，尚能克服	492	9. 20	80. 66
需要帮助	807	15. 09	95. 75
根本无法做	227	4. 25	100
总计	5347	100	

Q3302：进食

进食	Freq.	Percent	Cum.
自己完全可以做	4048	75.89	75.89
有困难，尚能克服	573	10.74	86.63
需要帮助	521	9.77	96.40
根本无法做	192	3.60	100
总计	5334	100	

Q3303：穿衣

穿衣	Freq.	Percent	Cum.
自己完全可以做	3904	73.33	73.33
有困难，尚能克服	520	9.77	83.10
需要帮助	671	12.60	95.70
根本无法做	229	4.30	100
总计	5324	100	

Q3304：上下床

上下床	Freq.	Percent	Cum.
自己完全可以做	3850	72.31	72.31
有困难，尚能克服	447	8.40	80.71
需要帮助	672	12.62	93.33
根本无法做	355	6.67	100
总计	5324	100	

Q3305：行走

行走	Freq.	Percent	Cum.
自己完全可以做	3696	69.50	69.50
有困难，尚能克服	535	10.06	79.56
需要帮助	663	12.47	92.03
根本无法做	424	7.97	100
总计	5318	100	

Q3306：洗澡

洗澡	Freq.	Percent	Cum.
自己完全可以做	3286	61.88	61.88
有困难，尚能克服	565	10.64	72.52
需要帮助	997	18.78	91.30
根本无法做	462	8.70	100
总计	5310	100	

Q3307：做饭菜

做饭菜	Freq.	Percent	Cum.
自己完全可以做	3135	59.22	59.22
有困难，尚能克服	560	10.58	69.80
需要帮助	621	11.73	81.53
根本无法做	978	18.47	100
总计	5294	100	

Q3308：洗衣服

洗衣服	Freq.	Percent	Cum.
自己完全可以做	3090	58.48	58.48
有困难，尚能克服	556	10.52	69.00
需要帮助	641	12.13	81.13
根本无法做	997	18.87	100
总计	5284	100	

Q3309：做家务

做家务	Freq.	Percent	Cum.
自己完全可以做	3134	59.54	59.54
有困难，尚能克服	540	10.26	69.79
需要帮助	665	12.63	82.43
根本无法做	925	17.57	100
总计	5264	100	

Q3310：服药

服药	Freq.	Percent	Cum.
自己完全可以做	3775	71. 36	71. 36
有困难，尚能克服	417	7. 88	79. 24
需要帮助	735	13. 89	93. 14
根本无法做	363	6. 86	100
总计	5290	100	

Q3311：日常购物

日常购物	Freq.	Percent	Cum.
自己完全可以做	3176	60. 19	60. 19
有困难，尚能克服	553	10. 48	70. 67
需要帮助	596	11. 29	81. 96
根本无法做	952	18. 04	100
总计	5277	100	

Q3312：搭乘公共交通

搭乘公共交通	Freq.	Percent	Cum.
自己完全可以做	3129	59. 31	59. 31
有困难，尚能克服	548	10. 39	69. 69
需要帮助	646	12. 24	81. 94
根本无法做	953	18. 06	100
总计	5276	100	

Q3313：打电话

打电话	Freq.	Percent	Cum.
自己完全可以做	3733	70. 63	70. 63
有困难，尚能克服	509	9. 63	80. 26
需要帮助	535	10. 12	90. 39
根本无法做	508	9. 61	100
总计	5285	100	

Q3314：处理自己的财物

处理自己的财物	Freq.	Percent	Cum.
自己完全可以做	3634	69.31	69.31
有困难，尚能克服	439	8.37	77.68
需要帮助	450	8.58	86.27
根本无法做	720	13.73	100
总计	5243	100	

Q34：现在通常使用下列哪类辅助用品

Q3401：一次性纸尿裤/尿片

一次性纸尿裤/尿片	Freq.	Percent	Cum.
使用	610	23.31	23.31
不使用	2007	76.69	100
总计	2617	100	

Q3402：护理垫

护理垫	Freq.	Percent	Cum.
使用	529	20.21	20.21
不使用	2089	79.79	100
总计	2618	100	

Q3403：可重复使用接尿器

可重复使用接尿器	Freq.	Percent	Cum.
使用	316	12.06	12.06
不使用	2304	87.94	100
总计	2620	100	

Q3404：自制代用品

自制代用品	Freq.	Percent	Cum.
使用	151	5.77	5.77
不使用	2468	94.23	100
总计	2619	100	

Q3405：助力器械

助力器械	Freq.	Percent	Cum.
使用	443	17.08	17.08
不使用	2150	82.92	100
总计	2593	100	

Q3406：老花镜

老花镜	Freq.	Percent	Cum.
使用	3073	56.35	56.35
不使用	2380	43.65	100
总计	5453	100	

Q3407：助听器

助听器	Freq.	Percent	Cum.
使用	441	8.16	8.16
不使用	4961	91.84	100
总计	5402	100	

Q3408：假牙

假牙	Freq.	Percent	Cum.
使用	2277	41.80	41.80
不使用	3171	58.20	100
总计	5448	100	

Q3409：拐杖

拐杖	Freq.	Percent	Cum.
使用	1295	23.95	23.95
不使用	4111	76.05	100
总计	5406	100	

Q3410：轮椅

轮椅	Freq.	Percent	Cum.
使用	834	15.43	15.43
不使用	4571	84.57	100
总计	5405	100	

Q3411：紧急呼叫装置

紧急呼叫装置	Freq.	Percent	Cum.
使用	478	8.85	8.85
不使用	4923	91.15	100
总计	5401	100	

Q3412：吸氧机

吸氧器	Freq.	Percent	Cum.
使用	233	4.31	4.31
不使用	5167	95.69	100
总计	5400	100	

Q3413：吸痰器

吸痰器	Freq.	Percent	Cum.
使用	91	1.68	1.68
不使用	5313	98.32	100
总计	5404	100	

Q3414：家用呼吸机

家用呼吸器	Freq.	Percent	Cum.
使用	131	2.43	2.43
不使用	5270	97.57	100
总计	5401	100	

Q3415：洗澡辅助设备

洗澡辅助设备	Freq.	Percent	Cum.
使用	342	6.33	6.33
不使用	5057	93.67	100
总计	5399	100	

Q3416：助行器

助行器	Freq.	Percent	Cum.
使用	553	10.25	10.25
不使用	4844	89.75	100
总计	5397	100	

Q35：若您配偶健在，配偶目前日常生活自理的能力

若配偶健在，配偶目前日常生活自理的能力	Freq.	Percent	Cum.
身体健康，还可以帮助别人	390	25.19	25.19
能自理	992	64.08	89.28
部分自理	148	9.56	98.84
不能自理	18	1.16	100
总计	1548	100	

Q36：您配偶现在是否患有慢性疾病

配偶现在是否患有慢性疾病	Freq.	Percent	Cum.
是	893	72.78	72.78
无	334	27.22	100
总计	1227	100	

Q37：您配偶患有下列哪些病

高血压	Freq.	Percent	Cum.
否	4920	89.03	89.03
是	606	10.97	100
总计	5526	100	
心血管疾病	Freq.	Percent	Cum.
否	5335	96.54	96.54
是	191	3.46	100
总计	5526	100	
糖尿病	Freq.	Percent	Cum.
否	5253	95.06	95.06
是	273	4.94	100
总计	5526	100	
脑血管疾病病（含中风）	Freq.	Percent	Cum.
否	5422	98.12	98.12
是	104	1.88	100
总计	5526	100	
青光眼、白内障	Freq.	Percent	Cum.
否	5495	99.44	99.44
是	31	0.56	100
总计	5526	100	
肾脏疾病	Freq.	Percent	Cum.
否	5503	99.58	99.58
是	23	0.42	100
总计	5526	100	

续表

类风湿	Freq.	Percent	Cum.
否	5505	99.62	99.62
是	21	0.38	100
总计	5526	100	
呼吸系统疾病	Freq.	Percent	Cum.
否	5488	99.31	99.31
是	38	0.69	100
总计	5526	100	
消化系统疾病	Freq.	Percent	Cum.
否	5482	99.20	99.20
是	44	0.80	100
总计	5526	100	
生殖系统疾病	Freq.	Percent	Cum.
否	5519	99.87	99.87
是	7	0.13	100
总计	5526	100	
肿瘤	Freq.	Percent	Cum.
否	5516	99.82	99.82
是	10	0.18	100
总计	5526	100	
骨关节疾病	Freq.	Percent	Cum.
否	5411	97.92	97.92
是	115	2.08	100
总计	5526	100	
老年痴呆症	Freq.	Percent	Cum.
否	5519	99.87	99.87
是	7	0.13	100
总计	5526	100	
帕金森氏症	Freq.	Percent	Cum.
否	5516	99.82	99.82
是	10	0.18	100
总计	5526	100	
耳聋	Freq.	Percent	Cum.
否	5510	99.71	99.71
是	16	0.29	100
总计	5526	100	

血液病	Freq.	Percent	Cum.
否	5525	99.98	99.98
是	1	0.02	100
总计	5526	100	
其他慢性病	Freq.	Percent	Cum.
否	5452	98.66	98.66
是	74	1.34	100
总计	5526	100	

Q38：您目前对长期护理服务的需求

Q3801：生活照料

生活照料	Freq.	Percent	Cum.
没有考虑过	1952	36.85	36.85
不需要	1684	31.79	68.64
需要并已获得	1093	20.63	89.28
需要但未获得	568	10.72	100
总计	5，297	100	

Q3802：心理抚慰

心理抚慰	Freq.	Percent	Cum.
没有考虑过	1826	34.95	34.95
不需要	2236	42.79	77.74
需要并已获得	679	13.00	90.74
需要但未获得	484	9.26	100
总计	5225	100	

Q3803：慢性病护理

慢性病护理	Freq.	Percent	Cum.
没有考虑过	1975	37.68	37.68
不需要	1808	34.49	72.17
需要并已获得	830	15.83	88.00
需要但未获得	629	12.00	100
总计	5242	100	

Q3804：康复护理

康复护理	Freq.	Percent	Cum.
没有考虑过	2056	39.36	39.36
不需要	1988	38.06	77.43
需要并已获得	596	11.41	88.84
需要但未获得	583	11.16	100
总计	5223	100	

Q3805：长期卧床护理

长期卧床护理	Freq.	Percent	Cum.
没有考虑过	2080	39.87	39.87
不需要	2218	42.51	82.38
需要并已获得	395	7.57	89.96
需要但未获得	524	10.04	100
总计	5217	100	

Q3806：其他医疗专业护理

其他医疗专业护理	Freq.	Percent	Cum.
没有考虑过	2238	43.05	43.05
不需要	1927	37.06	80.11
需要并已获得	385	7.41	87.52
需要但未获得	649	12.48	100
总计	5199	100	

Q39：您患病后希望由谁料

Q3901：在家自我照料

在家自我照料	Freq.	Percent	Cum.
否	4788	86.64	86.64
是	738	13.36	100
总计	5526	100	

Q3902：在家由配偶照料

在家由配偶照料	Freq.	Percent	Cum.
否	4242	76.76	76.76
是	1284	23.24	100
总计	5526	100	

Q3903：在家由子女照料

在家由子女照料	Freq.	Percent	Cum.
否	4077	73.78	73.78
是	1449	26.22	100
总计	5526	100	

Q3904：在家由亲友照料

在家由亲友照料	Freq.	Percent	Cum.
否	5481	99.19	99.19
是	45	0.81	100
总计	5526	100	

Q3905：在家请保姆照料

在家请保姆照料	Freq.	Percent	Cum.
否	5398	97.68	97.68
是	128	2.32	100
总计	5526	100	

Q3906：住医院

住医院	Freq.	Percent	Cum.
否	4950	89.58	89.58
是	576	10.42	100
总计	5526	100	

Q3907：去老年服务机构

去老年服务机构	Freq.	Percent	Cum.
否	4929	89.20	89.20
是	597	10.80	100
总计	5526	100	

Q3908：其他

其他	Freq.	Percent	Cum.
否	5469	98.97	98.97
是	57	1.03	100
总计	5526	100	

Q40：您是否愿意选择养老机构

您是否愿意选择养老机构	Freq.	Percent	Cum.
愿意	1884	34.66	34.66
不愿意或不完全自愿	1939	35.68	70.34
没想过	1612	29.66	100
总计	5435	100	

Q41：您不选择入住养老机构的理由是（选主要三项）

不愿离开自己的家	Freq.	Percent	Cum.
否	1750	52.16	52.16
是	1605	47.84	100
总计	3355	100	
收费太高	Freq.	Percent	Cum.
否	1772	52.96	52.96
是	1574	47.04	100
总计	3346	100	
依靠儿女	Freq.	Percent	Cum.
否	2461	78.13	78.13
是	689	21.87	100
总计	3150	100	
怕家人面对舆论压力	Freq.	Percent	Cum.
否	3084	97.90	97.90
是	66	2.10	100
总计	3150	100	
儿女不赞成	Freq.	Percent	Cum.
否	3003	95.33	95.33
是	147	4.67	100
总计	3150	100	
老年服务机构服务水平低	Freq.	Percent	Cum.
否	2811	89.24	89.24
是	339	10.76	100
总计	3150	100	

缺乏安全感	Freq.	Percent	Cum.
否	2911	92. 41	92. 41
是	239	7. 59	100
总计	3150	100	

其他	Freq.	Percent	Cum.
否	3126	93. 45	93. 45
是	219	6. 55	100
总计	3345	100	

Q42：您的儿女是否愿意您去入住老年服务机构

您的儿女是否意您去入住老年服务机构	Freq.	Percent	Cum.
不愿意	1559	33. 39	33. 39
愿意	1407	30. 13	63. 53
未知	1703	36. 47	100
总计	4669	100	

Q43：您认为比较理想的养老生活方式是哪种

您认为比较理想的养老生活方式是哪种	Freq.	Percent	Cum.
自己或与配偶单独居住生活	2662	50. 99	50. 99
与儿女共同居住生活	1201	23. 00	73. 99
社区日间照料	184	3. 52	77. 51
与孙子女共同居住生活	145	2. 78	80. 29
入住养老机构	985	18. 87	99. 16
其他	44	0. 84	100
总计	5221	100	

Q44：您选择入住老年服务机构的基本要求条件是（选主要三项）

设施设备	Freq.	Percent	Cum.
否	3924	71.01	71.01
是	1602	28.99	100
总计	5526	100	
服务质量	Freq.	Percent	Cum.
否	1967	35.60	35.60
是	3559	64.40	100
总计	5526	100	
机构的收费	Freq.	Percent	Cum.
否	3061	55.39	55.39
是	2465	44.61	100
总计	5526	100	
机构离家距离远近	Freq.	Percent	Cum.
否	4762	86.17	86.17
是	764	13.83	100
总计	5526	100	
医疗条件	Freq.	Percent	Cum.
否	3323	60.13	60.13
是	2203	39.87	100
总计	5526	100	
饮食条件	Freq.	Percent	Cum.
否	4194	75.90	75.90
是	1332	24.10	100
总计	5526	100	
娱乐活动	Freq.	Percent	Cum.
否	4882	88.35	88.35
是	644	11.65	100
总计	5526	100	
周边环境	Freq.	Percent	Cum.
否	5027	90.97	90.97
是	499	9.03	100
总计	5526	100	
公立或民办	Freq.	Percent	Cum.
否	5169	93.54	93.54
是	357	6.46	100
总计	5526	100	

续表

其他	Freq.	Percent	Cum.
否	5478	99.13	99.13
是	48	0.87	100
总计	5526	100	

Q45：您居住社区是否提供养老服务

您居住社区是否提供养老服务	Freq.	Percent	Cum.
有	1958	35.83	35.83
没有	1594	29.17	65.01
不清楚	1912	34.99	100
总计	5464	100	

Q46：您在生活部分不能自理时，是否愿意接受提供入户服务

您在生活部分不能自理时，是否愿意接受提供入户服务	Freq.	Percent	Cum.
愿意	2518	46.42	46.42
不愿意	1377	25.39	71.81
不确定	1529	28.19	100
总计	5424	100	

Q47：选择不接受入户服务的最主要原因是

担心安全问题	Freq.	Percent	Cum.
否	4659	84.31	84.31
是	867	15.69	100
总计	5526	100	
担心价格太高	Freq.	Percent	Cum.
否	3908	70.72	70.72
是	1618	29.28	100
总计	5526	100	

续表

担心子女不同意	Freq.	Percent	Cum.
否	5175	93.65	93.65
是	351	6.35	100
总计	5526	100	
担心服务质量不好	Freq.	Percent	Cum.
否	4742	85.81	85.81
是	784	14.19	100
总计	5526	100	
其他	Freq.	Percent	Cum.
否	5387	97.48	97.48
是	139	2.52	100
总计	5526	100	

Q48：如果生活不能自理时，您是否愿意去社区或养老机构接受日间照料

如果生活不能自理时，您是否愿意去社区或养老机构接受日间照料	Freq.	Percent	Cum.
愿意	2665	49.41	49.41
不愿意	1293	23.97	73.38
不确定	1436	26.62	100
总计	5394	100	

Q49：您觉得失能老人长期护理的费用应该通过哪些渠道解决

您觉得失能老人长期护理的费用应该通过哪些渠道解决	Freq.	Percent	Cum.
自己支付	519	9.90	9.90
主要赡养人支付	283	5.40	15.30
家庭和政府共同分担	3921	74.81	90.12
其他	518	9.88	100
总计	5241	100	

Q50A：您认为长期护理费用，政府至少应当承担百分比

	Obs	Mean	Std. Dev.	Min	Max
您认为长期护理费用，政府至少应当承担百分比	3574	72.16592	23.63152	0	890

Q50B：个人承担最大百分比

	Obs	Mean	Std. Dev.	Min	Max
个人承担最大百分比	3429	28.89181	19.15484	0	200

Q51：如果生活完全不能自理，由老年服务机构提供服务，您或家庭的经济能力每月最多能支付多少钱

是否清楚支付多少钱	Freq.	Percent	Cum.
清楚	2708	55.39	55.39
不清楚	2181	44.61	100
总计	4889	100	

Q51A：若支付，每月为多少钱

每月为多少钱	Obs	Mean	Std. Dev.	Min	Max
金额（元）	2683	2231.846	1927.591	0	26000

Q52：若政府通过保险方式为您提供长期护理服务，政府、单位、个人共同负担费用，您是否愿意

若政府通过保险方式为您提供长期护理服务，政府、单位、个人共同负担费用，您是否愿意	Freq.	Percent	Cum.
愿意	2304	42.43	42.43
不愿意	1551	28.56	70.99
不清楚	1575	29.01	100
总计	5430	100	

Q53：若不愿意，最主要原因是

若不愿意，最主要原因是	Freq.	Percent	Cum.
经济上无法承受	830	55.93	55.93
还是更指望子女照料	272	18.33	74.26
对政策不了解	366	24.66	98.92
其他	16	1.08	100
总计	1484	100	

Q54：愿意加入长期护理保险，个人愿意每个月支付多少费用

愿意加入长期护理保险，是否清楚个人愿意每个月支付多少费用	Freq.	Percent	Cum.
清楚	1550	39.53	39.53
不清楚	2371	60.47	100
总计	3921	100	

Q54A：若清楚，个人愿意每个月支付多少费用

个人愿意每个月支付多少费用	Obs	Mean	Std. Dev.	Min	Max
金额（元）	1526	725.8781	1111.228	0	20000

Q55：您认为政府的长期护理保险应该对哪类社会群体负责

完全失智并失能老人	Freq.	Percent	Cum.
否	3701	70.85	70.85
是	1523	29.15	100
总计	5224	100	
完全失能老人	Freq.	Percent	Cum.
否	4232	81.20	81.20
是	980	18.80	100
总计	5212	100	

部分失能老人	Freq.	Percent	Cum.
否	4349	83.46	83.46
是	862	16.54	100
总计	5211	100	
不论年龄，所有完全失能的人	Freq.	Percent	Cum.
否	2775	53.27	53.27
是	2434	46.73	100
总计	5209	100	

Q56：如果对完全失能老人提供长期护理，您觉得哪些费用应该由社会保险支付

向居家老人提供的专业人员入户服务的费用	Freq.	Percent	Cum.
不应该	4209	81.49	81.49
应该	956	18.51	100
总计	5165	100	
由日间照料中心提供服务的费用	Freq.	Percent	Cum.
不应该	4460	86.40	86.40
应该	702	13.60	100
总计	5162	100	
入住老年服务机构的费用	Freq.	Percent	Cum.
不应该	4019	77.86	77.86
应该	1143	22.14	100
总计	5162	100	
与失能老人相关的所有费用	Freq.	Percent	Cum.
不应该	3312	64.17	64.17
应该	1849	35.83	100
总计	5161	100	
由家人提供料，政府给予现金补贴	Freq.	Percent	Cum.
不应该	2515	60.56	60.56
应该	1638	39.44	100
总计	4153	100	

Q57：如果由商业保险公司为您提供长期护理保险，您是否愿意购买

如果由商业保险公司为您提供长期护理保险，您是否愿意购买	Freq.	Percent	Cum.
愿意	983	18.08	18.08
不愿意	2760	50.75	68.83
不清楚	1695	31.17	100
总计	5438	100	

Q58：不愿意的原因

经济上无法承受	Freq.	Percent	Cum.
否	1487	53.88	53.88
是	1273	46.12	100
总计	2760	100	
自己有积蓄	Freq.	Percent	Cum.
否	2501	90.62	90.62
是	259	9.38	100
总计	2760	100	
由子女赡养	Freq.	Percent	Cum.
否	2498	90.51	90.51
是	262	9.49	100
总计	2760	100	
不信任商业保险	Freq.	Percent	Cum.
否	1948	70.58	70.58
是	812	29.42	100
总计	2760	100	
其他	Freq.	Percent	Cum.
否	2741	99.31	99.31
是	19	0.69	100
总计	2760	100	

Q59：如果您选择购买保险公司的护理保险产品，您最喜欢下面哪一种保障形式

如果您选择购买保险公司的护理保险产品，您最喜欢下面哪一种保障形式	Freq.	Percent	Cum.
现金补偿	1133	36.82	36.82
提供护理服务的实物补偿方式	473	15.37	52.19
现金为主 + 服务为辅	784	25.48	77.67
服务为主 + 现金为辅	687	22.33	100
总计	3077	100	

Q60：您和您配偶目前日常生活有人照料护理吗

您和您配偶目前日常生活有人照料护理吗	Freq.	Percent	Cum.
有	1234	61.00	61.00
无	789	39.00	100
总计	2023	100	

Q61：最主要由谁来护理

最主要由谁来护理	Freq.	Percent	Cum.
配偶	922	50.35	50.35
儿子/儿媳	435	23.76	74.11
女儿	93	5.08	79.19
女婿	2	0.11	79.30
孙子女	3	0.16	79.46
保姆/家政服务人员	209	11.41	90.88
最主要由谁来护理	Freq.	Percent	Cum.
养老机构人员	76	4.15	95.03
其他	91	4.97	100
总计	1831	100	

Q62：若您请了保姆照料护理，通过哪个渠道找的

若您请了保姆照料护理，通过哪个渠道找的	Freq.	Percent	Cum.
亲戚朋友	222	22.70	22.70
家政服务人员	453	46.32	69.02
养老机构人员	91	9.30	78.32
社区服务中心	202	20.65	98.98
其他	10	1.02	100
总计	978	100	

Q63：保姆是否住家照料、同吃同住

保姆是否住家照料、同吃同住	Freq.	Percent	Cum.
是	178	33.84	33.84
否	348	66.16	100
总计	526	100	

Q64：保姆平均每月需要支付多少费用

金额（元）	Obs	Mean	Std. Dev.	Min	Max
保姆平均每月需要支付多少费用	434	2313.346	2642.646	1	6500

Q65：您觉得目前生活照料是否满意

您觉得目前生活照料是否满意	Freq.	Percent	Cum.
非常满意	705	39.43	39.43
比较满意	711	39.77	79.19
一般	349	19.52	98.71
不太满意	21	1.17	99.89
很不满意	2	0.11	100
总计	1788	100	

参考文献

和红：《社会长期照护保险制度研究：范式嵌入、理念转型与福利提供》，经济日报出版社 2017 年版。

姜向群等：《中国人口老龄化和老龄事业发展报告》，中国人民大学出版社 2013 年版。

司秀：《城市 65 岁以上老年人的理想的养老方式的选择——对浙江宁波、贵州凯里老年人养老方式的调查数据的分析》，王桥主编《东亚：人口少子高龄化与经济社会可持续发展——中国、日本、韩国比较研究》，社会科学文献出版社 2012 年版。

魏华林、金坚强：《养老大趋势：中国养老产业发展的未来》，中信出版社 2014 年版。

吴玉韶、王莉莉等：《中国养老机构发展研究报告》，华龄出版社 2015 年版。

肖云：《中国失能老人长期照护服务问题研究》，中国社会科学出版社 2017 年版。

张车伟主编：《中国大健康产业发展报告（2018）》，中国社会科学文献出版社 2018 年版。

董沛、崔艳青等：《城市老年人群养老方式选择及其影响因素的调查分析》，《医学研究与教育》2009 年第 4 期。

高传胜：《社会企业的积极功能、理论突破与中国纠偏——面向中国新常态的思考》，《人文杂志》2015 年第 10 期。

葛丽英、代娅建：《居家养老服务的需求特征和产业模式初探》，《党政研究》2009 年第 4 期。

关信平、赵婷婷：《当前城市民办养老服务机构发展中的问题及相关政策
　　分析》，《西北大学学报》（哲学社会科学版）2012 年第 5 期。

郭艳红：《分级护理标准制定的背景和意义》，《中国护理管理》2012 年
　　第 11 期。

郝志梅、田炜、邢凤梅等：《日本介护保险制度的实施现状研究》，《中国
　　卫生事业管理》2010 年第 8 期。

何惠兰：《深圳市社区老年人生活质量及健康状况调查》，《齐鲁护理杂
　　志》2013 年第 11 期。

贾玉娇：《中国养老服务体系建设中的突出问题与解决思路》，《求索》
　　2017 年第 10 期。

蒋岳祥、斯雯：《老年人对社会照顾方式偏好的影响因素分析——以浙江
　　省为例》，《人口与经济》2006 年第 3 期。

解芳芳、朱喜钢：《中日社区居家养老模式对比研究——基于社会嵌入理
　　论视角》，《中国名城》2016 年 11 期。

靳修、芦鸿雁等：《宁夏南部山区农村老年人健康自评状况及其影响因素
　　分析》，《宁夏医科大学学报》2015 年第 9 期。

康越：《日本社区嵌入式养老发展历程及其经验》，《北京联合大学学报》
　　（人文社会科学版）2017 年第 4 期。

李兵、张航空等：《基本养老服务制度建设的理论阐释和政策框架》，《人
　　口研究》2015 年第 2 期。

林闽钢：《我国城乡社会养老服务体系的发展探讨》，《中国社会保障》
　　2012 年第 6 期。

刘妮娜：《欠发达地区农村互助型社会养老服务的发展》，《人口与经济》
　　2017 年第 1 期。

刘晓静、张楠：《城乡统筹视角下中国养老服务体系构建》，《河北大学学
　　报》（哲学社会科学版）2013 年第 3 期。

刘晓玲、詹裕辉：《湖南省湘潭市城乡公共养老服务体系建设调查研究》，
　　《湖南行政学院学报》2014 年第 5 期。

龙书芹、风笑天：《城市居民的养老意愿及其影响因素——对江苏四城市
　　老年生活状况的调查分析》，《南京社会科学》2007 年第 1 期。

宁波市发改委社会处、宁波国际投资咨询有限公司：《老龄化趋势下宁波
　　市养老服务体系经验探索》，《经济丛刊》2010 年第 3 期。

彭希哲、宋靓珺等：《中国失能老人问题探究——兼论失能评估工具在中
　　国长期照护服务中的发展方向》，《新疆师范大学学报》（哲学社会科学
　　版）2018 年第 5 期。

钱学艳、祁艳波等：《齐齐哈尔市社区老年人健康状况及生命质量现状调
　　查》，《中国卫生产业》2018 年第 7 期。

曲宝丽：《区域信息化中电子健康档案的建设》，《医学信息学杂志》2009
　　年第 4 期。

许义平：《积极探索社会化居家养老新路子，提高政府公共服务水平》，
　　《宁波通讯》2005 年第 2 期。

杨团：《公办民营与民办公助——加速老年人服务机构建设的政策分析》，
　　《人文杂志》2011 年第 6 期。

杨团、李振刚等：《融入社区健康服务的中国农村老年人照护服务研究》，
　　《湖南社会科学》2009 年第 1 期。

张俊浦：《日本养老经验对我国社会养老服务体系建设的启示》，《改革与
　　战略》2014 年第 6 期。

张莹：《我国老年长期照护保障制度构建的几点思考——以照护需求评估
　　为焦点》，《中国医疗保险》2016 年第 9 期。

赵凌波、葛炜等：《宁波市养老护理服务体系建设现状及对策分析》，《中
　　国社会医学杂志》2016 年第 1 期。

郑倩、李萍等：《温州市居家长期照护失能老年人生活质量及其影响因
　　素》，《医学与社会》2019 年第 4 期。

陈艳：《安徽省高龄老人健康状况研究》，硕士学位论文，首都经济贸易
　　大学，2013 年。

杜思逸：《吉林省老年人口健康状况研究》，硕士学位论文，吉林大学，
　　2015 年。

李强：《城乡居民长期照护社会保险制度构建研究》，博士学位论文，山
　　东农业大学，2015 年。

李信兰：《吉林省老年人健康状况及其影响因素研究》，硕士学位论文，

吉林大学，2018 年。

刘向红：《婚姻状况、居住方式对老年健康的影响研究》，硕士学位论文，
　　河北大学，2006 年。

国家卫计委：《空巢老人老年人总数占一半》，《中国家庭发展报告（2015
　　年)》，2015 年 5 月 13 日。

《我国人口老龄化呈现"边富边老"特征》，《北京日报》2018 年 8 月
　　16 日。

郑荣国：《养老机构基本规范正在起草》，《中国老年报》2008 年 3 月
　　14 日。

中国民政部：《2016 年社会服务发展统计公报》2017 年 8 月 3 日。

朱志莹：《海曙"两走"居家养老模式成全国示范》，《宁波晚报》2005
　　年 11 月 4 日。

《2015 年社会服务发展统计公报》，人民网，2016 年 7 月 11 日，http：//
　　politics. people. com. cn/GB/n1/2016/0711/c1001-28 544762. html。

《2050 年我国老年人将达 4.3 亿、每 3 个人中将有 1 老人》，人民网，
　　2012 年 10 月 24 日，http：//society. people. com. cn/n/2012/1024/c1008-
　　19366954. html。

《宁波市国民经济和社会发展统计公报》，宁波人民政府网，2019 年 2 月
　　2 日，http：//gtog. ningbo. gov. cn/art/2019/2/2/art_ 129_ 982186. html。

《盘点 2018 年健康养老产业十大政策趋势》，前瞻产业研究院，2019 年 1 月
　　7 日，https：//f. qianzhan. com/chanyeguihua/detail/190107-bff2e470. html。

《中国 60 岁以上老年人口已超 2.3 亿，养老服务体系初步建成》，CCTV
　　央视新闻网，2017 年 2 月 7 日，http：//m. news. cctv. com/2017/12/07/
　　ARTI9JcSxd9CjOB9RnAPdgiO171207. shtml。

党俊武：《接受中国房地产报记者采访"全国老龄化程度排行榜：江苏辽
　　宁上海老龄化最严重》，头条网，2016 年 6 月，http：//www. toutiao.
　　com/i6301062273339228674/。

国家统计局：《2017 年经济运行稳中向好、好于预期》，国家统计局网，
　　2018 年 1 月 18 日，http：//www. stats. gov. cn/tjsj/zxfb/201801/t20180

118_ 1574917. html。

国家卫生计生委办公厅:《关于印发〈养老机构入住协议书〉和〈养老护理分级标准〉的通知》,2014 年 11 月 29 日,http://www. zjmz. gov. cn/il. htm? A = si&id = 4028e48143703a9b01437617a2c500df&k ey = zjmz-flycs/fwzn/zcfg。

李志宏:《中国失能老年人 4 年后达 4200 万,空巢老人将过亿》,腾讯网,2018 年 1 月 18 日,https://new. qq. com/cmsn/20161027/201610 27001029。

民政部:《2015 年社会服务发展统计公报》(民政部门户网站转载),全国老龄办信息中心养老服务中心,2016 年 7 月 11 日,http://www. lelingtimes. com/h-nd-122-2_ 3. html。

民政部、财政部、全国老龄办:《第四次中国城乡老年人生活状况抽样调查成果》,人民网,2016 年 10 月 9 日,http://society. people. com. cn/n1/2016/1010/c1008-28765589. html。

日本厚生劳动省:《2016 年照护服务设施、事业所调查概况》,日本厚生劳动省网,2017 年,https://www. mhlw. go. jp/toukei/saikin/hw/kaigo/service16/index. html。

日本厚生劳动省:《照护保险事业状况报告》,日本厚生劳动省网,2017年,http://www. mhlw. go. jp/topics/kaigo/osirase/jigyo/m16/1601. html。

徐豪:《养老产业已是巨型市场、民营养老机构空床率确达 48%》,《中国经济周刊》,2015 年 11 月 23 日,http://finance. china. com. cn/industry/hotnews/20151123/3458331. shtml。

俞华:《解读商务部关于推动养老服务产业发展指导意见》,新华网,2014 年 11 月 24 日,http://news. xinhuanet. com/gongyi/yanglao/2014-11/24/c_ 127244451. htm? anchor = 1。